U0940674

百年校庆文丛

Xiamen Shuangshi Middle School of Fujian Centennial Celebration Series

十年树木

——福建省厦门双十中学人文科普讲坛选萃

陈　铮◎编

厦门大学出版社 XIAMEN UNIVERSITY PRESS | 国家一级出版社 全国百佳图书出版单位

图书在版编目(CIP)数据

十年树木：福建省厦门双十中学人文科普讲坛选萃/陈铮编.—厦门：厦门大学出版社，2019.9

(福建省厦门双十中学百年校庆文丛/陈文强总主编)

ISBN 978-7-5615-7621-2

Ⅰ.①十… Ⅱ.①陈… Ⅲ.①人文科学－青少年读物 Ⅳ.①C49

中国版本图书馆 CIP 数据核字(2019)第 194721 号

出 版 人 郑文礼
策　　划 蒋东明
责任编辑 许红兵 廖婉瑜
封面设计 夏 林
技术编辑 朱 楷

出版发行 厦门大学出版社
社　　址 厦门市软件园二期望海路 39 号
邮政编码 361008
总　　机 0592-2181111 0592-2181406(传真)
营销中心 0592-2184458 0592-2181365
网　　址 http://www.xmupress.com
邮　　箱 xmup@xmupress.com
印　　刷 厦门集大印刷厂

开本 720 mm×1 000 mm 1/16
印张 20.75
字数 354 千字
插页 1
版次 2019 年 9 月第 1 版
印次 2019 年 9 月第 1 次印刷
定价 72.00 元

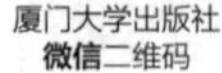

厦门大学出版社
微信二维码

厦门大学出版社
微博二维码

总　序

福建省厦门双十中学校长　陈文强

福建省厦门双十中学创办于1919年10月。为纪念辛亥革命，学校以“双十”命名。建校百年来，历代双十人秉承“爱国、为民”的精神，坚定“立德树人”的教育理想，从私立学校到公办学校、省素质教育先进校，再到全国首届文明校园，厦门双十中学在继往开来中不断完善学校办学理念，实现学校有特色、有内涵发展，学校办学实力、综合竞争力全面提升，成为闻名全国，享誉海内外的名校。

2009年，在建校90周年之际，学校除出版初高中各科衔接教材外，还特别推出了《教育文化创新与学校特色发展》《杏坛深处——福建省厦门双十中学老领导、老教师访谈录》《叙学谭往》，以及学者型专家型教师等系列丛书，影响极佳，广受赞誉，为90周年校庆献上一份厚礼。近10年来，学校又陆续推出社会主义核心价值观培育、核心素养与学校变革、校长领导力与学校软实力、怎样读书等科研成果，产生积极的社会影响。《社会主义核心价值体系中学生读本》受到省教育厅和中宣部的肯定，被列为核心价值观进教材、进课堂、进头脑的示范读本；《怎样读书》还被评为2013年全国图书馆必备的百本好书之一。这些，都从一个侧面展现了双十人科研兴校、内涵发展方面的不懈努力，也是学校文化不断丰富、综合实力不断提高的有力呈现，更是双十人总结经验、不懈探索、锐意创新、追求卓越的充分体现。

在百年校庆之际，学校又将近年来涌现出的一大批教研成果，经认真遴选、完善，推荐出版了12部图书，我们将此作为百年校庆文丛隆重推出。这些成果均为学校的优势学科、特色项目、综合实践等方面的理论和实践研究成果，作者既有省市杰出教师、最美教师、专家型教师、学科带头人、特级教师，也有在近年崭露头角的新秀，他们在各自的学科教学和研究领域中都有新的建树，备受瞩目，在一定程度上展现了双十人"追求极善，勇为最先"的风采。

教学相长，教研并举，硬实力与软实力兼优是双十的优良传统。我们一贯重视教师的专业成长和职业发展，始终坚持"教学研创"一体，鼓励教师多读书、多研究、多交流、多切磋，及时总结、完善、凝炼成行之有效的经验，在形成独特的教学特色、风格的同时，又兼具深厚的学理素养和鲜明的学术品格，坚持爱国为民，坚持立德树人，更好地为学生成长和国家建设服务。这是每个双十人都希望的，也是全体师生的共同心愿。

是为序！

陈文强

序

当今世界，多元融合，多元发展，要成就卓越，尤须具有人文、科学的双翼。因此，我们遂于2006年始，抓住高中新课改的契机，提出“尊重生命，崇尚人文，热爱科学，追求卓越，把学校建设成师生人生发展的幸福家园”的办学理念，并开设了双十人文、科普系列讲坛，邀请人文学者和科学专家为学生开设讲座，以满足学生浸润人文、探索科学的兴趣，引发学生对人文、科学的共鸣，发展发现力、想象力和创造力，提高问题发现、实践探索、创新研发的水平。

人文讲坛让学生了解文学、历史、哲学、美学等方面的价值，探索人文精神、人格养成、人生发展的教育，提高人生价值判断的能力，明确做人的准则、做人的道理、做人的底线、做人的意义，努力求善求美。

科普讲坛让学生了解自然科学、社会科学的作用，接受科学精神、科学原则、科学规律、科学真理的教育，提高科学判断的能力，明确做事的准则、做事的道理、做事的底线、做事的意义，努力求真求实。

与此同时，让学生了解人文与科学错综复杂的关系，重视以问题、实践、创新为中心的交叉融合的学习，从中发现和领悟：尽管科学、人文的学科分支越来越精细，内容越来越丰富，但其融合的途径也越来越多元，融合的内容也越来越紧密，这既是时代进步的必然，又是历史发展的自然。

首先，从生命气息来说，“吾养吾浩然之气”，这是古往今来人文学者和科学专家所共有的。

其次，文以载道，自然可观，科学之于人文，有着错综复杂、互相交流的共通点。譬如，诗词中有对偶，《易经》中的阴阳是对偶，物理学中的正负电子是对偶，高能物理中的对称群是对偶，发现了这些问题，且有意识、有兴趣地去寻索问题发生的根源及其错综复杂的关系，就会发现对偶的观念虽肇启于哲学和文艺思想，但对近代数学和理论物理的影响很大。类似的还有“公理”，如古代希腊人和我国战国时的名家，好言善辩，寻根究底，因此在西方产生了对“公理”的讨论，影响了整个自然科学的发展，从欧几里得的“几何公理”到牛顿的“三大定律”，再到爱因斯坦的“统一场论”，莫不与公理思维相关。诸如此类的问题都会激发学生寻根究底的兴趣，增强他们发现问题，解决问题的意识。

学生的头脑中有问题，思维就会被激活。很多有趣的问题，往往是在对人文与科学的交叉融合认识中产生的。我校有个语文老师，在讲到诗歌的“赋、比、兴”时，学生突然说：“文学有赋、比、兴，我看科学也有赋、比、兴。”“何以见得？”教师问，学生娓娓道来：“科学的任何发现，都是受某种事物、问题的启示，这就好比诗歌的‘兴’；科学家通过比较，往往产生了新的假设和推想，这就是‘比’；科学工作千头万绪，甚至要经过多次失败，需要多方面工作的铺陈，这就有如诗歌的‘赋’。”十分有见地。

事实上，人文与科学的交叉融合是显而易见的。譬如，对于一个系统，我们完全可以在某一单纯原理上，就两个相反相成的状态，进行集体分类，就像土壤的含水量可以分为干湿两个相反相成的集合，经济运行状态也可以分为积累与消费两个相反相成的集合。大道至简，就像我们对待一切事物的主观态度，都可以以某一种客观的平衡值，将事物分为正反、黑白、上下、左右、大小、轻重、长短、粗细，甚至是好与坏两个相反相成的状态进行集合分类。

再次，人文与科学的融通学习，不仅能加深对问题、事物的认识，而且能逐渐把握问题、事物的规律。譬如，物理学需要实验，数学需要论证，文学需要对生活进行描述，美学需要对审美对象进行价值判断等。学生有了这些认识，把握了这些规律，学习便能进入如鱼得水的境地，无论学习任何知识都会变得轻而易举。认知结构便能产生变化，知识能力便能向核心价值取向变化，学习胜任力便能向生活胜任力、社会胜任力变化，乃至实现由学会学习向学会研究、学会处事、学会做人的变化，由此，全面提高人文素养和科学素养，乃至综合素质。更重要的是，在学会学习、学会做人、学会处事的同时，产生对人文领域、科学世界的无限向往和无穷求索，切实根据自身的兴趣和特点，进行志向选择和生涯规划，自觉履行人生责任和社会责任。

因此，我们长期邀请人文学者、科学专家为学生开设讲座，也是我校“追求极善，勇为最先”优秀传统的必然，更是学生“全面发展，追求卓越”的必然。眼前这本文集，便是学者讲座和学生感悟的部分记录，内容涉及经典阅读、文学欣赏、艺术表达、人生修养、青春成长、生态环境、人工智能、细胞克隆、人类健康、科学创新以及闽南文化等方面，丰富多彩，引发学生强大的兴趣和无穷的思考。例如学生听了《从唐诗韵律看闽南方言古音犹存》的讲座，顿悟到，闽南语不仅能用于交流，还能增强民族凝聚力，深入了解古代诗歌中的韵味，陶冶情操，愉悦身心，提高吟诵欣赏律诗音乐美的能力，作用很多，意义重大，必须去“热爱它、了解它、传承它”。又如听了《奇妙的纳米世界》的讲座，便发现生活中处处有科学，应重视生活中的小细节，善于观察、精于思考、勇于发现，认为这样的讲座“为同学们今后从事科研工作播下希望的种子”。再如听了《铁皮屋里飞出金凤凰》的讲座，同学们深受自力更生、团结协作、攻关克难、追求卓越的“北斗精神”所震撼，认为“北斗精神”与“追求极善，勇为最先”的学校精神相与为一，应让“北斗精神”落在内心深处，化为“追求卓越”的不竭动力。

这些，都表明人文与科学的融通教育对学生思想、情感和人生、未来发展的影响是巨大的，对提高他们的综合素养和全面素质是卓有成效的，也证明我们的办学理念与实践探索是正确、成功的。值此建校百年之际，我们把这本文集呈现出来，作为“双十”务真求实、矢志奋斗、履行责任的重要成果，向社会各界献上一份厚礼！也希望一代又一代双十人将其作为学校发展的一枚闪亮印记，好好玩赏和珍藏！

是为序。

陈文强

2019 年 7 月 25 日

目 录

人文社科

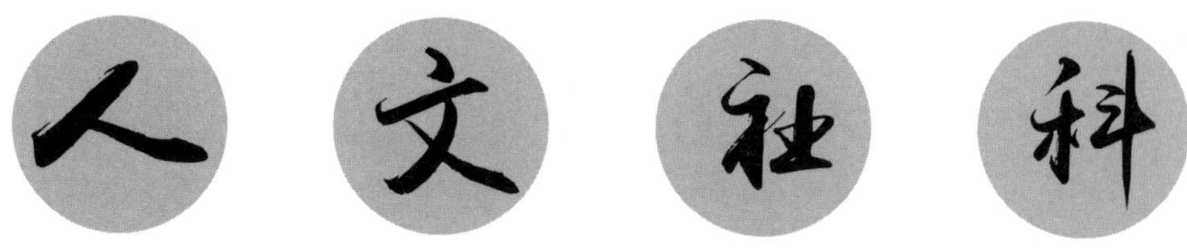
人 文 社 科

徐 学

教授、文化学者，厦大台湾研究院文学研究所原所长，兼任福建台港澳暨海外华文文学研究会副会长、中国丁玲研究学会理事、厦门市第八届和第九届政协委员、政协台港澳委员会特约研究员、闽南文化研究学会副会长、中国世界华文文学学会对外交流委员会主任、中国海峡文学艺术发展研究中心研究员、龙岩学院特聘教授；于厦大台湾研究院从事台湾文化、海外文化、两岸关系研究30余年，曾为30余所高校做台湾文化专题报告。代表作有《余光中评传》《台湾文学与中华传统文化》等10余种。

经典阅读与青春成长①

先问同学们第一个问题：读书是否一定会使人更加高尚？我常常想到老一辈的人，因为生计所迫，书读得不多，有的可能就是从小看一些古代的戏曲，比如歌仔戏，听父母讲些做善事积德的话，他们就奉为人生准则，一辈子与人为善。但有些人读了很多书，却心计很深，用时下的话叫作“精致的

① 2018年12月23日徐学教授应邀到我校高中部开设此专题讲座。

利己主义者”。所以古人有云“仗义每多屠狗辈，负心多是读书人”。什么是屠狗辈？战国时期，狗肉是比羊肉更便宜的一种肉，所以要挂羊头卖狗肉。杀狗的人比杀猪的人、杀牛的人要更低层。这话大意是没读什么书的人讲义气，他听到一点忠孝节义的道理，就老老实实地遵循这个本分，踏踏实实。

第二个问题：读书会使我们更有智慧吗？也有人把自己读成了四脚书橱，把自己读呆了、读傻了。像鲁迅笔下的孔乙己，他书读得很多，只讲究茴香的“茴”有几种写法，会讲“多乎哉，不多也”，但是他毫无生存的能力。

怎样读书可以使我们更加善良、更加有智慧？我认识很多台湾的名人，书并不一定读得很多，比如林清玄，他是畅销书作家，写菩提系列的散文。林清玄跟我讲他的成长经历，他爸爸是一个农民，生了很多孩子，为养活一大家子不得不外出打工。他出去打工一年半载才回来，对孩子陌生，常常把老三叫成老四、把老四叫成老二。林清玄是一个被放任的农村小孩，今天可能可以说是个留守儿童，他爱画画，小学得过奖，但考试总考得不好，费了九牛二虎之力，好不容易考上了一个中专。二十多年后校庆，他作为荣誉校友回来，坐在主席台上，很得意，心想我当时是全班考试倒数第二，现在那些考试第一、第二都没回来，反而是我考试倒数第二还坐在主席台上。忽然发现那边还有一个也是他同班同学，那个人是考倒数第一的，现在是一个大老板。

有一次我到小学去演讲，说老师要爱学生。我说那些考状元的你们要爱他，这是学校的门面，你们会张灯结彩，把他们的相片挂在大红榜上，放在门口，你会爱他。那些读得差考不好的学生你们也要爱他，因为他们以后可能是大老板会来赞助你们学校。那些读得不好不坏的你更要爱他，因为读得不好不坏的学生以后可能都是老师的同事，都会回来学校教书。老师听了也都大笑。

计算机有更新换代，后一代一出，前一代很快被淘汰。人文方面就不是这样。我们并不比苏格拉底、亚里士多德、孔孟更有智慧，他们对人与大自然，对人和人的相处，有精深博大的思考。前一段时间再看庄子，觉得他很有智慧，对我思考读书的问题很有启发。庄子大家都很了解，他的许多成语流传到我们现在，比如说螳臂当车、鹏程万里等，大家都很了解。《庄子》有内篇、外篇、杂篇，内篇一般是比较可靠的，外篇和杂篇可能是他的后人和学生整理的。内篇第一篇是逍遥游，里面有“大鹏一日同风起，扶摇而上九万里”。第二篇是《齐物论》，说了庄生梦蝶的故事。内篇的第三篇是什么？是《养生主》。《养生主》开头就提出了一个知识论的问题，他说：“吾生也有涯，而知无涯。

以有涯随无涯，殆已！”我们的生命是有限的，而知识是无限的，以有限的生命去获取无限的知识，殆已。这个“殆”是“知己知彼，百战不殆”那个“殆”，也是“学而不思则殆”那个“殆”，“殆”有两种解释：一种解释就是危险，另一种解释是说“殆”是通假字，它通“倦怠”的“怠”。这两种解释中，我偏向“殆”是危险的意思，就是说你要用有限的生命去争取掌握无限的知识，它不仅是让你疲倦，而且是危险的。所以《养生主》一开头就提出了这样一个问题，这是知识论的问题。

他接下去讲了一个故事，梁惠王手下有一个厨子，他既是厨子，又是杀牛的人，他姓丁，庖丁就是丁师傅。在梁惠王那个时代看起来还比较民主，所以梁惠王会跟丁师傅对话。中国的古代社会，从古到今是越来越不民主，我们看到以前的皇帝，在秦始皇那个时代，臣子跟皇帝是坐在一起的，虽然大家都跪着坐在一起，但没有很高的殿堂，皇帝高高在上，臣子三叩九拜，是可以坐在一起谈天的。一直到后来，皇帝才居高临下，出巡非常庄严，甚至都见不到面的，都被卫兵把你隔离开来了。但是在先秦战国时代，我们民族还是非常民主、比较开放的，所以出了很多思想家、文学家。梁惠王就问庖丁杀牛的事情。庖丁说，我杀牛就像跳舞一样，我的手，我的脚，我的肩膀，我的膝盖，我的所有步骤都是合乎音乐的节奏，就像舞蹈一样。他说我杀牛已经出神入化了。我就根本不用感官，我是用我的神，我内在的心神去把握这头牛。所以我的刀都是在牛身上那种没有骨头、没有筋络，在肉和肉之间的间隙之中切割。他说别人杀牛，最优秀的杀牛师傅，一把刀用半年，因为他是切割经络，不好的师傅杀一头牛，那把刀，可能一个月就钝了，因为他是切骨头，在骨头中间碰。而我这把刀，你看，杀了一千多头牛，用了十几年，还像刚从磨刀石上磨出来的一样，游刃有余，因为我是技进乎道。我每次杀完牛，那头牛像泥土一样瓦解在地上，我提刀四顾，踌躇满志。梁惠王听了丁师傅这句话，说我知道养生的道理了。这个很奇怪，开头讲，生有涯知无涯，有涯去伴无涯就会危险。然后讲了一个杀牛的故事，然后突然讲到养生的道理，叫作“养生主”。

后来我悟出，我们阅读也就是一种精神的滋养。我们的思想，我们阅读能力或者我们思想的穿透力，就像丁师傅手中的那把刀。如果我们不善用、不善使用我们这把刀，我们很快就会精疲力竭，甚至走火入魔，就像那把刀很快就变钝，打卷打折了。如果我们善用智慧，找到正确的方法，我们就能够像丁师傅把刀用到游刃有余，技进乎道。这里讲到了一个成语，技进乎道，就是从技术技巧进入了一种规律性的东西。道，天道人道，道是比技更进步的，所以叫作技进乎道。

所以梁惠王说他知道养生的道理了，就是说一个读书人他找到精神滋养的方法了。果真如此，他的思想，他的阅读能力，他的想象能力，就会锋利无比，他永远像一只在停泊海港等待起锚的轮船，可以随时驶向任何思想的海洋。怎么能达到这一境界？我今天想分享一下我个人的生命成长和我所理解的一些文化人，了不起的名人，他们的生命成长是怎样和阅读发生关系的。

我们现在处于一个信息爆炸的时代，一个学习型的时代，同时又是一个网络的时代。在我比你们还小一两岁的时候，在武平下乡没有书读。我知道有个同学带了本《唐诗一百首》，他住的小村落，跟我的小村落隔了十几华里，那时候的农村交通非常不方便，所以我在收工之后，到他的村里去把那本书借过来。他告诉我，他这边很多人还要看这本书，要赶紧归还。因为乡村是没有电灯的，我连夜在煤油灯下抄了这本《唐诗一百首》，然后赶紧送还给他。这手抄本我现在还保存着。

虽然我们那个时候读书很少，但是能滋养我们的生命。现在央视举办诗词大会，看到很多年轻人很会背诗，倒背如流，让人兴奋，但是我有时候也会想，到底他们背的这个诗跟他们的生命有什么关系吗？当我跟诗发生关系时很迷茫，不知道以后会怎样。李白的诗给我很大的启发，“行路难，多歧路，今安在，长风破浪会有时，直挂云帆济沧海”。还有一些怀才不遇、在艰苦环境中努力的人，比如李商隐和他的诗，当时也是给我很大的启发。李商隐那首《夜雨寄北》：“君问归期未有期，巴山夜雨涨秋池。何当共剪西窗烛，却话巴山夜雨时。”这首诗很简单，但是它有很大的时空跳跃。开头两句是现在进行时，“巴山夜雨涨秋池”。然后“何当共剪西窗烛”是未来时。“何当共剪西窗烛，却话巴山夜雨时”，又回到当时，就是说设想将来又来回想现在的“巴山夜雨涨秋池”，它像电影蒙太奇有跳跃性。那时我也模仿这首诗，写了一首诗寄给我的朋友：“君问归期未有期，暂居山乡练精奇。调令传至返故里，笑谈农家风味异。”当时我在农村当保管员晒谷子，有首诗也对我很鼓舞，诗句里有“白发老翁如鹤立，麦场高处望云开”。我们当时晒谷子很怕下雨，所以这首诗也都跟我们发生关系，在我们生命里起了很大作用，一直到现在我们还记得这些东西。我们那个时候精神滋养应该是说处于一种“营养不良”的状态。你们现在可能很多是属于“消化不良”。

因此在网络时代，很多新的读书方法值得注意，就是要怎么去总结，怎么去了解什么东西是我们应该读的、什么东西是我们不应该读的。我们对食品的安全很重视，我们会经常看那个标签，关注它到底什么时候过期，它的成分是什么，到底会不会有虚假的成分在里头，这些商家可靠不可靠，商检可靠不可靠。但是对我们阅读的这些精神产品，我们很少去留心，我们是不是每天都吃进一些文字垃圾，这些会不会阻塞我们的“血管”、让我们的智慧“窒息”，我们怎么去辨别，哪些是我们应该好好去读的、哪些是我们可以不读的。当然现在我们还不能完全决定这些东西。所以阅读怎么跟我们生命发生关系，我觉得是指怎么促进我们的生命成长，我觉得是很值得去探讨的一个问题。

我想问一下同学们，现在很流行的一句话“不要让孩子输在起跑线上”，这句话对不对？我再问你们一个问题，你们认为人生是长跑还是短跑？长跑，对。长跑要不要抢跑？长跑和短跑的区别是在什么地方？再问一句话，如果人生是长跑，你们认为什么阶段是冲刺的阶段？

我们同学可能很会读书，很会考试，但是对自己的人生好像还没有思考过。如果我们的人生是一场长跑，高中就冲刺，这意味着我们考上大学，就到了我们的人生的终点。是不是我们考上大学，我们就走到我们事业人生的高峰，我们就可以躺下来休息，从此就不用再奋斗了呢？我认为人生如果是长跑，可能你冲刺的阶段是在30来岁。不管你有什么学历，不管你有什么背景，30来岁应该是你冲刺的阶段，这时候你的学识，你的经验，你的人际关系等，就让你可以达到你人生比较高的阶段。当然也有大器晚成的，也有人到四五十岁才出名的，还有人更了不起，他是当代不出名，到后世才扬名，就像孔夫子在《论语》中说的，“人不知而不愠，不亦君子乎”，就是人家不知道我、不理解我，我也不烦恼，我是君子。但是孔夫子也说“君子疾没世而名不称焉”，君子很忌讳他死了以后人家都不了解他，默默无闻。

所以，如果我们是一个对自己命运有规划、对自己的成长有安排的人，我觉得我们要好好地了解阅读跟我们生命成长的关系，就是我们阅读不仅仅是为了考试，也不仅仅是为了文凭，而是让我们成为一个有智慧、有担当、有境界的人。我们不仅要应付当下的考试，还要留出一部分的时间来发展我们的个性，发展我们的智慧，发展我们的境界，发展我们的视野。不知道大家有没有考虑过这些。今天重点就是想跟大家分享这点。

如何衡量我们的生命是不是在成长？有人说我从高一进入高二，我就生命成长，我再进入高三，我又生命成长了。我觉得不是这样。生命成长，不是随着年龄的长大，你就必然成长。我们的生命，或者说我们的年龄可以有很多种衡量方法，最基本的衡量方法就是日历年龄，你身份证上的出生日期。此外还有很多指标，比如说你的生理年龄、心理年龄、阅读年龄、角色年龄，都不一样，比如说有人 18 岁，他的颈椎也坏了，腰椎也坏了，眼睛也不好，生理年龄可能已经四五十岁了。而有人 60 岁，腰杆笔挺，健步如飞，可能他的生理年龄就是 40 岁。还有心理年龄，有的人年纪很大，他觉得自己青春焕发，永远保持一种好奇心，永远想尝试一些新的生活，“大人不失赤子之心”。所以我们在阅读的时候，我们要思考怎么样能够让我们的智慧增长，让我们的担当增长。有个问题是值得我们注意的，就是成功和成长并不是一回事，成功不等于成长。也许你在某些方面顺应了现在的时代潮流，得到了社会的回报，但是不等于真正的内在生命成长。

我有个台湾朋友 40 来岁，他最近到大陆来演讲，我问他讲什么课题？他说讲成功学。我说：“你讲成功学，你很成功吗？”他很生气，他说：“我很成功，我二十几岁就做董事长，你说我成功不成功？”我后来回家仔细想想，我觉得这个人确实有点成功。该炒金的时候炒金，该买股的时候买股，该买房的时候买房，每一步都踩准了发财的节奏，他是一个成功人士，我们社会的成功人士。但是他是不是一个了不起的人，我觉得可以分开来讲。我们中国有两句话：一句话，识时务者为俊杰；另一句话，不以成败论英雄。这两句话不能换，你不能说识时务者为英雄，不以成败论俊杰。英雄是比俊杰更高一层的，所以不以成败论英雄。我这位朋友，可以说是一个俊杰，但未必就是个英雄。就是说在危难的时候，在需要他担当的时候，或者说按照儒家的“三不朽”来讲，立德、立功、立言，他做了什么？没看到。

杜甫是诗歌之圣，但是杜甫生前非常狼狈，他在年轻的时候，还有一点钱，那时候在山东，他登泰山会写《望岳》：“岱宗夫如何？齐鲁青未了。”那时候还有“会当凌绝顶，一览众山小”。后来钱花完了。杜甫忧国忧民的精神都非常好，但是他在生前是非常穷困潦倒的。我们的武圣是关羽。关羽其实不是中国最会打仗的军人，我们最会打仗的是谁？孙武对不对？写《孙子兵法》的孙武，吴起还有管仲等。关公是大意失荆州，兵败走麦城，如果不是他放走了曹操，也许三足鼎立就成立了。但是关公也不是靠他的武功来感动大家的，他是靠他的忠孝节义！所以中国人在历史上并不势利，而是推崇那些精神长存的人。

我们今天在这里讲阅读，就会想阅读到底会给我们带来什么？如果说我们在青春期、在生命勃发的时候，就很功利地去学习，不愿意把我们学习的视野扩展，而仅仅为了应付一些考试、满足家长的需求，我觉得很危险。我们知道有一个成语“取法乎上，仅得乎中”，对不对？如果我们现在把自己的标准就定在中甚至下，随着我们年岁的增长，到了我这个年纪可能就很不堪了。小时候都没有那种奋发的气象，到了老的时候一步步地萎缩，就很不堪了，人家看你年轻的时候都没有这种峥嵘气象，都没有一种大的气派，都没有一种浩然之气，都没有气吞山河，都没有一种眼界和担当，那你到老的时候怎么办？所以我觉得说我们应该在阅读方面要打开，多看多想，多多地汲取更多的生命智慧。

在我个人来讲，我的阅读经验也想跟大家分享一下。我是很爱读名人传记的，我觉得名人的生命成长，给我很多启发，当然这些名人并非都是一些企业家或什么家，我觉得很多是历史上已经有定论的，青史留名的。所以我经常会去读名人传记，而且我比较喜欢读文学家的传记，最喜欢读诗人的传记。因为在文学家中，应该说小说家是文学家中的蓝领，散文家是白领，诗人应该是文学家中的王爷。为什么？因为小说的计量单位是用章。读完一章，你才知道这个小说好不好。散文呢？你可以用一段一句就看出散文家的功力。诗歌呢？有时候你从一个字上就能看出这首诗好不好。所以诗是最精粹的。

阅读的时候，我们要去看诗人的经典作品，看诗人的传记。

我自己因为经常看传记，也写了一本诗人传记——《余光中传》。余先生，大家可能都知道，他也算我们厦门大学的校友，他父亲是永春人，母亲是江南人。大家都知道余光中的《乡愁》，因为乡愁是他流传最广的一首诗。但是我要告诉大家的是，如果知道余光中只知道《乡愁》，就好像知道李白只知道“床前明月光”。“床前明月光”是李白流传最广泛的，幼儿园的小孩都会背诵的一首诗，但不能代表李白的最高水平。余光中去世以后，无数的人在哀悼他，朋友圈反响非常热烈，从海外的华人圈一直到东南亚，再到香港、台湾、大陆，都有非常多的人在悼念他，怀念他的各种诗，包括很多文学名家。去年的跨年诗会，南京的先锋书店，每年都有很多诗人在里面吟诵，12 月 31 日到元旦这一天早晨，很多人吟诵余光中的诗歌。

余先生 2014 年来厦大的时候，当时的省委宣传部部长李书磊，也是一位散文家，还是一个才子，他从福州特地赶来厦门，来请教余光中先生，语文教育要怎么让它发展得更好。因为他也意识到我们的作文水平在下降，虽然我们可能有很多高考文科状元，但是我们的文学水平、阅读水平都在下降，他想来请教余先生。当时我也在旁边，我就跟李部长说，我说现在我们的语文教育确实有很多问题，如果拿《乡愁》这篇课文来考余光中先生，余光中先生肯定也不及格，因为他也不知道这个标准答案是什么，虽然这首诗是他自己写的。余先生他自己就认为，他说我们现在的文学水平很重要，是要培养语感，而且语感一定要在初中和高中阶段完成。我们现在大学里还在上一门课，叫作“大学语文”，其实形同虚设，就像一个人已经过了发育年龄，你再给他进补，他也没法长高了。所以在中学这个时期，我们要把语感培养好，锻炼好。

说到生命的成长，余先生有两个方向，向上和向下。像一棵植物，根要向下，叶要追天。这是一个比喻，就是说我们一个现代生命，我们向西方学，向现在最先进的科技学习，向人工智能互联网等这些方面发展，犹如是伸枝展叶向天。而向自己的脚下传统文化学习，就好像往下扎根。

就余先生来讲，他的阅读经验就是两方面的发展，他是外文系的，他早在大学时期就阅读了莎士比亚全集，而且他会把英文词典全部背下来。在中学时代他就向往西方，他会把西方的地图画下来，土耳其那边是什么样、欧洲的海岸线是什么样、英伦三岛是什么样，他都画得非常熟。后来他的旅游都是对他少年记忆的恢复。但是另一方面他又很乡土，中国的传统，包括《三国演义》《水浒传》，他又看得很熟，唐诗宋词读得比中文系的教授还好。而且他对家族的观念也非常深厚，他的母亲去世，他把悼念母亲的诗刻在母亲的墓碑上。我想给大家朗诵一下，这首诗叫作《今生今世》：“我最为忘情的哭声有两次，一次，在我生命的开始，一次，在你生命的告终。第一次，我不记得，是听你说的，第二次，你不会晓得，我说也没用。但两次哭声的中间，有无穷尽的笑声。一遍一遍又一遍。回荡了整整三十年。你都晓得，我都记得。”

这些诗好像很简单，没有什么华丽的词句，但是饱含真情。现在有很多诗很晦涩，虚无，堆砌辞藻，但是不能走进我们的心里。

同样地，今天我们阅读的时候，一方面要向西方学，向世界上最先进、最时尚的潮流学，另一方面要回顾我们的传统，向我们身边的习俗学习。我今天跟大家分享的就是一个意思，每个人都应该是自己最好的老师！每个人都要对自己的学习阅读进行规划，而不要靠别人的一个动力，不要把别人的督促当作动力。

你们要摸索自己的学习方法，摸索自己学习的道路，摸索着找到自己最喜欢的意中书！所谓的意中书，就是这本书可以跟你们一辈子，它永远不会抛弃你，而且在你们很混乱、很迷惘的时候，你会把这本书当作你们的“救星”。比如张爱玲，《红楼梦》就是张爱玲的意中书。张爱玲从十五六岁的时候就把《红楼梦》读得非常熟，而且她每次心情不愉快的时候就把《红楼梦》拿出来读一遍，心情就愉快了。所以《红楼梦》对她不是教材，而是解药。所谓的解药就是说你生命已经混沌不明的时候，它可以打开你的一扇窗。

关于阅读，可以探讨的地方很多，如何选择书，精度与泛读，实践与思考，今天时间紧促，希望有机会再来。

每个人最好的老师最终是自己，应当在阅读中间大胆怀疑、开拓思路。年终了，自己要来个精神的盘点。很多同学有自己的银行账户，每年都会看看它的进账，希望它从三位数变成四位数、五位数。但是同学们有没有盘点自己精神账户？所谓的精神账户，就是这一年我们的精神进账的统计。这些进账包括，我们有没有更加扩大精神视野？我们的知识有没有更加丰富？我们的人格有没有更加高尚？我们看了几片好电影，读了几本好书，和几个有知识的人分享见地，这些精神进账我们应该去盘点。如果很贫乏，那我们就要警惕。如果我们只有银行账户而没有精神账户，那就像一块肉没有盐。我希望同学们有两个账户，让我们物质和精神双丰收。

徐教授对经典阅读，从多角度展开分析。他旁征博引，各种古典诗词信手拈来，他用生动的语言将庖丁解牛等典故复现在同学们面前，充分展现了他深厚的文学功底，也让同学们领略了阅读的魅力。紧接着，徐教授向我们阐释个人心灵成长与经典阅读密不可分的关系，并与同学交流“阅读如何触及生命成长”与“中国人民精神寄托”。

徐教授之语有如破晓之晨钟，令人头脑清醒，勘破了当下“不要让孩子输在起跑线上”的论调。徐教授指出，读书不应该仅仅成为取得高分的功利性途径，更应在塑造人的价值观、提升“独上高楼望尽天涯路“的人生境界方面发挥春风化雨般的作用。

此外，徐教授还提出“我们在信息爆炸时代如何自处”的问题，并启示我们增强信息筛选能力，多阅读经典文学。徐教授在文人传记上有所造诣，著有《余光中传》等，并特别赠送给学校图书馆收藏。他向我们展示了其与余光中先生交往的旧照，声情并茂地朗诵了余光中的《今生今世》，同学们深深沉浸其中。

讲座的最后，同学们积极地向徐教授提问，交流自己对文学的看法，徐教授逐一耐心地解答。这场讲座在掌声雷动中渐入尾声，令同学们的心情久久不能平静，强烈地激发了同学们阅读经典的热情。

——刘静涵

走进余光中[1]

提到《乡愁》大家会想到余光中，温总理也朗诵过。余光中的《乡愁》这首诗收进中小学的课本，流传甚广。但如果认为余先生只有《乡愁》，就好像只知道李白有“床前明月光”，“床前明月光”是李白流传最广的一首诗，但不能代表李白的创作水平。余先生说《乡愁》是我的招牌菜，但是我还会煮很多好菜；《乡愁》是我的名片，但是我不希望这张名片遮住了我的脸。

余先生读了三所大学的外文系，起先高中毕业在南京，考上北大和金陵大学，他母亲说北京打仗了，他就读金陵，现在还保存着北大的录取通知书，之后到厦大，最后到台大，所以他现在是三所大学的校友，三所大学的校庆都会请他去。

出身外文，但是他对中文非常热爱。他是个浪漫又理性的人，他出入经史又平易通俗。20年前我请余光中去厦门晓风书店签名售书，队排得很长，看见余先生，人群就乱了，挤成一团，我有点慌，余先生很镇定，他说站回去排队，不然我不签，大家就赶快排队。余光中发现递上来有一本是盗版书（我也陪很多作家去签名售书，像林清玄一看到盗版书就说：“这书请你拿回去，我不能支持盗版。”那个学生就很委屈，排了这么久不让他签）只是笑一笑，说：“这是我的‘私生子’哦！”然后还是给他签字。

余光中的诗题材广泛，有《抱孙》；有《珍珠项链》，是写给太太的。他喜欢开快车，也写过飙车题材的诗。

他父亲是福建永春人，最近在福建永春建了“余光中文学馆”，把他的一些手稿、录音、相片都放到那里去了。他父亲当过永春教育局长，还当过安溪县长，早年曾在马六甲办侨校，回国后长期在国民政府海外部工作，并担任台北永春同乡会的理事长。余光中的母亲是江苏人，太太也是苏州人，他岳父是浙大的教授，很早去世。

---

① 2015年4月12日徐学教授应邀到我校高中部开设此专题讲座。

余先生对中文很有感情，他说只要仓颉的灵感不灭，美丽的中文不老，向心力就必然常在，一个方块字就是一个天地。太初有字，汉族的心灵，祖先的回忆和希望便有了寄托。

文学大师是民族魂，文字是民族文化的核心，所以，英国人说，我们宁愿失去印度，不能失去莎士比亚。英联邦曾经是日不落帝国，印度是它最大的一块殖民地，但他们认为只有经济利益、物质财富并不足以长治久安，再了不起的大帝国也难传之久远。这与我们中国“屈平辞赋悬日月，楚王台榭空山丘”所见略同，他们都认识到，只有由典故、成语、神话、诗歌累积而成精神气质才能让民族立于不败之地、崛起于患难之中。汉字真的是我们的无价之宝，大概七八年前，新浪网征集网友的意见，什么是我们中华文化的象征，回答很多，有人说长城，有人说长江，有人说黄河，有人说针灸，有人说旗袍，有人说功夫，还有人说麻将。如果要找一个文化象征，我以为应该是方块字。我们这个民族方言非常多，福建就有七八种方言，我们还能保持长久凝聚力，为什么？因为我们有方块字。拼音文字，音一变字就变了，所以英国人一般看不懂他们200年前的文字，那是古英文，我们还可以读2000年前的汉字，读《诗经》。汉字让我们保留了很多文化典籍，保留了很多深刻简洁的典故和美好意象，保留了传统家训、风俗习惯、二十四节气等。共同的记忆，共同的祖先，共同的文化，而且还造就了汉字文化圈，包括日本、韩国、越南、缅甸等，他们的文字明显受到汉字影响。日本人曾经也想把汉字去掉，后来发现不行，因为日文有一些汉字的字根在。你现在到日本去旅游，你要去看樱花你不会日文怎么办？没关系，你用繁体字写，何处赏樱，把这四个字拿给日本人看，他也看得懂，会告诉你怎么走，到什么地方看樱花。

但是五四运动以来方块字受到很多的误解，不管“左”派、右派都认为汉字是糟粕、是累赘。他们排斥方块字的逻辑是这样的：为什么近代中国老是挨打受尽列强欺辱，因为百姓愚昧，科技不发达；为什么愚昧科技不发达，因为文盲太多；为什么我们文盲这么多，因为汉字太难学，所以要把汉字废了，改用世界语或者拼音文字。在那种大气候下，鲁迅也说过这样狠话，汉字不灭中国必亡。但他自己是文学大师，写一手漂亮的中文。现在发现汉字很好啊，可以用电脑打字，台湾人学繁体字，他的语文水平也不会比大陆人低啊，看古代典籍比我们更习惯。繁体字里头有很多的意象，让人“望文生义”，比如，繁体字的“親”旁有见，常常相见才亲；“義”字底下有我，有舍生取义，见义勇为的意思，当然是要把我放进去，对不对。“廟”底下是一个朝拜的朝，庙是用来朝拜的。

余先生不是任何教派的信徒，但是他有宗教情怀，他的宗教情怀就是把中文写好，让大家热爱中文，通过富有生命的文字体验中华文化的精华。他说："这个世界，我来时收到她两件礼物，一件是肉身，一件是语文。走时这两件都要还给她，一件已被我用坏，连她自己也认不出来，另一件我越用越好，还她时，比领来时更新更活。纵我做她的孩子有千般不是，最后我或许会被宽恕，被她欣然认作自己的孩子。"人老肉身衰朽，眼花耳背，手也会抖了，脚也走不动了，但是中文在他的手里变得更好，更加活泼多姿了，这样他的使命便完成了。

至今余光中已经创作了1000多首诗，还有散文小品，还有七八本翻译，笔耕不辍并不间断教学。3年前北美女作家协会年会在厦大召开，余光中先生做主题演讲。演讲之余，还有空档，我就问他说，有人想请你去演讲，一次3万块要不要去？他说，不去。我又说，厦门周边开发了旅游点，空气很好，山很好，要不要去？他说，不去。不去你在房间里干什么？他说："你看，我有这么多作业要改。"拿出一大叠的学生作业，他开了一门翻译课，有几十位学生上课，作业是翻译，每份作业他都批改，用红笔圈出来，这个字句措辞不太妥当，应该怎么改，一笔一笔地改。他说，回台后很忙，利用这点空闲批改作业。教学也好，写作也好，演讲也好，签名售书也好，他有一种使命感，近乎宗教情怀。

大陆和台湾都有诗碑，刻着余光中的诗。高雄的一个公园，诗墙上是他的诗。余先生在高雄已经住了30来年了，他住的最久的地方就是高雄了，余先生待过的几个学校都是很漂亮的，香港中文大学、厦门大学、高雄中山大学……余先生曾经带我到中山大学他的研究所楼顶上看对岸，他出过一本诗集叫《高楼对海》，从他的研究室窗户望过去，就是厦门，或者汕头。我也喜欢他写给他母亲的诗，他从小跟母亲一起逃难，母亲在桐油灯下给他朗诵《古文观止》，他现在朗诵起来的口音也有江南口音。日本侵略江南，他们逃难，躲到一间庙里，日本兵也进来，就在庙门口烧火煮饭，他和母亲躲在庙里菩萨的后面，桌子底下，火光映红了他们母子惊恐的脸庞。

母亲在他30岁时去世了，余光中写了《母难日》，什么叫"母难日"？一个母亲十月怀胎，一朝分娩，精神上是很快乐的，但是肉体上不免痛苦，所以我们的生日就是母难日，在西方人是这样讲的。《母难日》三首，其中一首《今生今世》："我最忘情的哭声有两次，一次，在我生命的开始；一次，在你生命的告终。第一次，我不会记得，是听你说的；第二次，你不会晓得；我说也没用。但两次哭声的中间，有无穷无尽的笑声。一遍一遍又一遍，回荡了整整三十年，你都晓得，我都记得。”

两次忘情的哭声，第一次是出生，生命的开始，呱呱坠地。第二次是母亲去世，大哭。第一次刚刚出生作者不会记得，是听母亲说的。第二次母亲已经闭目了，说也没有用。但两次最忘情的哭声的中间有无穷无尽的笑声，一遍一遍又一遍回荡了整整三十年。文字非常朴实，感情非常真挚。我们现在的诗歌很有学问，词语晦涩艰深，意象也非常浓，花花草草很多，但是能抚摸我们内心深处最柔软的那一块地方的诗歌真的不多。我们会赞叹它的技巧，说它的词语丰富，字句雕琢，但是它能震撼我们吗?

余先生他自称是江南人，也是闽南人，但是他还是川娃儿。他从初一年到高三年是在四川度过的，他的同学都是讲四川话的，他也非常喜欢重庆。他太太跟他在家里都是用四川话对话，虽然他们都是苏州人，用四川话会使他们想起少年那段记忆，可以舒解乡愁。

诗人写一首诗，要保持灵感他有很多的刺激，这也是他创作《乡愁》的一个明证。他创作《乡愁》时还到了那个望子石，他说这一块石头就是他要去寄宿学校上课的时候，母亲一直在那个地方送他，他走到远处回头看她，她还站在那边。他说他母亲就像一块望子石，后来他们离开四川也是从这里走下山去的。

余先生那次回重庆，我也记得有很多小插曲，因为当时他住的那个地方还不能完全通汽车，要走很多山路，路很窄，所以当地接待部门就准备了两个滑竿，让余夫人和余先生坐。余夫人坐上去了，余先生不肯坐，我跟余先生说：“余先生您放心，他们不会让您掉下去的。”余先生说：“我不是怕掉下去，我要一步步地走回去才有感觉。我要一步步地用我自己的脚踏着我童年、少年走过的路，我才能更有感觉。”

十几年前我对余光中做过访谈，我说：“《乡愁》不仅是你对生活过的故乡、故居、故人的怀念，更是一种浓缩了整个中国历史、整个传统文化的故国时空，它不仅是地理的，也是历史的；不仅是抗战时期的嘉陵江，也是屈原的汨罗江、苏东坡的长江；不仅是半世纪以前的江南、厦门，也是杜甫的江南、李白的龙门。”余光中很赞同，他说，他的乡愁的感觉很早，他中学时代在四川，以后到了南京、厦门就想四川，到国外、海外的时候，想的是台湾，想的是中国。

余光中的父乡在闽南，他在诗里写过《永春芦柑》和《洛阳桥》。余光中有个爱画地图的嗜好，他从中学的时代就会画世界各国的地图，连港湾、海岸线都画得非常精确，所以他的地理老师，中学地理老师上课时总看余光中，害怕自己讲错了或者这个地图画得不仔细，余光中会找出他的毛病来。当然余光中是非常尊敬老师的。

我陪他回永春四五次。县政府派车来接我们。从厦门机场上高速到永春去，有一次他就问："徐学，你知道从厦门到永春我们过了几个隧道？"可见他不仅笔力扛鼎，也细致入微，洛阳桥到底有多长，他诗里说按照他的脚步是1060步。他想到他父亲带过他，他母亲也牵过他，三个人走过了洛阳桥。

余先生的乡愁诗中，我最喜欢的是《乡愁四韵》，这首诗杨弦谱过曲，比较流行的是罗大佑谱曲并独唱的，非常感人："给我一瓢长江水啊长江水，酒一样的长江水，醉酒的滋味是乡愁的滋味。给我一瓢长江水啊长江水。给我一张海棠红啊海棠红，血一样的海棠红，沸血的烧痛是乡愁的烧痛。给我一张海棠红啊海棠红。给我一片雪花白啊雪花白，信一样的雪花白。家信的等待是乡愁的等待。给我一片雪花白啊雪花白。给我一朵蜡梅香啊蜡梅香。母亲一样的蜡梅香，母亲的芬芳是乡土的芬芳。给我一朵蜡梅香啊蜡梅香。"

对长江水，余光中确实是魂牵梦萦，因为他从长江头到长江尾，嘉陵江是长江头，南京是长江尾，所以长江对余光中来说是很亲切的记忆。他说醉酒的滋味是乡愁的滋味，长江水像酒一样。海棠红我们现在可能比较不理解，因为民国时的中国地图呈现海棠叶状，现在是大公鸡的形状。雪花白，台湾很多老兵是北方人，家乡的记忆就是雪花，但是到了台湾，除了玉山顶上有一点点白雪，终年无雪，雪花也是他们的乡景乡情。蜡梅香，梅花是民国时期的国花。这首诗很单纯，很有音乐性，但是它又有画面感，有通感，它调动了我们的感官，有味觉、有嗅觉、有触觉、有视觉，打通我们的五官。醉酒的滋味是味觉，沸血的烧痛是触觉，当然也有视觉，白和红都是视觉，蜡梅香是嗅觉，芬芳的蜡梅。

全诗递进，长江水从地理是部分，海棠红是全体，然后深入心理层面。全诗也回环往复。四个意象很平凡但是是民族文化中为人熟悉的意象，不押韵，但是一气呵成，回环往复，遥相呼应。

纯净的语言风格，清水出芙蓉，天然去雕饰，情感真挚、思想高超的诗人，不需要写得艰深晦涩，普普通通的词语也感动人。就像女人身材好，不穿漂亮的服装，她穿着泳装走出来都让人眼前一亮。

余光中语言，清淡中见隽永，以简驭繁，以淡取胜。

今天下雨。我再给大家朗诵一首余先生的《雨声说些什么》：一夜的雨声说些什么呢？楼上的灯问窗外的树，窗外的树问巷口的车。一夜的雨声说些什么呢？巷口的车问远方的路，远方的路问上游的桥。一夜的雨声说些什么呢？上游的桥问小时的伞，小时的伞问湿了的鞋。一夜的雨声说些什么呢？湿了的鞋问乱叫的蛙，乱叫的蛙问四周的雾。说些什么呢，一夜的雨声？四周的雾问楼上的灯，楼上的灯问灯下的人，灯下的人抬起头来说，怎么还没有停啊？从传说落到了现在，从霏霏落到了湃湃，从檐漏落到了江海，问你啊，蠢蠢的青苔，一夜的雨声说些什么呢？

这首诗的场景多变，楼上的灯，窗外的树，是近景。然后镜头推远，巷口的车远方的路，上游的桥，更远了。楼上的灯一直到远方的路，由近及远，然后进入了记忆，上游的桥问小时候的伞，小时候的伞问湿了的鞋，湿了的鞋问乱叫的蛙，乱叫的蛙问四周的雾，就回到孩童时，然后又回到近景。四周的雾问楼上的灯，楼上的灯问灯下的人，灯下的人抬起头来说。

一夜雨声说些什么呢？曾经问同学，有人说烦躁啊，有人说是失眠的人睡不着，讨厌雨声，说怎么还没停啊。也有很多人看出来写的就是乡愁。雨在中国古诗中，跟愁联系在一起的，如“清明时节雨纷纷，路上行人欲断魂”，“君问归期未有期，巴山夜雨涨秋池”。宋人蒋捷有少年听雨，壮年听雨，白头听雨，一生哀乐用雨珠子串起来。雨作为古典意象就是跟思念、跟惆怅联系在一起的。《雨声说些什么》是余光中写的，余先生成长的地方，江南，重庆，台北，都是多雨的地方，杏花村雨江南，雾重庆，冬季到台北来看雨。雨落时，下雨的时候他想起小时候走过的桥，湿了的鞋，乱叫的蛙，他又想听这个雨，又近乡情怯，回不去的故乡，所以他说怎么还没有停啊，但是最后这个雨从个人的小我跟民族的大我结合起来，从传说落到了现在，从霏霏落到了湃湃，从个人屋檐漏落到了江海，是民族的乡愁。

蠢蠢的青苔不是说青苔很愚蠢，我们知道，二十四节气有一个节气叫作惊蛰，惊蛰就是万物复苏经过一冬的冬眠，许多小虫，许多的草和树都苏醒过来了，所以叫惊蛰，蠢蠢欲动。

余光中的乡愁诗写了很多，在美国的时候，他想他家乡，想到那片土，一切摇篮和坟墓，想到长城。所以他的乡愁他说分三层，第一层就是亲友，乡亲，同胞；第二层是故园情景，故国山河，旧时风景；第三层是历史文化。他说：“我在创作中写亲身所历的记忆是乡愁，在海外写满带中国古典意象的诗歌和散文也是一种间接婉转的怀乡。我在对乡愁的抒发中找到了释放和安顿，也获取了支持和力量。”

余光中是非常喜欢中国古典文化的文人，他写了很多诗来追寻杜甫、李白、李贺和王维，他最喜欢的是苏东坡，乐山人，半个老乡，他打趣说，和李白做朋友没有安全感，杜甫又太严肃，东坡洒脱而不油滑，忠厚却不呆板。苏东坡不仅文学成就高，而且多面。我跟中学生说要学苏东坡，诗词歌赋写得好，状元也考得上，官也会当，流放也不怕。他还会做东坡肉，会跟和尚讲黄色笑话，非常有情趣、非常幽默。

苏东坡瓷像是余光中的私人收藏，放在他的客厅。苏轼手里提的是什么水果啊，大家知道不知道啊？荔枝，对。“日啖荔枝三百颗，不辞长作岭南人”，苏东坡流放到广东去，惠州那个地方也有荔枝。

余光中也很喜欢李白，他写《与李白同游高速公路》，李白开着快车超速了，他在旁边劝李白不要开这么快，说现在找不到贺知章了，你被关起来谁来做保人。还有《寻李白》，其中这三句：“酒入豪肠，七分酿成了月光，余下的三分啸成剑气，绣口一吐，就半个盛唐。”很多大学生喜欢这三句诗，熟读之余想象未曾谋面的余先生一定是胡子很多，身材高大的侠客，听演讲时一见先生个子不高，好像也没什么侠气，就有点失望。余先生对此回答：“我是把精神都放在写作上了，不像有的作家是写作没放几分精力，都是在生活上作秀，搞一些古古怪怪的事情吸引大家的注意。我的生活很随便，很有规律，上课，写作，回家，也没有什么古怪的行为。我的精神都放在写作里头去了。”

《寻李白》值得我们注意的是什么呢？是说李白的故乡在哪里，现在李白的故乡是个迷啊，有人说他是陕西人，有人说他是山东人，有人说他出生在四川的青莲乡，有人说他是中亚的碎叶城。

余光中写道：“凡你醉处，你说过，皆非他乡……樽中月影，或许那才是你的故乡，常得你一生痴痴的仰望。”

有时候我们回不去故乡，但是我们可以在诗歌里，在我们的古典记忆中找到自己的故乡，像李白，他的故乡在哪里，举杯邀明月，对饮成三人。相看两不厌，唯有敬亭山。他有很多的安身立命之处。

余光中三次去美国，每次都有一两年，有时，他一个人开着车，在高速公路上奔驰。有时茫茫大雪一两个小时连一辆车都没有看到，非常想家，非常寂寞，怎么办？他的方法就是背古诗。“弃我去者，昨日之日不可留；乱我心者，今日之日多烦忧”“长风破浪会有时，直挂云帆济沧海”，李白的诗。念杜甫的诗，念苏东坡的诗，念得豪气满怀，禁不住用手拍打着方向盘，如同古代名士击节高咏！

诗有什么用？跟炒房比，跟当大官比，写什么诗啊，诗人也许在历史上不朽，但在隔壁看起来真是个笑话。但无用之用有大用。我认识两个老太太，都 90 多岁了，眼睛不好，耳朵也不好，手脚当然也不好，儿孙孝顺，但是能够陪她聊天的时间也不是很多，大部分的时间独坐在那边。有一天其中一个老太太到她家顶楼上去四周望了望，看了一圈就下来了，拒绝进食。另一个老太太却神采奕奕，爱美健谈，她平常做些什么，背古诗，她会背很多古诗，在铿锵的节奏、美丽的意象中她得到了释放，想到古人的洒脱豁达，想到自己青春时代老师的授课、同学的笑语……丰富心灵的诗，真的是没有用的吗？一定要看存折才能坚持活下去吗？

就哲学意义而言，精神没有归宿就是乡愁。所以余光中说乡愁有两个层面：中国历史文化是形而上的层面，形而下的层面就是山河和人民。乡愁在文学作品中包括历史、传统，风俗是立体的、多方位的。

乡不同于同乡会之乡，愁的意义也不单纯是“老乡见老乡，两眼泪汪汪”，有更高层面的意思。所以记住乡愁不是说去农村吃一点土鸡土鸭、看一点青山绿水。

当然还有人更豪迈，像已经定居纽约的王鼎钧先生，我跟他也有多年的交往。王鼎钧说：“我是异乡长大的孤儿，我怀念故乡，但是感激我居住过的每一个地方。故乡，故乡是什么？所有的故乡都从异乡演变而来，故乡是祖先流浪的最后一站。”写得多么豪迈，故乡是祖先流浪的最后一站，我们都是从中原来的，我们来这里住了，这里变成我们的故乡，以后我们可能离开了这里，到了东南亚，到了欧美，到哪里去发展，所以我们又会找到新的故乡。齐邦媛先生有论文写二度漂流，什么叫二度漂流，从大陆到台湾是一度漂流，从台湾到美国是二度漂流。

古人也有这样的诗。“客舍并州已十霜，归心日夜忆咸阳，无端更渡桑乾水，却望并州似故乡。”这是刘皂写的诗。刘皂是陕西咸阳人，他到并州就是今天的山西太原当官，客舍并州已十霜，住了十年，十年里天天想自己的咸阳老家。谁承想，无端更渡桑乾水，一纸调令来了，他要到河北桑乾河畔那边去当官了，到了桑乾河畔，他想的是并州，是他住了十年的那个山西太原，所以故乡是不断在变化的。

很多思乡的人不敢回乡，像王鼎钧先生他一直在写故乡但是他不敢回乡，为什么？他心里珍藏的故乡是他少年时代的故乡，屋旁的老井，门口的红石榴树，老屋，亲人，现在那些都毁坏湮灭了，所以他不敢回去，他说回去就像胶卷会曝光，一曝光就变成空白了。

我毕业后就留在厦大，我的同学都到全国各地去了，校庆的时候，他们离开二三十年又回来了。我们校园已经变化很大了，我记不得二三十年前校园是什么样子，但同学们就记得很清楚，我们当时的食堂在哪里，这个地方有一座桥，当时的信箱，我们去哪里拿信、拿报纸，报栏在什么地方，图书馆在什么地方……我整天在校园里走来走去的人反而被慢慢改变的校园风光遮蔽了大学读书时的场景。所以有的人离开了故乡反而会更强烈、更持久地把故乡放在心里。

在全球化的时代，人也可以成为我们的故乡、精神归属，广义的故乡，在阅读外国书籍外国影像，在发现世界的同时，也进一步发现了自己。特别是那些发展中国家的百姓，倾听那些普通人的交谈，知道他们内心的痛苦和纠结，洞悉他们生活的秘密，尤其是他们处理问题的智慧，也与他们一道感受心灵的幸福和阳光，于是就与这些人有了一种亲密的联系，觉得那里也成了自己的某个出生地，成了自己所来的道路，成了自己历史的一部分。那里的山水和人同样抚育了我，在某个特殊时期给我空间和力量，原来乡愁不止一个而是有那么多，我们可以把自己的依恋和向往给那么多的地方。

所以乡愁归根结底是归宿感。现在真的有时候你就是回到家乡，你也觉得跟人很难沟通了，你也觉得很多亲人变得很陌生了，他们没法走入你的心灵，他们的追求，他们的向往，他们的想法，跟你好像也格格不入。

最后以余先生的题字结尾：根索水而入土，叶追日而上天。

徐学教授以诙谐幽默的语气、通俗易懂的语言带领着大家得以窥探余光中先生这一位睿智的学者丰富多彩的精神世界的一角，领略世界级的文学大师的风采。徐教授介绍了余先生的生活趣事，展现了余先生对汉字方块字如宗教般的热爱的情怀，还有余先生对教学工作的一丝不苟，以及那来自灵魂深处的诗意，都给同学们留下了具体和深刻的印象。

除去层层名誉的外衣，我见到的余光中先生，更像是一位漂泊在外怀揣着一片赤子之心的游子，无限思念着家乡。除了大家最知名的《乡愁》，还有《乡愁四韵》中所描写的那样，余先生的乡愁不仅是他对生活过的故乡、故居的怀念，更是浓缩了中国历史整个传统文化的故国时空。他对曾经生活过的重庆有着深厚的情感，在他细腻而略带忧愁的笔触下，一幅洋溢着浓浓中华传统文化氛围的图景缓缓展开。他的情，已经远远超过了个人的情怀，更是一种国家的情怀。他曾在一次演讲时说道："在国际的鸡尾酒会里，我是一块拒绝融化的冰。"余先生拒绝在这讲求所谓的"国际化的知识速食型社会里，放弃对汉语、中华传统文化的坚守"。他依然执着地，执着地追随自己的信仰。他身在台湾，心依然紧系着祖国，他的一片赤诚在当代中国文坛上有着无可取代的感染力。

一瓢长江水、一张海棠红、一片雪花白、一朵蜡梅香，构成了余光中先生灵魂的诗意与精神的快乐源泉。在徐学教授声情并茂的演讲中，我感受到了生命的悸动。

——陈艺蔼

陈仲义

厦门城市学院教授。已出版现代诗学专著12部。代表作为《现代诗：语言张力论》。发表诗歌批评与文论600多万字。独立承担国家课题“现代诗：接受响应论”。曾获第12届中国当代文学研究成果奖等。北京大学中国诗歌研究院首届研究员。

台湾名诗细读赏析[①]

一、内外宇宙，玩转于股掌间——读洛夫“望乡”

《边界望乡》，以“望”字为楔子，直搅得“乡愁”起伏跌宕，变化多端，洛夫把一个“愁”字玩得滴溜溜转：通感、畸联、化典、移情、虚实、假借、反衬、逆挽，在内宇宙与外宇宙的流通中，达到高度和解、融洽。

“说着说着/我们就到了落马洲”，起句真是轻松平淡，一切皆在不经意间。淡淡地引入，丝毫看不见有隐藏的深情。“雾正升起/我们在茫然中勒马四顾”，此时平淡转为茫然；落马洲因马转为“勒马四顾”（地形上的马转为交通工具）。前者避免了开门见山的过于裸呈，后者因“勒”住的动作惊险而陡出紧张感。而后，在茫然与紧张的交织中，忐忑不安的心理，引出生理——“手掌开始

① 2013年3月21日陈仲义教授应邀到我校高中部开设此专题讲座。

生汗”，细致的流转，很见作者丰蕴的艺术功底。

生汗也是握紧望远镜所致，自然接着“望远镜中扩大数十倍的乡愁”，乡愁作为一种情感“虚”物，在望远镜里被当作实物拉长、拉大、拉近，很是奇异。心物之间，虚实之间，依然又是一种高明转换。作者同时以后置的“乱如风中的散发”来烘托，这就把“乱中散发”的乡愁再由虚转实，大大提升了乡愁的质感。

“当距离调整到令人心跳的程度 / 一座远山迎面飞来 / 把我撞成 / 严重的内伤”——无须饶舌，这是全诗最出彩之处。渐渐地拉近，引起“心跳”，触动诗人“近乡情更怯”的心弦；而倏忽飞来的远山，撞成内伤，夸张而逼真的相对运动，造成始料未及的视觉冲击，这比任何议论抒情都来得聪明。由于望远镜的拉近，固定事物发生位移，变成远山奔来、撞来，这个关于“撞山”的错幻觉，应属洛夫专利，以前是没有人这么写过的。“内伤”是指因乡愁瞬间撞击产生的心理沧桑，遗留下了包括反思、悔过及回忆在内的种种伤痕。

于是，由内伤过渡到“病了”，洛夫接着化用三个典故来写乡思病。“凋残的杜鹃”，竟蹲在界牌后咯血，它是诗人心灵对象化的“内模仿”？它的“泣血”，寄托了山河两地、不能回归的痛心疾首。而白鹭是和平、安宁的意象，惊起的黯然神伤。

上述二鸟，笔者揣测是属于乡愁的联想之物，而非实地物，因作者在后记中明确记载见着已数十年未遇的鹧鸪。鹧鸪又名山鹧鸪，其声凄厉，历来用于寄托肝肠寸断的情感。与其说是鹧鸪以火发音、啼声冒烟，不如说是作者心胆俱裂的外化，主体情思与客体物象再次得到极好的交融。或许，我们真的听到有一只鹧鸪在界碑处，不，在历史的纵深处怅然唱道：“行不得也哥哥！”（哥哥你不能往界那边走了！诗人是鹧鸪，鹧鸪也是诗人。）

突然之间，插入一个“问话”：“冷，还是 / 不冷？”与洛夫同行的余光中先生，“竖起外衣的领子”。看似不解其间行情的关怀询问，其实是作者假借余诗人的“不解”，反衬洛诗人的冲动热烈，这里有两次反衬：一是洛的偾张，与余的竖领发冷；二是洛本身由刚才偾张高热转为现在打摆子似的“畏寒”。两次对比衬托，加深失望后的心理烫伤，仿佛是烧红的烙铁，浇上凉水，发出难受的吱吱声。

接下来“惊蛰之后是春分，清明时节该不远了”，是当时的节气挑明，也是当时的心境写照，像是“闲笔”，其实还是洛夫以景寓情的巧设。清明的情感含量很重，也不露痕迹，着实把怀祖伤怀的凄清统统包含：“当雨水把莽莽大地 / 译成青色的语言”，这雨水，该不是诗人思乡的泪水化成？那吐翠的青草，该不是覆盖在乡愁坟上的纸钱？而共通的文化心理结构，使得这个湖南老乡，能突破地域障碍，居然听懂了广东乡音，不能不是遗憾中的小小安慰？

最后的乡愁归宿到——“故国的泥土，伸手可及”，自然而然是要伸手抓一把的，可是“我抓回来的仍是一掌冷雾”。完全的扑空，残酷的打击，简直就是一种精神上的“车裂宫刑”！“雾”的意象再度露面，前面还有意加了个“冷”字，与开头“雾升起”相呼应，与前半部分“望”的燥热世界，形成反差，也与后面的“畏寒”形成回流。就此，诗的收束，在完全扑空和惘然中，收获了奇特效果，真是余韵未了。

二、读夏宇“复仇”

夏宇是台湾诗界公认的怪球手。球路刁钻，神出鬼没。

幸好《甜蜜的复仇》，基本上没有什么阅读障碍。其主旨也不复杂，说的是男女双方离异（广义）的事儿，当一方离弃后，另一方该如何处理呢？我们的主人翁虽然很无奈，但他（她）还是把对方的一切放入记忆中保存起来，待老的时候，拿出来慢慢品尝。

情感与婚姻的离合，是人类的家常便饭，如何体现人类这一普遍经验，极易落入窠臼（因太多、太泛了）：有的攥紧定情物，呼天抢地；有的收藏细节，长吁短唏。在诗歌中有无数种方法：诅咒、发愿、托梦、转世，都玩过了。独独夏宇，使出了怪招。

怪招一：是标题复仇，不可避免带着愤怒、敌视、报复色彩，但是，却被前置词限定为“甜蜜”，这样复仇的“恨”，便会在甜蜜的导引下，转向相反的——“爱”的方向，使得标题的正常语境，被“歪曲”成吊胃口的、颇具悬念的佯谬空间。紧张的对立，在第一眼的阅读疑惑中，迅速抢到先机。

怪招二，对于离合对象的“开刀”，一般来说，会选择看得见的实在物，五官、身段、音容笑貌啦。当然也可以直接针对看不见的情感，或启用情感替代物。可是，作者偏偏选择意想不到的“影子”——抽象而虚无缥缈的影子下手。用意何在？除了笔走偏锋带出“无出其右”的原创效果，还为后来腌制的虚实转化做了事前准备。

怪招三，作者处理情感离合，竟然是“丧心病狂”地采取食品腌制法，其工艺流程是：撒盐——腌藏——风干。盐，总是和伤口联系在一起，对“负心人”加盐，就是紧紧扣住“报复”方式。这一“残酷”腌制法，妙就妙在相当形象地对应那一段心酸、疼痛的情感记忆储存，即情感“苦熬”过程。

影子变成食品，心理创伤变为化学反应；虚，迅速转实（不管是腌成广味香肠、四川腊肉，还是南京板鸭），真叹服作者翻手为云覆手为雨的功力。

怪招四，在事件还可以继续铺排，诗思还可持续发展时，突然来个刹车。短促而有力地宣布："老的时候 / 下酒。"惊诧之间，的确让我们对"熬制"的苦心孤诣，充满同情。毕竟一生隐忍，受对方"影子"影响、牵连太多，只能默默吞咽。而"下酒"，这简洁的中性的动宾结构，又饱含着多少绵长的滋味，在似水流年之后细细品尝：怨怼、眷念、惋惜、感伤……咀嚼品尝，是一种"自食其果"——"回甘"式的报复？还是对另一方甜美的"惩戒"？所有的甜酸苦辣是非过失，谁能道得清呢？在看尽世事之后，复归于自慰的通达。

如果这一次是公投百年百篇新诗选美，我会不假思索荐它一票。因为仅仅 24 个字，就成功处理了一次人类普遍性的情感离合，一以当百啊，奇特的化学腌制方式，独特地表达自我心理经验。

夏宇，实在不该再耽于身边的手绣制作本，而应该大大开张——夏氏美味坊。

附　台湾名诗两篇

边界望乡

洛夫

说着说着
我们就到了落马洲
雾正升起，我们在茫然中勒马四顾
手掌开始生汗
望远镜中扩大数十倍的乡愁
乱如风中的散发
当距离调整到令人心跳的程度
一座远山迎面飞来
把我撞成了
严重的内伤
病了病了
病得像山坡上那丛凋残的杜鹃

只剩下唯一的一朵
蹲在那块“禁止越界”的告示牌后面
咯血。而这时
一只白鹭从水田中惊起
飞越深圳
又猛然折了回来
而这时，鹧鸪以火发音
那冒烟的啼声
一句句
穿透异地三月的春寒
我被烧得双目尽赤，血脉贲张
你却竖起外衣的领子，回头问我
冷，还是
不冷？
惊蛰之后是春分
清明时节该不远了
我居然也听懂了广东的乡音
当雨水把莽莽大地
译成青色的语言
喏！你说，福田村再过去就是水围
故国的泥土，伸手可及
但我抓回来的仍是一掌冷雾

1979年6月3日

甜蜜的复仇

夏宇

把你的影子加点盐
腌起来
风干
老的时候
下酒

同学感想

由洛夫的《边界望乡》、夏宇的《甜蜜的复仇》为引，陈仲义老师对诗人情感思想的层次表现和叛逆诗人的特点进行了较为深入的探讨，借此引导同学们如何在诗歌欣赏中培养自己的诗性思维和敏锐的感受力。他鼓励大家，要让自己肩上属于自己的脑袋能有自己的思想，要培养自己的自信力和感受力，以及不被条框填充所束缚而发挥自己的感性思维。

演讲结束的提问时间，同学们根据讲座的感悟以及诗歌鉴赏中遇到的困惑与老师进行了交流，陈老师对双十学子充满思考的提问大加赞赏，并根据自己的体会一一作答，短短一个半小时的讲座令同学们满载而归！

陈老师还特意带来了他的最新专著《现代诗：语言张力论》以及夫人著名诗人舒婷的限量纪念版诗集《双桅船》，赠送给图书馆收藏！

——夏一凡

夏　炜

中国作家协会会员，厦门市作家协会副主席、美协会员。厦门市政协委员。职业作家、画家、茶人。主要文学作品有长篇小说《铁观音》《那些花儿》《赝品》，中短篇小说《都市猎人》《小雪》《高尚》等。曾获全国第三届青年文学作品大赛奖、中国最美图书奖、福建省百花文艺奖、黄长咸文学奖、陈玉明文学奖、厦门市政府文学奖等。现居福建厦门。

怎么读莫言[①]

一、大奖与实力

2012 年 10 月 11 日，莫言得了诺贝尔奖。我们中国人反应很不一样。有人祝贺有人质疑。也有人说怎么不是北岛？怎么不是张承志？还有人会悄悄问：莫言是谁？

这个时候，我也会想一下：

第一，怎么没有托尔斯泰？米兰昆德拉？没有卡夫卡？博尔赫斯？他们都是伟大的作家，也都没有获得诺贝尔奖。

① 2012 年 11 月 25 日夏炜作家应邀到我校高中部开设此专题讲座。

第二，又有多少人在此之前，认真读过莫言的作品？

莫言获奖后，新浪微博的一项调查显示，超过一半的网友表示："说实话，不知道莫言是谁"。近几年来，我非常关注莫言和村上春树的作品，在莫言和村上春树谁更有可能获得诺贝尔文学奖的问题上，我一直更看好莫言，同时，我觉得把莫言和邻国的作家村上的书进行对比阅读和关注，是非常有意思的事。村上有一本书叫《挪威的森林》，在日本销量1500万册，在中国也有300万册销量，我相信，莫言的优秀文学作品，不论是《丰乳肥臀》还是《檀香刑》，都会对此销量而望洋兴叹。我有一个朋友，大学毕业，直接对我说"看不懂《檀香刑》"。但是，为什么会这样？

我认为，真正优秀的作品、优秀的东西，人们必须经过学习努力提高自己的水平才懂得鉴赏。很简单举例："我爱你，爱着你，就像老鼠爱大米。"我唱一遍，大家听了都会马上唱，马上流行。这个几乎不用学，因为太简单、容易，同时，因为简单容易，其内容也非常肤浅，这样的爱，远不如《梁祝》听来让人感动。但交响乐《英雄交响曲》《命运交响曲》，你怎样听出它是英雄还是命运？《降E大调第三交响曲》为啥就是《英雄交响曲》？如何听出英雄在战斗中成长？何时是葬礼进行曲？何时是谐谑曲？什么又是凯旋进行曲？能听出几只单簧管、双簧管、圆号、小号？

这样一说，大家就会明白，当我们拒绝一些我们看不懂、弄不明白的东西的时候，我们是不是该去反思一下自己，原因仅仅在于我们学习的水平不够、思考的能力不够吗？我们读了大学，乃至研究生毕业，是否因为教育学习的综合能力不够，因此我们只能接受和理解欣赏低一点的东西？《百年孤独》是伟大的著作，我当年初次拿到这本书，也曾经三次看了一半就放下，去读《圆月弯刀》和《天龙八部》去了。后来，我先读完了马尔克斯的《霍乱时期的爱情》，感受到他的伟大，再去细看《百年孤独》，终于感受到被誉为"再现拉丁美洲历史社会图景的鸿篇巨制"的非凡魅力。可以说，马尔克斯和他的这一代表作，对于新时期中国作家和中国文化界，有着无法磨灭的记忆。

当然，此刻在诺贝尔奖光环的影响下，人们疯狂抢购莫言作品，我认为并不是对其文学作品的真正喜爱。一时间满足虚荣心和跟风，是我们最大的爱好。几年之后，我相信这股热潮就会过去。

从这点上看，我感觉我们还是比较悲哀的。我们特别关注"外在"的东西：包括你家住多大房、开什么车、穿什么牌子的衣服，你考了多少分，你得什么奖、能不能光宗耀祖……文学从来不是我们生活的必需品。当一个大奖来临的时候，我们关注的似乎也不是作品本身。我们太关注脸面，关注敷脸的东西。

关于莫言获奖，从作品看，我先讲两点：

（一）从数量与广度上看：30 多年间，莫言创作了 10 多部长篇小说，100 多篇中短篇小说，题材广泛、数量众多，而且语言风格独具特色，没有人可比肩。

（二）深度：莫言小说表现了苦难、困顿、悲悯的人性。莫言是挖掘扭曲人性、奴性与兽性的高手。

就作品而论，从写作实力、才华、风格而讲，当代中国还没有人能和莫言一比。

获得诺贝尔奖，从来就不是上帝打盹、天降馅饼。早在 2007 年 9 月，由中国文学评论界认可的比较专业和权威的十位著名文学评论家朱大可、张闳、谢有顺、葛红兵、何三坡、解玺璋、陈晓明、白烨、李建军、唐晓渡等十人，一人一票制，评出来《中国作家实力排行榜》总计二十七位作家，三票以上名单如下：

9 票：莫言。

6 票：余华、史铁生、阿来、王安忆。

5 票：北村、北岛、苏童、阎连科、贾平凹。

4 票：格非、多多、铁凝。

3 票：韩东、王朔、林白、陈忠实、张炜、 韩少功、于坚。

从 2007 年这份一人一票的实力榜单上看，莫言获得了最高票。但有意思的事情是：他 1985—2011 年，无论《丰乳肥臀》、《檀香刑》还是其他作品，他都没有获得中国文学最高荣誉奖。好在 2011 年，他的新作《蛙》获得茅盾文学奖。一年以后，2012 年 10 月 11 日，莫言获诺贝尔奖。否则，我们的文学评奖界有可能大为尴尬。

二、怎么读莫言

文学界有许多朋友和我一样喜欢莫言的作品，当然，也有很多人不喜欢，还有人感觉难读、难看。怎么去读莫言呢？大体来说，阅读莫言的作品，可以从以下五个方面去体验。

首先，是不羁之心。

从 1985 年成名作《透明的红萝卜》开始创作到现在，莫言的内心依然是不羁的少年。他的作品天马行空，变化无穷，大河激流，石破天惊；有时也信口开河，不知所终，泥沙俱下。矛盾在莫言小说里处处体现，同时，也表现出背离日常逻辑与当然的、僵化性思维的想象力。莫言小说的激情饱满，源于他的不羁之心涌动不止：首先是体现出对叙述复杂形式的狂热；其次，表现出作家对现实世界的尖锐洞察。小说恣意挥洒而没有节制的、滔滔不绝的语言繁衍，这和余华《活着》里的叙事风格形成鲜明对比。

小说因天马行空的叙事风格，意象不但繁密，而且迅速变换，这让我们在阅读过程中并不轻松，也许是很多人读着感觉累与麻烦的原因。但细品则不断出现惊喜和极具意味的思考。这也是品读与品赏作品和泛阅览形式的区别。他用嘲笑和讽刺的笔触，攻击历史谬误和政治虚伪。他巧妙地揭露了人类丑陋的一面，在不经意间给象征赋予了形象。这是剖析人性后的悲悯和沉静反思，也是伟大小说的共同目标。诺贝文文学奖的评语是："他比拉伯雷、斯威夫特和马尔克斯之后的多数作家都要滑稽和犀利。他的语言辛辣。"

在文学创作的广袤疆土里，莫言以不羁之心自由驰骋在他的不驯旷野上。

其次，是感官阅读。

莫言是调动感官阅读的高手，他的小说里的感官，往往背离了人们阅读的固化经验感觉。

什么是经验感觉？比如《三国演义》里写火烧赤壁。赤壁之战，成就了诸葛亮，成就了关云长，还有曹孟德的三场笑。现代电影吴宇森的《三国》也一样。我们历来只关注我们美化了的英雄和成功人士，关注太阳、鲜花、成绩和幸福的话题，这就是我们喜欢的经验感觉。

我们对苦难视而不见，对残酷熟视无睹。我们就没有感觉到或者去想一想，那一场赤壁之火，活生生烧死了多少个鲜活的生命，多少的家庭因此家破人亡、流离失所。

莫言发现了这一点，而且在小说中不断挖掘这一点。1995 年出版的《丰乳肥臀》一开始，莫言就滔滔不绝、恣意挥笔写了一场抗日战争。这个战争，以一个少女的眼睛来看，是：破烂的鲶鱼头，踏烂的尸体，血肉模糊，是半熟的、皮毛焦煳的马腿，人的皮肉如青蛙在地上跳、劈开的脑袋和白色的脑浆四溅、惊恐的脸、遍地滚动的人头、死去的眼睛。来听，是：隆隆响、啾啾叫、鬼一样嚎叫、嗷嗷地叫、呻吟、咒骂、咯咯叫。来闻，是：酸苦液体、火药味、胶皮味、血腥味、淤泥味、腐臭味……这场小小的战斗，在莫言笔下结合在一起，苦辣腥臭，丑陋不堪、狼狈不堪，用笔则挑衅而疯癫。坚持读下去，却绝对真实——让我们阅读后思索：战争只是为了成就英雄吗？战争就是温酒斩华雄、羽扇纶巾谈笑间吗？

世界有太阳就有月亮。有白天就有夜晚。如果只关注幸福，幸福往往离我们虚幻而遥远。而且也就常常成为一个笑话。

莫言常常用和经验感觉背离的残酷笔法书写心中的一种真实，成为调动我们感官阅读的高手。他把一些伟大，从骨子里写得虚弱不堪，而把渺小卑微，又用倒错的、伟大的笔调叙述。在滑稽、可笑、可悲、可悯中，反证社会的冷酷与精神衰败。

这里面，我个人认为，《丰乳肥臀》是酣畅淋漓的视觉冲击的大幅油画，而《檀香刑》则是壮阔的说唱交响。

《檀香刑》分“凤头部”、“猪肚部”、“豹尾部”三部十八章。

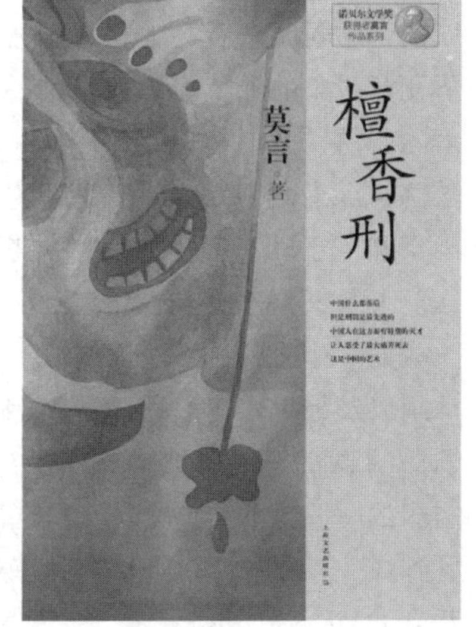

“凤头部”的“眉娘浪语”“赵甲狂言”“小甲傻话”“钱丁恨声”，和“豹尾部”的“赵甲道白”“眉娘诉说”“孙丙说戏”“小甲放歌”“钱丁绝唱”，都是叙事主人说话或是唱戏的方式——用你方唱罢我登场的轮换，洋洋洒洒把民间说唱猫腔和说唱中的热闹喧嚣充分展示，别致地拓展了小说叙述的空间感，民间舞台上众声喧哗的嘈杂，如一幕一幕戏曲的出将入相，也象征着权威话语的没落与溃散。

如果莫言全书都用此结构，就会导致阅读者视点的分散，陷入恣意妄言中感觉碎片。但在凤头豹尾之间，莫言使出他最擅长的“烩菜”手法，将准备好的材料一一装入“猪肚”，以故有的全知视角，用民间传诵和歌咏叙事，使作品在整体上呈现为“分—合—分”的空间结构。人物汇聚到舞台上，他们热热闹闹地演绎完各自的人生戏剧，在孙丙最后一句“戏……演完了……”后，纷纷谢幕，落了片白茫茫大地真干净。

这样我们发现《檀香刑》里，莫言用夸张而流畅、热闹而变形的叙事方法，讲出一个隐藏在华丽衣衫下，国民奴性、兽性与吃人文明的尖锐问题。这是莫言以作家作品的形态构造出来的形象世界。一方面，体现了作家超前的洞察力，另一方面，展示出作家深刻的历史观。读莫言小说，我们当然地、也应该去学习和了解一下我们近代的社会与历史。

第三，是童心和史性。

“孩子”和“史性”是莫言小说反复出现的主题。

小说里的叙述者在莫言笔下常常成为孩子的视角，看到了理性世界控制的另外一面。这是一种独特的内心感觉叙事方法，是莫言小说的突出特点之一。

《透明的红萝卜》中的黑孩，看到别人看不见的奇异事物，听到别人听不到的声音，他决然而走，是灵魂的孤独。可以说，莫言对童年、少年生活有惊人的记忆和复现创造能力。莫言很多作品里，都有“孩子”的描绘；或是以孩子的眼睛来看“他”看到的世界。莫言笔下儿童视角的独特与睿智常常反衬出了成人视角的苍白、疲惫与僵硬，使作品的审美情感在激荡与沉潜之间跳跃，使作品的审美效果变得丰富和富于动态美，如《拇指铐》和《透明的红萝卜》就是这一类视角。

而《丰乳肥臀》里的上官金童，《酒国》里的罗小通，《生死疲劳》司马闹以及最近《蛙》里的蝌蚪，都是“孩子”看史事的第二类视角。但这个“孩子”的眼睛是很“毒”的，要么是长不大的，要么是轮回的、呆滞的、胆小懦弱的——他不是一个花朵。他看不到美妙如花，看不到青春成长的美好记忆。看到煤，是香甜的，看太阳，是暴虐的，看鲜花，是腐臭的。看到“凶猛大蛇”，看到“数铜钱的老鼠”。

那么，这样活下来的“孩子”，意味着什么？我们看不起恋乳癖的金童，看不起罗小通，看不起蝌蚪万足这些人物，而《红高粱》里的余占鳌，《丰乳肥臀》里的司马库，连同母亲和八个姐姐，《蛙》里的母亲、王仁美、王胆，这些人物都一一飘零、死去。意味着什么？

——我们特别接受英雄，他满足我们内心的自我想象。

——我们特别不愿承认自己是鲁迅笔下的阿Q，是莫言笔下的上官金童。

——但是，我们不喜欢的，有可能是我们真实的自己。

第四，是虚构空间与真实结合。

莫言小说另一特点，是狂欢式的想象力与怪诞历史叙事交叉相融。这个“历史”非公共性事件与时间概念，是一个过去式的想象的具有叙事支配权的空间。这样，我们阅读的时候——虚构则真实，真实则在狂欢恣意的叙事中虚幻。

2006 年，莫言的《生死疲劳》出版，是虚构与真实杂糅的代表：

1. 用“六道轮回”搭建故事结构。是传统的说书形式与中国式魔幻的结合。

2. 语言与想象的民间化。民谚俚语大量运用，狂放幽默。

3. 小说主要反映出权力的“意志”表现与人类“欲望”表现两条暗线。以驴牛猪狗猴和蓝解放叙说，反映中国农村 50 年历程。

4. 诙谐滑稽以“笑”缓解沉重与僵化意志。这样的轻盈欢快与沉重历史记忆对比，显示出巨大的荒谬与讽喻。同时，这种才华横溢的叙事风格，也导致小说文本太过恣意的流淌，少了更硬实的力度。

《生死疲劳》一书，告诉我们都习惯了太多、太多的事情，习惯了从不同的起点走向相同的终点，习惯了荒谬的现象，却仍不习惯悖谬、充满智慧的反思与诉说。因此，在《生死疲劳》小说的 256 页，莫言忍不住让小说里的“莫言”说：“极度夸张的语言是极度虚伪社会的反映，而暴力的语言是社会暴行的前驱。”

莫言小说的主要特点就是时时出现打破习惯性思维的悖论。从而以一种万马狂奔的冲击力引起阅读者在迷乱的狂想之下，发现现实存在的悖谬——这是我们阅读莫言时必须去解读的一个方面。这完全是因记忆中的历史伤感和绝望引起不断的讽喻和怪诞的抗诉。从《拇指铐》开始，到《丰乳肥臀》《檀香刑》《生死疲劳》《蛙》，这一主题一直延续不断。

第五，轻盈与沉重。

莫言的小说总是把心灵与感官、个性与强制、自由与禁锢对立起来。同时加入色、香、味、型、意的调料。与余华小说对比看，打个不太恰当的比方：

余华端出一碟“春笋”，莫言上“毛血旺”，余华上“清蒸鱼”，莫言做“麻辣锅”。余华是清净的水墨画，莫言是大体量的色彩斑斓的油画。莫言无疑是“烩”制故事的妙手。叙事过程中举重若轻与举轻若重并行。莫言的强烈叙事风格，形成莫言小说独特的特点：常把沉闷窒息的真实历史与虚假狂欢揉为一体，从中获得一种轻盈的滔滔不绝、滑稽、怪诞的人物图谱。这种风格，在《檀香刑》中得到充分的体现。

《檀香刑》，结构上是“分—合—分”的戏曲盛宴；从人性看，有看客、有平民、有官员、有反抗的受刑者、有行刑人、有帮凶；从背景看，1900 年，德国人强修胶济铁路、袁世凯镇压山东义和团、八国联军攻陷北京、慈禧太后仓皇出逃……而故事的主人公却是实在的小人物：民女孙眉娘，丈夫是傻子，亲爹闹义和团，公爹是刽子手，情夫是知县；从题目上看，“眉娘浪语”“赵甲狂言”“小甲傻话”“钱丁恨声”“赵甲道白”“眉娘诉说”“孙丙说戏”“小甲放歌”“钱丁绝唱”，是欢快的、恣意的，也是辛辣和戏谑。

阅读中我们会发现，除了赵甲这个“行刑人”，小说中每个人都是进退两难，每个人都无法真正掌握自己的命运。一如那段历史，那千年王朝受到坚船利炮攻击时的无所适从一样。莫言这部小说的成功，更在于“赵甲”隐喻了我们国民性格中都有“行刑”性成分。从而让我们深思——什么情况下，你、我、他在一夜间也会成为一个“赵甲”？而赵甲那极有创意的行刑绝技，由此化身为一个令人不安的另类反讽。

三、总结

莫言的十一部长篇小说，每一部都不重复自己，原创性极强。关于“现代化”刺激下的欲望疯狂病，有哪部小说像《酒国》表现得如此淋漓尽致？关于二十世纪下半叶中国农民的苦难，有哪一部小说像《天堂蒜薹之歌》表现得如此让人心痛、心酸，从而心泪不能不为之滴落？谁能想到，《生死疲劳》中一个地主分子（西门闹）的生命苦旅再加上想象的生死轮回，会把一个时代的大荒诞全部端出？又有谁能想到，一部《蛙》却写尽中国万千生命尚未降生就已惨遭种种劫难的悲喜剧？

最后，我把这两句话送给大家：

“一切好小说都是对世界的猜测。”

“伟大的作家把写作当成通往自由的道路。”

夏老师系统而又辩证地从莫言的写作角度、背景、角色特点和阅读方法给同学们介绍了第一位中国本土的诺贝尔获奖得主莫言的作品，让同学们在文学阅读的认知中有了更多的思路和发现。

讲座由五个部分组成：莫言不羁的心；感官阅读童心与史性；虚构与真实；轻盈与沉重。夏老师和大家分享了莫言小说中多变的人物关系与视角，阐述了残酷的历史和轻盈的描写，也交流了读后的彷徨与呐喊，给同学们如何阅读莫言作品打开了一扇窗。

——夏一凡

村上春树与《挪威的森林》[①]

一、缘起

1987年，《挪威的森林》面世。到今年，这部小说在日本销量过了1500万册。这在日本是什么概念呢？大约是平均每10个日本人中就有一个人有这本书。日本一般是四口之家，也就是说，基本上每三个家庭里就有一本《挪威的森林》。据说，这本书在中国的销量，有300多万册，我自己手中也有四个版本的《挪威的森林》。

今天我们谈《挪威的森林》和村上春树，其一是因为这本书有那么多读者，以至于出现了"村上现象"。其二，是因为诺贝尔文学奖。近几年来，村上春树一直是诺贝尔文学奖的热门人选。然而——

2012年10月11日，中国作家莫言获得诺贝尔文学奖。

2013年10月10日，加拿大女作家爱丽丝·门罗获得诺贝尔文学奖。

2014年10月9日，法国作家帕特里克·莫迪亚诺获诺贝尔文学奖。

村上春树，则年年陪跑、年年失去诺奖。但是，诺奖归诺奖，很多人不喜欢莫言的小说，还有人对我说，读不懂莫言的《檀香刑》。至于《逃离》《暗店街》等作品，估计很多人还没读过。《挪威的森林》，在我国则有众多粉丝，深受洋溢着美好青春气息的朋友们和有着小资情调的朋友们喜欢。小说和多年前一部韩剧一样，青春、美丽、无法排解的忧伤，啤酒、咖啡、爵士乐，直子的纯美、绿子的活力、初美的温柔……少男少女们谁不向往与梦幻呢？

二、日本文学与村上春树

日本的文化是很奇特的，它有着非常显著的两个特点：一是努力吸收外

---

① 2014年5月25日夏炜作家应邀到我校高中部开设此专题讲座。

来营养。二是坚持其民族特点。努力吸收外来营养，说明其善于学习和转换；坚持民族特点，从历史和地理的角度看，这个国家和民族从来没有被外族侵略、殖民和覆灭，从文化角度看，可以最大化保留历史文化传统风貌。日本是善于学习别国优良传统与先进文化的国家。从我国汉唐开始，诗、词、文章、书法、建筑、茶，一一传入日本，在保留其本民族特点的同时，把精致和传承发挥到极致。明治维新以后，日本提出“脱亚入欧”，再次把西方现代文明“拿”了过去。

尽管近代以来，日本有西方文化的冲击和碰撞，直到现在，中国读者读日本作家的作品，无论是川端康成的《雪国》、三岛由纪夫的《金阁寺》等这些经典作品，还是当代村上春树、东野圭吾的作品，基本上没有隔膜和陌生感。原因还是在于：文化的地域性和历史的相关性。当然，日本现代文化与文学，更多地走到了世界的舞台上。

尽管樱花也是从中国传入日本的，但从日本人对待樱花的态度上，我们可以一窥日本民族的文化根性：瞬间的美丽绽放和静美（或是凄美、沉美、抑郁美、重生美、变态极致美）的死亡。就像诗歌里说的：生如夏花之绚烂，死如秋叶之静美。

关于情爱和生死，长期以来，是日本美学的关键主题。文学作品里，经常会出现关于死亡的话题。死，是重生？是高远？是咫尺天涯？是某物质或精神消失？抑或永存？

村上春树 1949 年 1 月生于京都。日本现代小说家。爵士乐发烧友。被称为第一个纯正的“二战后时期作家”，誉为日本 1980 年代的文学旗手。

和其他日本作家不同，村上春树在写作风格上深受欧美作家的影响。在《挪威的森林》一书中，他丝毫不隐瞒对菲茨杰拉德的喜爱。还有就是爵士乐，爵士乐对村上写作风格的形成有极大影响。《挪威的森林》书名，就是取自风靡 60 年代的甲壳虫乐队闻名世界的曲子 *Norwegian Wood*。村上自己说：“若没有迷醉于音乐，我可能不会成为小说家。”

青年时代，他自称是个“问题学生”。关于“问题学生”我发现：在国外，许多的问题学生往往在今后的人生道路上走出一路靓丽风景。而在我国，则是老师和家长都头疼的问题。我们是否太过于简单地把学生分为“好学生”与“坏学生”呢？我想这是我们教育工作中应该去深思的问题。村上读书，虽然是个“问题学生”，他自己却在课本之外，拥有以下几点技能：

1. 能把《世界历史》全集反复读个滚瓜烂熟。

2. 可以直接阅读二手欧美原文小说。

3. 一段一段翻译美国惊悚小说并沉浸译文体验。

4. 对爵士乐痴迷，从 13 岁开始一直收集唱片。

高中毕业报考法律专业，结果落榜。复考，进入东京早稻田大学文学部戏剧系。开始住的宿舍叫“和敬塾”(这间宿舍后来被村上写进《挪威的森林》)。

1960 年代末，村上正身处日本激进学运时代。他说，“高中时，我不读书；大学时，我是真的没读书。”大学时期，他流连歌舞伎町、地下爵士酒吧，也曾徒步自助旅行，露宿街头，接受陌生人的施舍(这段经历后来也写进了《挪威的森林》)。

1971 年，村上不顾家里反对，再休学一年(后来花了七年才修完大学学分)，同阳子结婚，随后搬去与阳子父亲同住。

1974 年，他们夫妻开爵士乐酒吧，白天卖咖啡，晚上当酒吧。

1975 年，26 岁的村上总算以论文《美国电影中的旅行观》拿到大学学位。同时继续爵士店的生意。

30 岁时，一场球赛萌发了他的写作热情。

《且听风吟》是他的第一部小说。从名字就可以看出轻盈、忧伤的文青范：“我们在时间中彷徨，从宇宙诞生直到死亡的时间里。所以我们无所谓生也无所谓死，只是风。”这部小说大约花了六个月时间完成，赢得 1979 年日本群像新人奖。村上曾说，如果当初没有得奖，后来可能也不会写小说了。“在过去七年内曾经想写什么却什么也写不出来。”“刚开始写得异常吃力。边写边这样想道：40 岁时肯定能写出像样些的东西来。”

1985 年，36 岁的村上，以小说《世界尽头与冷酷仙境》，拿下日本“谷崎润一郎赏”奖，为日本二战后首位青年得奖者。1996 年，《奇鸟行状录》获得读卖文学奖。1999 年，《在约定的场所：地下 2》获得桑原武夫学艺奖。2007 年，短篇小说集《盲柳睡女》获桐山环太平洋图书奖。2006 年年初，村上春树凭借着《海边的卡夫卡》入选美国“2005 年十大最佳图书”。而后，村上春树又获得了有“诺贝尔文学奖前奏”之称的“弗朗茨·卡夫卡”奖。2009 年，长篇小说《1Q84》出版，获得“耶路撒冷文学奖”。2013 年 4 月推出的长篇小说《没有色彩的多崎作和他的巡礼之年》，今年 4 月 18 日，新作《没有女人的男人们》开始售。

由此可见，村上春树，无疑是个写作天才。当然，和所有的天才杰出作家一样。勤奋与努力是必需的。每日早晨四点起，他便进行写作，至上午十点前终止当日的写作工作。“我没有一天不写作。随笔也好，翻译也罢。总是要写些什么。”

三、《挪威的森林》

1986年起，村上春树携妻子在欧洲旅居三年。期间完成了日本近代文学史上销量排名第一的长篇小说《挪威的森林》。小说里的经典语录是：“每个人都有属于自己的一片森林，也许我们从来不曾去过，但它一直在那里，总会在那里。迷失的人迷失了，相逢的人会再相逢。”

1989年的中文简体版《挪威的森林》，第一版卖了4万册，对于1989年的中国图书市场来说，不算畅销。尼采、叔本华、蒙田、萨特才是青年人追崇的对象。

到了2000年，上海译文出版社买下了村上春树全部著作的中文简体字图书版权。小资文化风行：无边际的旅行，啤酒与摇滚乐，爵士乐与咖啡馆，青春与性爱，还有不断出现的菲茨杰拉德，影影绰绰地出没于村上小说里。契合中国的时代，开始大片俘虏中国读者。

这说明：村上抓住了现代都市人的心。小说对现代都市人来说，读起来似乎只要轻松愉快就好，所以，许多读了芥川龙之介、三岛、大江、川端作品的年轻人，还是喜欢读村上。我们的时代，似乎已经不需要《安娜·卡列尼娜》《约翰克里斯多夫》，不需要《唐吉诃德》《尤利西斯》，不需要《百年孤独》《哈扎尔辞典》，也不需要《个人的体验》《檀香刑》等。

《挪威的森林》1986年12月21日在希腊米科诺斯岛的维拉动笔，1987年3月27日在罗马郊外的一家公寓式旅馆完成，是村上春树的代表作。这本略带忧伤，整体风格舒缓、唯美的爱情小说展现了20岁年轻人对爱情和生活的彷徨，对岁月的感伤，对未来的迷惘。

（一）小说特点

一个个片断相连，许多日常生活由此一一在眼前掠过，唤起读者熟悉、亲切的气氛，让人产生一种对青春美丽回忆的共鸣。

主人公喜爱的爵士乐曲不断出现，加强渲染了一种气氛。气氛存在于片断中，或夹杂在片断与片断的留白里。文字清雅，笔触流畅，片断的接续并不妨碍流畅，反而更添加弹性，产生电影画面的效果。

这是小说非常成功的地方：小资、青春、爱情、小时代，都市、拥挤、迷茫、孤寂。

小说中爱直接引用某个作家笔下的话语来表达情绪，则使得人物平面化、符号化。

当渡边、直子在街头熙熙攘攘的陌生人群中行走时，成长的创痛浮现：身旁的车流和喧闹，周遭的拥挤和陌生。那种城市丛林的绝对拥挤与相对空寂，使人茫然无措，都市人焦灼、空虚的内心世界，迷乱、脆弱的生存状态一览无余。

小说的重要特点是：小说中的人物都带着“都市化”的标识。

（二）小说创作背景

20 世纪 60 年代，日本已经进入高度发达的资本主义社会。经济快速发展的同时，人们的精神危机也与日俱增。物质生活的丰富与人的欲求膨胀，造成了精神世界的严重失衡。人与人之间的交流减少，心理距离拉大。生活在都市的人们像无根的浮萍，孤独、虚无、失落，却又无力面对强大的社会压力。都市的繁华，掩饰不了人们内心的焦虑。作家对此更有敏锐而深刻的感悟，同时，对一向喜欢爵士乐的村上春树来说，甲壳虫乐队的曲子《Norwegian Wood》，给了他很大的创作灵感。那是一种微妙的无以名之的感受。于是，《挪威的森林》借着这样的时代背景应运而生。

其二，是作者内心的自救赎。自我救赎的前提，是自我的迷失。这种迷失带有青春期的普遍性。与《悲惨世界》的自我救赎是人性的救赎不同。这也是小说持续人气的原因之一：有一代又一代青春迷惘的少男少女，就有村上春树《挪威的森林》的读者。

（三）小说人物关系

小说人物关系简单明了，主要人物一男二女。

渡边：故事的男主角。高中毕业后，到东京的私立大学升学，于文学部专攻戏剧。喜欢喝威士忌、白兰地，爱看书，和女人厮混。不喜欢与人有深入接触，除了直子。

绿子：和渡边同上《戏剧史 II》课，大学一年级女生。自家在东京内的大冢经营小林书店。乐观、开朗型少女，十分情绪化。

直子：和木月自小相识的女朋友。高中毕业后到东京的大学升学，其后在火车上遇到渡边。遇到渡边的半年后，进了京都一间名为“阿美寮”的疗养院，是集体治疗精神疾病的设施。和渡边的感情缠绵纠葛。

小说以第一人称视角讲述一名男子与两名女孩之间的爱情纠葛。在渡边眼中，直子“娴静腼腆，美丽晶莹的眸子里不时掠过一丝难以捕捉的荫翳”。而绿子“简直就像迎着春天的晨光蹦跳到世界上来的一头小鹿”。渡边内心十分苦闷彷徨。一方面念念不忘直子缠绵的病情与柔情，一方面又难以抗拒绿子大胆的表白和迷人的活力。

直子自杀，渡边开始失魂、徒步旅行。最后，在玲子的鼓励下，摸索今后的人生。

四、小说主题

（一）关于人类两性的爱

文学历来与道德、法律基本保持着一致态度：悲悯、关爱弱者，对于人类的贪婪欲望，如财富欲、权力欲、控制欲进行批判和反思与树立牢笼。但对于从上帝的伊甸园里逐出来的亚当、夏娃的两性之情，尤其是升华为爱情的性，态度往往是赞歌！

古往今来，没有了男女之情，似乎就没有了文学。

《挪威的森林》中两性描写的度，把握得很好，刻意追求了一种美感，像山涧泉水一样自然而美丽流淌，不回避，不夸张。

《挪威的森林》提到了黄色电影、同性恋、援助交际和自慰的描述。无论从场景的描写，还是语言的运用，都很到位，体现着日本文学的唯美，丝毫不感到淫秽。

（二）关于人的生与死

作品中最主要写了两次死，很相似的两次死。一次是木月之死。木月死后直子和渡边的关系便开始了；一次是直子之死。按玲子的话说就是“你选择了绿子，而直子选择了死”。还有一个就是作为辅线的初美，最终也是自杀。

那么，死亡，在作者眼中，要表现什么意义呢？前两次死亡，都是由死而引出了新生。死，是另一种重生。

而初美之死，又说明或暗示了什么？初美纯美、童真的梦想破灭，最终告别这个世界，让每一个读者为此动容。

这是绝望与无奈？还是作者对美好家园不再的一种绝望？

（三）现代都市的“物化”，人的“迷茫”和“孤独”

首先，“物化”的都市中爱是短暂的，情非长久的。找不到“心”中的永恒。爱情成了最奢侈的、不可求的“存在”。

其次，“物化”都市中，人的死亡只存在于个体的“记忆”。

再次，“物化”世界中，人的信仰也会“迷失”在现代都市丛林中。

《挪威的森林》本是披头士的歌曲，书中主角直子每听此曲必觉得自己一个孤零零地迷失在又寒又冻的森林深处，这正是年轻必经的彷徨、恐惧、摸索、迷惑的表征。男主角渡边多次想拯救在自我迷失中的直子，但有时他也迷失了方向。生活在都市中的年轻一代，在都市空间愈狭小与人的疏离愈大的对比中，失去与人接触的欲望，这既是都市冷漠的原因，也是年轻一代避免受伤的保护罩。

村上创造的文学世界，如今，也对应了当代中国人的生存状况与精神状态。透过他的作品，我们看到人类共同面临的生存困境与生命迷茫。正是这种对应唤起读者内在的共鸣，并持续不断地感动着人们。但是对这种青春期迷失的救赎，作者却给出了相同且简单的方式，即恋爱、友情、逃避和幻想。这种简单而相同的方式，在一些人身上收获了成功，在另一些人身上却收获了失败。

因此，整体文本削弱了对人性救赎的光辉与希望。

尽管他讲演过《高墙与鸡蛋》，但村上小说里的商品气息和通俗性，使其作品的充实感不足，缺乏对历史和社会更深层次的观照、悲悯和反思，这是村上难以获得诺贝尔奖的原因之一。

我认为，人类的生存，在写作和现实上，应该具有精神家园的思考和存在，关注人类灵魂自由和大爱的悲悯。而一切好小说都是对世界的猜测和预言。

小说出版二十三年后，《挪威的森林》在 2010 年被改编为电影。导演为越南的陈英雄。

村上春树的作品都带有浓郁的个人风格，精炼却充满隐喻，使其难以被影像化。因此在我看来电影，尽管也获了奖，但并不算成功。

夏炜老师以一个读者的身份，平等地与我们交流自己的阅读体验，引领我们走进村上春树的创作世界。

夏炜老师侧重和大家谈村上的成长经历以及受到影响。从根植于死亡与情色的日本文学至欧美的爵士乐，在一步一步地介绍后，我们看见了这些文明在村上作品中的交融。紧接着老师介绍了村上的写作经历、人生经历。村上从一个“问题学生”跃为国际首屈一指的日本作家，夏炜老师还让听众由此反思中外教育制度的差异。在此基础上，夏玮老师用几个作家的文风定义了村上语言的特点——诗化轻盈的语言。

通过村上的作品，夏炜老师给同学们带来了更深层次的思考：都市化生活带来的人们追求物化而精神坍塌的现象。村上的成名反射出的人生启示，以及文学的两个永恒主题——爱与生死。

——吴诗婷

张云良

书评人、影评人、文化策划人、茶文化研究者。福建省作家协会会员，厦门市作家协会全委会委员。作品散见于报刊。主要作品有《四时茶味》《给电影的一百封情书》《厦门人的茶时光》《人与书的相遇》和《心平气和谈情色》等。

余华：苦难人生的诗情书写①

大家好！今天的讲座分两个部分来讲，欢迎大家批评指正！

一、余华与中国当代文学

（一）先锋文学的崛起与退潮

1976年10月“四人帮”反党反革命集团被粉碎，宣告长达十年的“文化大革命”的结束。1978年中共十一届三中全会的召开，宣告了一个新时代的开始。

20世纪80年代初，朦胧诗崛起，小说从“伤痕”文学转向“寻根”文学，催生了当代先锋文学的崛起，小说从“写什么”向“怎么写”转变，涌现了

① 2014年10月19日张云良老师应邀到我校高中部开设此专题讲座。

一批先锋作家：莫言、韩少功、残雪、王安忆、李锐、格非、马原、洪峰、余华、苏童、吕新、孙甘露、刘恪、林白、毕飞宇等等。格非、马原、洪峰、余华、苏童被称为“先锋文学五虎将”。

西方现代思潮刚刚传入中国，传统的现实主义手法已经陈旧，作家们的自觉意识开始觉醒。中国文学出现了生机，影响至今的许多优秀作品就是这个时候诞生的。这一批先锋作家的年龄基本上是50后和60后。

2012年10月，中国籍作家莫言获得诺贝尔文学奖。我个人认为，这是对中国当代文学，也是对先锋文学的致敬。

（二）余华的自身经历与小说创作

余华，1960年4月3日出生于浙江杭州，父亲华自治，母亲余佩文。2岁时全家随父亲迁至海盐县。

1977年，17岁，中学毕业，参加“文革”后的第一次高考，落榜。18岁，成为海盐县武原镇卫生院的牙科医生，开始文学创作。1983年，23岁，开始接触马尔克斯的小说，发表处女作《第一宿舍》。12月借调到梦寐以求的海盐县文化馆。1984年8月正式调入县文化馆。1986年，26岁，读到《卡夫卡小说选》，触动很大。

1987年，27岁，发表《十八岁出门远行》《西北风呼啸的中午》，在《收获》发表《四月三日事件》和《一九八六年》开始确立中国先锋作家中的地位。

1988年9月进入鲁迅文学院与北京师范大学合办的创作研究生班，与莫言、刘毅然等成为同学。

1991年，31岁，发表《在细雨中呼喊》，1992年发表《活着》。1994年《活着》获《中国时报》1994年10本好书之一，香港博益15本好书之一。1994年，《活着》由中国著名导演张艺谋改编成电影，获得第47届戛纳电影节评委会大奖、最佳男演员奖，第48届英国电影学院最佳外语片奖。这些直接使余华成为文学焦点，引起广泛关注。

1995年，35岁，发表《许三观卖血记》，出版《余华作品集》（三卷本）。1998年6月，《活着》获意大利文学最高奖——格林扎纳·卡佛文学奖。2004年，44岁，出版《余华作品系列》（1～12卷）。2005年，47岁，长篇小说《兄弟（上）》出版，2006年长篇小说《兄弟（下）》出版。

2012年1月《十个词汇里的中国》在台湾出版。2013年，53岁，长篇小说《第七天》出版。

2014 年 5 月，54 岁，获华语传媒文学大奖年度小说家奖，这是余华第一次在国内获奖。

至今已经出版长篇小说 5 部，中短篇小说集 6 部，随笔集 4 部。主要作品有《活着》《许三观卖血记》《在细雨中呼喊》《兄弟》《第七天》等。其作品已被翻译成 20 多种语言，在美国、英国、法国、德国、意大利、西班牙、荷兰、瑞典、挪威、希腊、俄罗斯、保加利亚、匈牙利、捷克、塞尔维亚、斯洛伐克、波兰、巴西、以色列、日本、韩国、越南、泰国和印度等国出版。

曾获意大利格林扎纳·卡佛文学奖（1998 年）、法国文学和艺术骑士勋章（2004 年）、中华图书特殊贡献奖（2005 年）、法国国际信使外国小说奖（2008 年）等。

（三）中国当代文学在全球化视野中的尴尬位置

许多人认为，中国现在已经成为全球最大的经济体之一，是一个大国，尤其是莫言获得诺贝尔文学奖之后，中国文学应该引起世界性的关注，实际上并非如此。

2014 年上海国际书展期间，主办方请来了 2001 年诺贝尔文学奖得主，82 岁高龄的维苏·奈保尔，他表示在来上海之前和中国的文学没有接触，没有阅读过中国的文学，没有关注过中国的作家。

莫言小说的翻译、汉学家葛浩文认为，中国小说在英语世界不是特别受欢迎，日本的、印度的乃至越南的，要稍好一些。中国小说中的人物缺少深度，对人物心灵的探索少之又少。

著名学者夏志清先生认为，现代中国作家的“感时忧国”倾向使得他们无法把自己国家的状况和中国以外的现代世界的人的状态连接起来。中国小说要走出去，必须要能吸引其他的读者，希望能看到中国作家如何探索人类生存和生活状态，对自己有更高的追求。

德国汉学家顾彬曾把当代中国文学贬为垃圾。他说，中国作家不懂外文，莫言是诺贝尔文学奖得主中唯一一个不懂任何外语的获奖者。这个缺失导致中国小说视野过于狭隘，缺少国际性，没有宏伟的世界观。许多作家写得太多太快，给人粗制滥造的印象。作品过于冗长，让人望而却步。开头不精彩，造成阻隔，使读者失去继续读下去的兴趣。

与崛起的中国经济相比，中国文化、中国文学的影响远远滞后。

法国著名的《理想藏书》中列入的中国作品只有古代和现代作家的作品，唯一列入的中国当代作品《尹县长》是台湾作家陈若曦的。

当代美国极富影响的文学理论家哈罗德·布鲁姆的《西方正典》也没有收录中国当代作家的作品。

《少年 Pi 的奇幻漂流》的作者，布克奖得主、加拿大作家扬·马特尔近年写过一本书《斯蒂芬·哈珀在读什么》，书中提到他向加拿大总理推荐的 101 本书，除鲁迅的小说《狂人日记》外，没有其他中国作家的作品。

中国现当代文学作品与作家确实未能达到世界文学水准的高度，这是一个需要深入思考的问题。

二、余华的“苦难人生”三部曲解读

余华作为一位十分出色的小说家，他的主要作品是代表他创作里程碑的“苦难人生”三部曲，即：少年（《在细雨中呼喊》）、中年（《许三观卖血记》）和老年（《活着》）。

他的小说展现了人类共同的苦难经验，好比伟大的哲学家用一个思想概括全部思想一样，伟大的小说家通过一个人的一生和一些最为普通的事物，使所有人的一生涌现在他的笔下，定格在他的全部作品中。

这三部作品代表了余华的文学水准与标高，成为中国当代文学的名作。至今，余华的作品也没有超越这个自己设定的高度。著名评论家谢有顺说：写作的难度，正越来越深刻地折磨着那些有责任感、有艺术追求并渴望探索人类精神真相的作家们。余华就是其中的一个。

（一）《在细雨中呼喊》，一部关于时间，关于童年，关于人生的记忆

一个作家的童年、少年的成长经历直接影响了他的成长史。余华用《在细雨中呼喊》印证了当代中国许多少年的成长史以及家庭史。这部小说是关于时间，关于童年、少年，关于成长，关于人生的记忆。它通过描述少年孙光林与父母、兄弟、朋友、同学等的故事，揭示中国那个时代的历史。通过小说我们可以听到他们内心的声音，他们的叹息与喊叫，他们的哭泣与微笑。以诗一般的语言完成了人生的追忆。余华在时间里穿行，在过去、现在和未来这三个时间维度里自由穿梭。余华说，

这本书试图表达人们在面对过去时，比面对未来更有信心。因为未来充满了冒险，充满了不可战胜的神秘，只有当这些结束时，惊奇和恐惧才转化成了幽默和甜蜜。

（二）《许三观卖血记》，一部中国底层人民的人生血史

许三观是丝厂的送茧工，中国普通百姓的一个代表，一个小城市的小市民，一个最底层的工人。他因生活所迫一次次到医院卖血，在卖血的过程中体验底层人生的悲凉与无奈，刚开始因好奇而卖血，后来为救儿子的命去卖血，为生存去卖血，最后一次卖血的动机是为了吃猪肝。他十次卖血的经历，体现了小人物的悲哀与底层百姓的命运幽微。马提亚尔说“回忆过去的生活，无异于再活一次”。小说中的人生虽然悲苦不堪，但却时时透着机智与幽默，让人在痛苦中含着眼泪微笑，用忍耐和幽默来消解苦难。

（三）《活着》，一部微缩的中国现代史与当代史，一部中国人苦难人生的共同记忆与诗

这是一个叫福贵的老人讲述的关于苦难，关于人生，关于死亡的故事，而我们学会的是如何不死。福贵年轻时游手好闲，吃喝嫖赌，把祖传的家产败光，成为贫民，与妻子家珍、女儿凤霞、儿子有庆，过着贫穷困苦的生活。儿子有庆因给县长的妻子输血死亡，女儿凤霞嫁给搬运工人二喜，在生儿子苦根时大出血死亡，女婿二喜在搬运水泥板时死亡，妻子家珍患软骨病死亡，外孙苦根在饥饿时吃豆子被撑死。

这部小说书写了中国人共同的苦难人生，从战争到饥饿，从灾难到贫困，接连不断。但小说里始终对幸福生活充满了期待：“鸡大了变鹅，鹅养大了变成羊，羊大了又变牛，我们啊越来越有钱啦！”

小说的结尾充满了隐喻与象征：“慢慢地，田野趋向了宁静，四周出现了模糊，霞光逐渐退去。我知道黄昏转瞬即逝，黑夜从天而降了。我看到广阔的土地袒露着结实的胸膛，那是召唤的姿态，就像女人召唤她们的儿女，土地召唤着黑夜的来临。”

余华说过："《活着》写人对苦难的承受能力，对世界乐观的态度，写作的过程让我明白，人是为了活着本身而活着，而不是为活着之外的任何事物所活着。""一个真正的作家永远只为内心写作，只有内心才会真实地告诉他，他的自私、他的高尚是多么突出。内心让他真实地了解自己，一旦了解了自己，也就了解了世界。"

三、结语

俄罗斯伟大的文学家列夫·托尔斯泰说过："其实所有人都是在痛苦中长大的，他的整个生命就是一系列的痛苦，有的是加在他身上的，有的是他加给别人的。"

无边无际的苦难，以及对权力没完没了的渴望，成为数千年来中国人最根本的生活内容。二十世纪的文学史，几乎就是一部人类的苦难史。

评论家谢有顺认为，作家首先要进入这种本质性的痛苦体验中，接着才能寻求痛苦后面的出路。一个作家用什么道路来解决痛苦或苦难对他的折磨，自然就成了检验他心灵质量的重要标尺。

美国哲学家赫舍尔说："在我们时代，离开了羞耻、焦虑和厌倦，便不可能对人类的处境进行思考。在我们这个时代，离开了忧伤和无止境的心灵痛苦，便不可能体会到喜悦；离开了窘态的痛苦，便看不到个人的成功。"

余华的这三部作品，虽然是一个民族的苦难史，但却悲而不屈，哀而不伤，始终以中华民族特有的忍耐、向上、乐观的精神贯穿其中。

让我用著名诗人北岛的诗句来结束今天的讲座：

"如果海洋注定要决堤，
让所有的苦水注入我心中；
如果陆地注定要上升，
就让人类重新选择生存的峰顶。
新的转机和闪闪的星斗，
正在缀满没有遮拦的天空，
那是五千年的象形文字，
那是未来人们凝视的眼睛。"

最后，祝同学们学习进步，生活愉快！谢谢大家！

张老师的讲座主要分两个部分，第一部分先和同学们聊中国当代文学的现状，以及余华的创作成长经历，让同学们对先锋文学有初步的了解。第二部分则为大家解读了余华最具代表性作品——苦难人生三部曲：《在细雨中呼喊》《许三观卖血记》《活着》。

张老师和大家聊先锋文学光辉灿烂的崛起的同时，也指出在商业经济大潮的冲击下。文学逐步从理想主义走向功利的悲哀，许多狭义、冗长、粗制滥造的作品充斥市场，影响整整一代人。可惜，中国的文学历来是早熟的，最高的散文在先秦、最好的赋在汉、最好的诗在唐、最好的词在宋。而到了今天，国人竟提笔忘字，再也凑不出个具有形、音、意完美统一的文学。只能在回顾历史光辉下黯然神伤。反观西方文化，确是一潮高过一潮，循序渐进。从宗教经典到诗文、小说等文体，一波又一波跌宕起伏的浪潮不断推动其文化进程迭出一曲本震撼人心的绝响。这是属于我们整整一代人的悲哀，想当年我们的祖先“登东皋以舒啸，临清流而赋诗”，其文字精简凝练、包括天地，其意境大而深渊、并吞八荒，其思想熠熠生辉、源远流长。而我们却要向西方学习文学，学习手法，这不能不说是我们的退步，我们的悲哀。

那么，这是为什么呢？原因很简单，中国向来没有纯粹的文学。文人都对专制王朝趋之若鹜，献媚献宠。文学彻底沦为政治的附庸，被权力的枷锁禁锢着，没有喘息的余地。这就使得文学在官僚主义的影响下变得庸俗不堪，且多为应试之作，虚伪污浊，纸醉金迷，萎靡绮丽之风充斥其间。再加上文言文字词的难解，使得文学掌握在少数读书人手中，在民间根本无法自行发展，结果只能是日益堕落。

自从莫言获得诺贝尔文学奖后，中国人纷纷扬眉吐气，认为是中国文学的进步获得了世界的认可。然而事实果真是如此吗？当德国汉学家评论中国文学视野狭隘，没有宏观世界，还有写得太多大快、粗

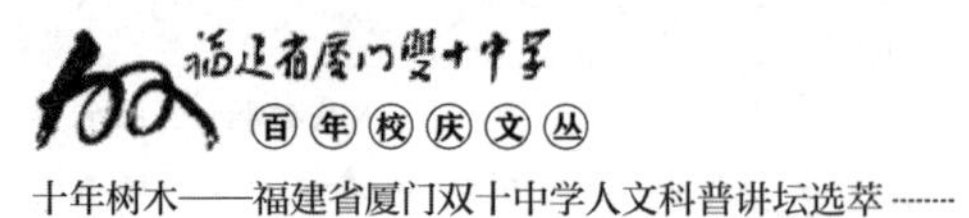

制滥造、冗长的作品让他们不屑一顾时，我们还能如此乐观吗？

阎连科在获卡夫卡文学奖的演讲中说道："写作，是探访内心的黑暗。"或许，当下国人的问题就在于不敢解析自己，不敢在光明中揭开黑暗的幕布。更为悲哀的是，他们的作品充斥着功利、虚伪与谎言，又怎能描写人性，与读者共鸣？想当年卡夫卡在破巷深处，一座简陋的房子里笔耕不辍，默默地幽困在无边的黑暗与漫长的孤独中写作，抛弃了一切世俗的浮夸，死后却不求虚名，让好友焚尽他的手稿，试问如此爱问成痴的作家，放诸中国又有几人？许多国内作家在浮沉和喧嚣中迷失自我早已深陷在金钱和欲望的泥潭中不可自拔，又谈何创作？这样的文学，想必是出不了国门的，即使在国内，也很有覆灭的危机。

文学之伟大，乃在于它对黑暗中微弱的光和温暖的发掘，而作家的使命，就在于让人觉察到人性的光辉，让人感受到伟大的温暖和悲悯，让徘徊于幽暗之中的灵魂，拨尽前方的重重迷雾，看到一个更为光明的未来。而这一切的基础，都来自于文学对黑暗的探访，对黑暗的叩问。这一些，我们还远远做得不够，中国文学，仍然在出发的路上！

——白乾政

王人恩

厦门工学院文化与传播学院院长、厦门工学院国学院副院长，福建省古代文学研究学会副会长，中国红楼梦学会常务理事。曾四次主持、评点国际《红楼梦》学术研讨会，“王人恩”及所著“《红楼梦新探》”还作为两个词条被列入新版《红楼梦大辞典》。福建省百场社科报告专家，福建省高考命题专家。2013 年 7 月获得全国微课教学比赛福建赛区优秀奖。2013 年 5 月被推荐为教育部精品课程公开视频主讲人，已录制了《红楼梦的文学研究与文化解读》六讲。迄今在《文学遗产》《文学评论》《红楼梦学刊》《中国文化研究》《中南大学学报》《西北师大学报》《东南学术》等刊物发表学术论文百余篇，主要论著有《古代祭文精华》《古代家训精华》《古代家书精华》《〈红楼梦〉新探》《〈红楼梦〉考论》《红学史谫论》等。

国学、文学与红学①

大家好！今天我来向大家汇报的题目是“国学、文学与红学”。我的目

① 2012 年 5 月 17 日王人恩教授应邀到我校高中部开设此专题讲座。

的是想通过对国学、文学与红学这三者关系的梳理和讲解，得出自己的若干点认识，如果我今天的讲解能够对在座的各位有一些帮助，那么我的目的就达到了。我想借用清代词学大家张惠言的两句话来表述，叫“花外春来路，芳草不曾遮”。

首先给大家报告几点信息：第一点，2006 年中国政府宣布将在海外成立 100 所孔子学院，这个目标拟在 2009 年年底达到。在国外成立孔子学院的主旨是推广汉语和传播中国文化和国学。第二点，2006 年上半年，有人对北大、清华、人大的学生做了一次问卷调查，调查的题目是：读过四大名著。结果呢，都看过的占 27%，只有四分之一；多次看过的是 15%，不到七分之一；看过一两部的占 48%，连一半都达不到。我们能不能用这样一种语言去表述呢？吃着麦当劳，喝着可口可乐，看着《哈利·波特》长大的这一代人，他们对中国传统文化的了解越来越少，这种景况令人担忧。第三点，据粗略的统计，中国有 3 亿人在学英语，不仅仅是大学生、硕士生、博士生，还有晋升职称的各类老师、工程师、研究员，耗费了不知道多大的精力去学外语，但是读四书五经的人寥寥无几，这种情况也是令人担忧的。第四点，2006 年国学网、百度和中国人民大学国学院联合举办了推荐 20 世纪国学大师的活动，经过推荐、选拔，最后评定出这十位国学大师，他们是：王国维、钱锺书、胡适、鲁迅、梁启超、蔡元培、章太炎、陈寅恪、郭沫若和冯友兰。在这十位大师中，王国维和陈寅恪是典型的中国传统知识分子。我们从三个方面考察他们：人生经历、人格操守、学术成就。这三方面用一句我们常说的话来概括叫道德文章：既有高尚的道德，也有很好的文章，也就是巨大的学术成果，二者不可或缺。汪精卫学问非常好，但是他是个卖国贼。有的人道德非常高尚，如雷锋，但是他不能入选国学大师。所以入选国学大师，我个人认为，必须具备道德文章，两方面不可或缺，这是我们得出的第一点认识。

这十个人，他们都有留学海外、向西方文化学习的经历。王国维到过日本；钱锺书游历过欧洲好多国家；胡适到过美国；梁启超流亡日本；鲁迅，大家熟悉，到日本去学医；蔡元培到过德国、法国去学习；章太炎革命失败以后也去了日本；陈寅恪到过日本，到过美国，到过欧洲；郭沫若第一次去日本留学，后来又流亡日本；冯友兰是留美的硕士生。是否我们可以得出第二点结论呢？要成为国学大师，不是仅仅能接受本土的文化就可以成为国学大师，必须放眼世界，转益多师，用张之洞的两句名言来讲，叫“中学为体，西学为用”，大家比较熟悉。这是我们得出的第二点认识。

蔡元培是新文化运动的倡导者，大教育家，北大校长。胡适、鲁迅是作为新文化运动的主将入选，他们的著作、他们对中国文化的贡献非常巨大。郭沫若大概是以文化巨匠、文化界的领袖而入选国学大师的。冯友兰，哲学大师，学术成就斐然。章太炎革命家出身，他开创了一个学派，和他的弟子黄侃，叫“章黄学派”，他的弟子遍及世界各地，也是著作等身。梁启超，革命家、大改革家，堪称国学大师。在这十位中，同学们留意地看一下，钱锺书的年龄是最小的，但是他的排名是第二位，他可以说是其他九位国学大师的晚一辈人，然而钱锺书的文学成就、学术成就到今天为止，已经形成了一门专门的学问，叫“钱学”。

我们还可以得出第三点结论：在这十位国学大师中，有六位堪称红学家。他们是：王国维、蔡元培、胡适、鲁迅、陈寅恪和钱锺书，这是一个非常奇特、也非常值得我们后人思考的一个问题。为什么国学大师中能出现红学家呢？

我们先看王国维。王国维，他于1904年发表了他在红学界的代表作，叫《〈红楼梦〉评论》，这一篇作品是运用西方哲学、美学观点评价中国古代小说的第一次尝试。《〈红楼梦〉评论》它主要是以叔本华的意志论和悲观主义的思想作为立足点，他认为《红楼梦》中的宝黛爱情悲剧是“悲剧中的悲剧”。当然，王国维的《〈红楼梦〉评论》其中一些观点是有硬伤的，100多年以后来看，他的观点有值得商榷之处。但是，总体来讲，王国维对红学史的贡献是巨大的。我们知道，新红学是由胡适、俞平伯等人创立的。1921年为界，之前是旧红学，之后是新红学，由于王国维的《〈红楼梦〉评论》非常有名、学术含量极高，因此，有人认为应该把新红学的时间界限往前移，移到1904年。但是，大多数红学研究界的学人认为，还是以胡适1921年发表《红楼梦考证》等巨著来作为新旧红学的分水岭。王国维在上古历史、文化、文学、经文、甲骨文方面的贡献，到今天为止很少有人超过。

第二个，蔡元培。蔡元培，绍兴人，北大校长，他1917年出版了他在红学界的代表作《石头记索隐》，在新红学确立之前，红学界有三种很有名的索隐派的观点，第一种观点是明珠家世说，这种观点认为《红楼梦》写的是康熙时的宰相明珠的家世，书里的贾宝玉就是明珠的儿子，即大家非常熟悉的纳兰性德，他有《饮水词》，他的悼亡词写得非常好，这是一种观点；第二种观点认为，《红楼梦》写的是清世祖顺治帝与秦淮名妓董小宛的爱情故事；第三种观点就是蔡元培创立的，他认为《红楼梦》是清康熙朝政治小说。

蔡元培有一个著名的观点，他说："《石头记》者，清康熙朝政治小说也。"他没有把它看成一般的小说，认为是政治小说。"作者持民族主义甚挚，书中的本事（本事就是真实的故事）在吊明之亡，揭清之失，而尤于汉族名士仕清者寓痛惜之意。"汉族名士仕清者，就是由明入清的那些著名的文人。比方说，有两个人非常有名，一个是大名鼎鼎的钱谦益，一个是歌行体写得非常好的吴梅村。他们是明朝的官员，到政权更替、清朝建立以后，仍然在清朝做了官。我们中国传统文化中，特别主张人格的高尚，叫"忠臣不事二君"。蔡元培认为，《红楼梦》里面还寄寓了对这些变节投降的人之痛惜之情。蔡元培对于中国大学、对中国教育史的贡献，我认为给予多高的评价都不过分。

下面我要讲到胡适，我还要讲到蔡元培的高尚的人格。胡适，我个人认为是个天才，他在《红楼梦》研究方面，主要有《红楼梦考证》，收入他的《中国章回小说考证》。还有其他一些文章，像《考证〈红楼梦〉的新材料》等等。胡适是新红学的创始人，《红楼梦考证》发表于1921年，当时，他非常年轻，任北大教授，蔡元培是北大校长。胡适在他的文章中，一开始就对蔡校长的"清康熙朝政治小说"说提出了严厉的批评。他认为，蔡元培是在"猜笨谜"，这句话很有名，他给它中间加个"笨"，很笨很笨的谜语，把《红楼梦》当成谜书在猜。他写文章和蔡校长商榷，蔡元培发表文章回答胡博士（胡教授）的问题。胡教授（胡适）又发文章和蔡校长进行商榷，当时的学术风气多好啊！教授敢跟自己的校长进行学术论争。我还要讲一个很重要的事例，胡适在研究曹家家世的时候，他特别需要一本书。什么书呢？曹雪芹的朋友，叫敦诚，敦诚有《四松堂集》，因为《四松堂集》里面记载了敦诚和他的哥哥敦敏，与曹雪芹诗歌唱和的许多珍贵的资料，但是这本书拿不到，胡适托人去找，终于找到了《四松堂集》，当胡适找到《四松堂集》的第三天，蔡元培托人从另外一个地方借了一部《四松堂集》亲自送到了胡适的寓所啊！所以胡适心存感激，说："我在两三天之内就得到了海内罕见的两部《四松堂集》。"一个校长，会为他的一个部下、教授找书，而且亲自送书，多么高尚的道德啊！胡适正是因为它，发现了许多新的材料，尤其是胡适发现了非常珍贵的一个《红楼梦》的版本叫"甲戌本"。我今天把影印本带来了，大家可以看一下，抄本，有批语（朱批），上面这叫眉批，像人的眉毛一样，中间这叫夹批，在这一回的开始有回前批，末尾有回后批。研究《红楼梦》没有第一手资料是不行的。甲戌本的珍贵之处在于，尽管它只有十六回，但是它上面保存的批语好多是其他十多种手抄本都没有的。胡适得到这个本子以后，经过潜心的研究，他得出了著名的六点结论：

第一点，《红楼梦》的著者是曹雪芹。同学们，今天看来似乎不是问题，其实不然。在1921年，胡适用大量的材料证明《红楼梦》的作者是曹雪芹之前，关于《红楼梦》的作者是谁，言人人殊，说法五花八门。有人说是曹頫，有人说是曹一士，有人说是二曹说，甚至于有人说是无名氏。直至今天，海内外的学者仍然在探讨《红楼梦》的作者是谁的问题。台湾有一个学者，叫杜世杰，他甚至认为曹雪芹是一个子虚乌有的人，曹雪芹三个字是个谐音，谐音什么呢？"抄写勤"。这是石破天惊的谬论！近些年来，大陆、台湾、香港，有些学者还认为《红楼梦》的作者是吴梅村。甚至于有的人认为是写传奇的洪昇等等。但是，有良心的、遵守学术规范的学者，根据现有的文献材料，尤其是胡适教授的考证，认为《红楼梦》的作者是曹雪芹，这是无疑的。这是胡适得出的第一点结论。

第二点，曹雪芹是汉军正白旗人，曹寅的孙子，曹頫的儿子，生于极富贵之家，他身经了极繁华绮丽的生活，他又带有美术与文学的遗传和环境，这个美术相当于今天的美学，这是对曹家家世的考证。我们知道，曹雪芹的祖上，原先是汉人，后来，大概在明末，加入了旗籍，属于正白旗，正白旗是上三旗之一。曹雪芹的这个家世，胡适考证得是比较清楚啦。他从曹振彦说起，曹振彦是曹雪芹的高祖，在顺治六年，他参加了平定姜瓖的战乱、叛乱，立有军功。大约十年前，大同市的博物馆发现了一块非常有名的碑，叫《重修大同镇城碑记》。这个碑上面赫然写着曹振彦的名字。当时的大同城重修以后，曹振彦任大同知府。所以，2006年，国际《红楼梦》研讨会在大同市召开了，我亲自去，两次看了这个碑上的"曹振彦"三个字，这叫"目验"。同学们，道听途说，纸上的资料，往往靠不住，要深入实地，要亲自看，才能作为学术研究的坚实的证据。这也表明，同学们，地下出土文物对我们的学术研究是何等的重要啊！王国维就创立了"二重证据法"，光凭纸上的材料是不够的，要时时关注出土文物，能够发现新的材料，进行新的论证。因此，我们说，曹振彦在平定大同姜瓖叛乱的过程中，立有军功。曹家一开始投降满人的时候，是包衣的身份。"包衣"是个满语，汉文就是奴仆，也就是说曹雪芹的家族出身是奴仆。但是经过曹振彦立有军功以后，这样，曹家的身份就开始改变了，从包衣老奴一跃而成为"从龙勋旧"（"龙"是天子，跟随天子，立下赫赫战功的老臣、功勋）。因此，我们可以这样认为，曹雪芹的高祖曹振彦，改变了曹家包衣的身份。曹玺也是跟随清人打仗，立有军功，屡屡被提拔。在红学研究中，同学们，了解曹家的家世，对于你阅读《红楼梦》有极端重要的价值。我个人认为，大家所熟悉的《红楼梦》里面的焦大醉骂就有曹雪芹祖上的影子。1987版的《红楼梦》它有一段戏拍得很好。

曹雪芹的曾祖是曹玺。康熙二年，康熙设了一个派出机构叫江宁织造局，江宁就是现在的南京。康熙派曹玺任江宁织造第一任总督。从此曹家由北京迁往南京，曹家三代人在南京、江南生活了近60年。曹雪芹大概就是生在南京。曹家以军功起家，曹玺任江宁总督。我们用《红楼梦》的原文来表述，就是拉开了曹家"赫赫扬扬，即将百载"的辉煌历史。曹玺死后，康熙又命曹玺的儿子——曹寅，任江宁织造的第二任总督。为什么康熙对曹家如此倚重，江宁织造好像是世袭的呢？是有原因的：一是曹玺的妻子孙氏做过康熙皇帝的保姆；二是曹寅做过康熙皇帝的伴读，就是康熙登基之前，曹寅陪其读书。后来又做他的侍卫官，这是多么亲近的一种关系。所以曹寅任了江宁织造的第二任总督，先后任苏州织造、江宁织造总督。江宁织造的职务是什么呢？它不是政府机构，它的主要目的是向朝廷供应丝织品等物品。但是学术界认为在江宁、苏州设织造局，康熙对他们有特殊的交代，这就是：你们要随时查访江南的吏治民情，报告岁时歉收，要让大臣们专折密奏。所以从康熙开始有一种奏折制度，这个奏折是大臣写好以后密封快马加鞭送到皇帝的身边，任何人不敢拆开。这个奏折里面写的内容只有皇帝一个人知道。关于曹家的档案史料，关于康熙、雍正、乾隆及以后的奏折，一部分保存在北京，大部分保存在台湾。去年11月，我到台湾去，在台湾故宫博物院就买到了一本我特别喜欢的书，叫《康熙皇帝与奏折制度》。大臣写奏折的时候是墨笔，黑的。皇帝批的时候是朱笔批的。你看，他这儿批的"知道了，此次奏闻的事，尔再打听，还有什么闲话，写折来奏"。我还想给大家介绍一条批语，这封奏折是曹頫任江宁织造第四任总督的时候向康熙皇帝上奏的一个请安折。你没有事情可以向皇帝写奏折，你可以写一个请安折，但是你不能长时间不上奏折。康熙五十七年六月初二这一天，曹頫向康熙皇帝上了一个奏折，请安折。康熙怎么批的呢？"朕安"（用现在的话来讲：我好着呢）。"尔虽无知小孩"（你虽然是一个无知的小孩，因为曹頫当时年龄很小，康熙已经年龄很大了），"念尔父出力年久"（我想到你的父亲为我出力时间很长了），"故特恩至此"（特恩，特别开恩，即到了今天这种地步，也就是说让曹頫过继给曹寅），下面我再讲。虽不管地方之事（因为它是派出机构不是政府机构，不管地方的事情），"亦可以所闻大小事，照尔父秘密奏闻"（你把你听到的大大小小的事情，像你父亲多年来给我上奏折那样秘密奏闻）。

康熙南巡六次有四次是曹寅接驾的，住在哪里呢？住在江宁织造府。换一句话说，曹寅的江宁织造府就是康熙皇帝的行宫啊！康熙，字写得很好，学问非常好。因为孙氏做过他的保姆、奶妈，因此他驻跸江宁织造府上的时候，见到了孙氏，他称孙氏是“吾家老人”。他还给孙氏赐了一块匾，这个匾叫萱瑞堂，萱是萱草，代表母亲。所以萱草是母亲花，出自《诗经》。曹寅竭尽全力接驾，花了大量的银子，后来曹家被抄没，亏空银两是其中一个非常重要的原因。《红楼梦》写到了康熙皇帝南巡的事情，但是它不直接写康熙帝南巡，而是写元妃省亲，也就是说把康熙南巡变形以后，写成元妃省亲，脂批就指出了这一点，它说：借省亲写南巡，出脱多少忆昔感今。有一个人叫张符骧，他写了南巡时候花钱的状况，其中有一句叫：金钱滥用比泥沙。《红楼梦》里面说的是：银子花的像淌海水似的。我们看看曹雪芹借贾琏的奶妈赵嬷嬷之口，用回忆的笔法写了康熙帝南巡的事情。《红楼梦》虽然是一部小说，但是它有真实的历史因子在其中。曹寅为人风雅、喜交名士，他诗、词、曲都很好，而且晓音律。曹寅这一代是曹家的鼎盛时代，用《红楼梦》的原话来讲，达到了“烈火烹油，鲜花着锦”的境地。曹寅死后，曹颙——曹寅的儿子，接任了江宁织造的第三任总督。此人是个文武全才之人，康熙帝对他寄予了很大的期望，可惜天不假年，上任不到三年，一命呜呼了。这样曹寅这一支就没有后人了。怎么办？康熙帝命令曹寅的弟弟曹宣，把他的儿子曹頫过继给曹寅。过继来的曹頫就是曹雪芹的父亲，曹頫就接任了江宁织造的第四任总督。所以，曹家三代四人，我们曹玺、曹寅、曹颙、曹頫世袭江宁织造达近六十年之久啊！康熙死了以后，雍正登基了，雍正五年，曹家就因“行为不端，织造款项亏空甚多”，被抄家了。清代的抄家是了不得的。这样，曹頫带着一家人回到了北京，当时的曹頫还是带着刑枷的，念曹家给清朝做了不少的贡献，于是雍正帝给曹家在北京的崇文门外蒜市口这个地方给了十七间半房子，给了家仆三对，因为他们家还有老人。曹家被抄家的时候，曹雪芹大概十四五岁，他目睹了这个赫赫扬扬已将百载的家族，由盛到衰的历史和抄家的过程。曹寅生前经常说一句话叫“树倒猢狲散”，果然应了曹寅的这一句谶语。从此，曹家又从南京迁到了北京，所以曹雪芹的晚年，他的《红楼梦》的创作是在北京写的，即北京西山黄叶村，他用了十年的时间，写出了不朽的巨著《红楼梦》。胡适还认为：曹雪芹会作诗、能画画，还与一班八旗子弟往来，这些都是真实的，但他晚年生活非常贫困，因为不得志，沦为一种纵酒放浪的生活。曹雪芹到北京以后，贫穷到何等地步呢？他的朋友用诗句这样描述“举家食粥酒常赊”，曹雪芹爱喝酒，而家里很穷，经常喝粥，经常去赊来一些酒，那么赊完酒怎么给人家还酒钱呢？曹雪芹的画画得非常好，尤其石头画得很好，“卖画钱来付酒家”。这样这个赫赫扬扬、已将百载的家族，就彻底崩溃了。但是，他给我们成就了一部《红楼梦》。

第三点，曹寅死于康熙五十一年，曹雪芹大概生在此时，或者稍后。为什么要写这一句呢？同学们，非常重要，就是说曹雪芹有没有见过他的爷爷曹寅，根据我个人的一些考察，没有见过，曹寅死后一两年，曹雪芹出生了。

第四点，曹家极盛时，办过四次以上的接驾，刚才我们已经说了，最后因为亏空得罪被抄没了。

第五点，非常重要，《红楼梦》是在曹雪芹破产倾家之后，在贫困中作的。“举家食粥酒常赊”，披阅十载，增删五次，写出了《红楼梦》。不是现在坐在电脑跟前凭想象三个月出一部长篇小说啊，穷愁著书的传统仍然在曹雪芹身上体现得非常典型。

第六点，胡适说：“《红楼梦》是一部隐去真事的自叙”，这就是自传说的由来。说《红楼梦》它是曹雪芹的自传，里面的贾宝玉就是曹雪芹。这是胡适的观点。鉴于20世纪20年代胡适掌握资料的局限性，以及他的哲学观的局限性，胡适的前五点，大致是可以成立的，截至目前，红学界是非常欣赏的。但是，第六点是不能成立的。原因就在于，《红楼梦》是一部小说，小说的要素是虚构，它不是曹雪芹的自传，尽管《红楼梦》里面有真实的曹家故事和影子，但是，它是经过艺术加工的一部小说。这是关于胡适。

鲁迅，他有《中国小说史略》，是他的讲义。鲁迅的红学观点，我认为有两点非常好，单是命意（就是主题），作者为什么要写《红楼梦》，千人千面，因读者的不同，眼光就有种种，经学家看见“易”，《周易》，变化；道学家看见“淫”，因为《红楼梦》里面毕竟写到了像“初试云雨情”、“爬灰”、琏二爷的乱搞等；而才子看见缠绵，主要指宝黛爱情悲剧；革命家看见排满，里面可能是贬低满人的；而流言家看见宫闱秘事，就是我前面给大家介绍的，什么明珠家事说，顺治帝与董小宛的爱情故事说，等等。这几句话，鲁迅概括得非常好。另外一段话，他对《红楼梦》做出了最高的评价，对《红楼梦》的价值、思想价值、艺术价值，截至今天没有第二个人说得比鲁迅好。他说《红楼梦》的价值是中国的小说中不可多得的，要点在于如实描写，并无讳饰。所以是写得非常真，真是美的第一基础。和以前的小说，叙好人完全是好，叙坏人完全是坏，大不相同，他的里面的人物都是性格非常复杂的人。不像诸葛亮用一个“智”字可以概括，张飞用一个“莽”字可以概括，关羽用一个“义”字可以概括，《红楼梦》中的人物你能用一个字概括吗？概括不了，所以其中所叙的人物，是真的人物，活灵活现的。后两句就是最高的评价：自有《红楼梦》出来以后，传统的思想和写法，思想价值，写法艺术价值全都打破了。关于《红楼梦》是如何打破传统思想和写法的，我在以后的讲解中还要细讲。

陈寅恪是大师，我非常崇拜。他的隋唐史研究，他的《元白诗笺证稿》，他的《柳如是别传》，尤其是《柳如是别传》中涉及了好多红学方面的东西。他晚年失明以后，坐在那里给研究生和青年教师上课，他的脑海里装的史料全都是背诵出来的，何等人物！另外，其人格非常高尚。

最后一个是钱锺书，钱锺书的《管锥编》《谈艺录》，里面包含了许多关于《红楼梦》研究的内容。尽管钱先生没有一部关于《红楼梦》的专著，但是，钱先生绝对是一个红学家。可以用这几句话概括，“发前人未发之义，辟前人未辟之境，胜义纷披啊”。美妙的东西多得不得了，叫胜义纷披。

同学们，我们在十位国学大师中，看出其有六位是红学家。研究《红楼梦》，单一的知识是远远不够的，因为大家知道，《红楼梦》是一部百科全书，曹雪芹是一个旷世奇才。因此，研究《红楼梦》必须具备多方面的知识，方能有所建树，这是我今天得出的又一点认识。

大家再注意，在这十个红学家里面，我注意了一下他们的地域、籍贯。北方人只有一个，大家看有谁呢？冯友兰，河南人。浙江人最多，大家看，梁启超是广东新会人，王国维是浙江海宁人，蔡元培和鲁迅是浙江绍兴人，钱锺书是江苏无锡人，章太炎是浙江余杭人，陈寅恪是江西修水人，胡适是安徽人，郭沫若是四川人。因此，我们说，这十位国学大师中，浙江人占了四位，江苏、安徽、四川、江西、广东各占一位。在我们说的南方和北方的概念中，他们都属于南方人，只有一个北方人，河南人冯友兰，这似乎又可得出了一个新的认识：南方的文化、国学的基础、国学的传承，要好于北方。值得注意的是，红学家未必就是国学大师，但是国学大师中却出著名的红学家。这启迪我们，要想深入地阅读和研究《红楼梦》，你必须具备扎实的国学的功底和广博的国学知识，才有可能读懂博大精深、百科全书《红楼梦》，成为一个真正的红学研究者。谢谢大家！

讲座以十位国学大师：王国维、钱锺书、胡适、鲁迅、梁启超、蔡元培、章太炎、陈寅恪、郭沫若、冯友兰为切入点，介绍了十位国学大师的文学造诣和学术成就。令人惊讶的是，十位国学大师中，竟有六位是红学家。王教授以此为过渡，深入浅出地为同学们讲述了红学研究的概况，点评了几位重要的红学大师。

王国维是“新红学”研究的先驱，《红楼梦评论》开辟了我国现代学术的新境界；钱锺书把《红楼梦》置于中国古代广阔而深厚的文化大背景中，为“红学”的发展做出了独特而可贵的贡献；胡适是五四新文化运动的倡导者，是“新红学”的奠基人。这是同学们在课堂上无法获取的国学精华，也是双十中学红学社尚未涉足的领域。这场讲座，对双十好学上进的学子而言，是一场甘露。

——黄峥倩

这样一场讲座，与其说是单方面的红学知识补充，不如说是一次进入《红楼梦》的旅程。在王教授绘声绘色的描述里，我们仿佛走进了大观园，仿佛看到了“晴为黛影，袭为钗影”的晴雯、袭人等个性鲜明的丫鬟们的身影，看着宝黛的爱情一步步走向悲剧，真真切切地感受到黛玉葬花的悲戚、宝玉出家的心情。如此种种，让人颇为动心。

《红楼梦》作为四大名著之一，是我国文学史上的璀璨明珠。对它的研究，越看越细，越学越痴，其中涉及的经济、历史、文化、宗教等内容，是红学人世代追寻的精华。相信经过这次活动，同学们必会重新深读《红楼梦》，细细品味其中的精深。

——李颖璇

李秋沅

本名李靖。中国作协会员，中国民盟盟员。一级文学创作。《儿童文学》十大青年金作家之一。已出版长篇小说《木棉·流年》《木棉·离歌》《以尼玛传说》《天青》及作品集《茗香》等13部作品。曾获全国优秀儿童文学奖、冰心儿童文学新作奖大奖、冰心儿童图书奖、全国儿童文学短篇小说大赛奖等，作品入选国家新闻出版总署向青少年推荐的百种优秀图书。

漫谈文学与写作①

《木棉·流年》《记忆的碎片》《惟有时光》是我以家乡厦门鼓浪屿为背景写的木棉岛系列小说。我从小就在厦门长大，厦门鼓浪屿是我的家乡。我对家乡有很深很深的感情。这也是我写这木棉系列小说的原因。我还会一直写的。为我的家乡，为我自己写下去。

文学性的写作，与学生习作，是有所区别的。作为学生，你们习作，现在正处于打基础的阶段，因此老师会让你们做些仿写。有些规矩，你不能犯，你要遵守学生习作的基本游戏规则。当你们掌握基本的写作方法后，希望你

① 2013年11月11日李秋沅老师应邀到我校初中部开设此专题讲座。

们快速进入文学写作阶段。文学写作，就像孩子长大，由“走”进入“跑”的阶段，看重的是写作者自由的写作状态，提倡个性。

一、谈谈灵感

文学写作，首先需要有灵感。灵感的到来，往往出人意料。它或许来源于一个物件、一首诗词，甚至可以来源于一个词组。我在创作幻想小说《寻找尼可深蓝》时，灵感源于“尼克深蓝”这个词组。“尼可 (Nicole)”是希腊语“人民的胜利”的意思，而“蓝”在英文中有忧伤之意。这个词组所蕴含的胜者的喜悦与深蓝的忧伤这两种截然相反的意象，给我带来了极大的冲击。就在这个词组的刺激下，我写了幻想小说《寻找尼可深蓝》，一个关于蓝色、关于爱、关于使命的故事。

灵感甚至可以来源于身边朋友的名字。在我目前创作的千恒岛系列幻想小说中，出现的小说人物“千瞳”“清桃”“颜非”等都是身边朋友的名字。这些名字，带给我诸多遐想。以“千瞳”为例，这个名字有神秘、不确定之意，它让我想起从幻想世界里走出的、不食人间烟火的女子，有着深邃而意味深长的目光；也让我想起同一个事物、同一个事件在不同的眼眸中所映射出的诸多虚影与幻象。瞳中有千影，影影不相同。每一个事件发生之后，从不同角度窥视，将得出不同的阐释。就是在这个名字的激发下，我写出了幻想小说《千瞳》。

一个灵感，触发了一个故事的雏形。我在短篇小说创作时，所写的文字、情节会不断触发新的灵感。一个灵感来临，触发另外一个灵感，于是，灵感源源不断地产生。当我进入创作状态时，在灵感多米诺骨牌效应下，我笔下的人物仿佛自己有了生命，牵引着我的笔不断往下写。这样的创作体验所产生的结果就是，我预先所设想的故事结局，也许最终会以不同的面目出现。

有这么一句话说得好：“故事其实一直都沉睡在某处，作家只是一个媒介，用笔把它们从隐藏的世界里唤醒”。作家所能做的，就是遵循故事的内在逻辑，尊重内心的声音。

二、关于语感

作者通过文字，表达内心的情感。每一处标点、每一个字符、每一个看似不经意的“的、地、得”，最终组成了带有作家个人印痕的文字韵律与节奏。许多意识到语感对作品表达重要性的写作者，都在孜孜不倦地寻找适合自己的写作语言。因为，只有找到了适合自己的写作语言，才能更自如、更完美地表达内心情感与思想，原汁原味地展现所要表达的一切。

我一直在不停地寻找适合自己的文字表达方式。2009 年后，我开始写“木棉岛系列”，在这之前整整 9 年时间，我都没有找到创作突破的切入点，我一直找不到我所想要的作品语感。《锦瑟》是我写的第一篇以木棉岛为背景的小说。这篇写完之后，我感觉自己找到适合自己的文字表达方式了。这种文字表达，不仅能让我自如地表达对故土的情感，也提供了一个渠道让我进入创作状态。在这之后，我就慢慢开始了“木棉岛系列”小说的创作，开始书写我挚爱的故乡。

三、创作源泉

在我的小说中，经常出现“木棉岛”的意象。“木棉岛”和我的故乡鼓浪屿有千丝万缕的联系，鼓浪屿是我的故乡，我从小在那儿长大，在我生命中已经烙下了很深的印迹。但“木棉岛”不完全是鼓浪屿，它是一个象征，是一个精神家园，它非常温暖，永远在我的记忆深处，在我的生命深处。我相信每个人都有那么一个深深怀念的精神家园，它不是一个非常具体的地方，在那里有你所希望存在的所有美好的一切。在我心中，“木棉岛”是那么一个美丽地方，岛上木棉繁盛，木棉花（英雄花）开时，朵朵鲜红若血，傲立枝头。岛上的人们，是那么一群人，对生命与自由有着最深沉的爱与理解，执守内心的信仰，坚定地维护着人性的美与尊严，理智开明、知行并进。他们是那么一群人，有着和遥远时空里的屈原、嵇康、文天祥、谭嗣同、陈天华、王国维……一脉相承的士人热血与风骨，正气凛然、铁骨铮铮、用自己的凛凛傲骨与肝胆忠心，在中华苍凉冷峻的历史暗幕上，抹上一道道炽热而悲壮的血色。这就是我的“木棉岛”和“木棉岛人”。“木棉岛”不仅给我带来力量与温暖，也源源不断地提供给我写作的灵感与激情。

四、给初写者的几点建议

第一，要学会像画家一样地观察事物。文学创作是用文字构筑一个世界。这个世界，是对现实世界的模拟。这个世界，是融合真实与幻境的。这个世界里，有人物，有场景，所有这些细节，都需要作者通过用心观察现实世界，而后用文字描绘出来。画家的绘画，与作家的写作类似。绘画中的光与色，就像作家笔下的文字。画家笔下的光与色构成了模拟的真实，而作家笔下的文字，也构成了模拟的真实。而敏感的感受是需要锻炼的，人的感觉神经越打磨越敏感，越敏锐。只有当作者学会像画家一样敏锐地捕捉到我们身边看似平凡、实则瞬息变化的世界，他笔下所描绘的纸墨世界才够真实，够支撑起整个故事的进展。

第二，像敏感的音乐家那样体会情感的细微变化。如果说，画家的眼睛，告诉我们该如何去观察，那么音乐家的耳朵则告诉我们，如何细腻地体验情感的变化。音乐模拟的是人的情感，每个音乐家，他对生活的态度、他的情怀、他的感情都在音乐中。贝多芬有贝多芬对命运的态度，莫扎特有莫扎特的态度。贝多芬，听他的音乐，对苦难与命运是抗争，是不屈服。而莫扎特，他的音乐，对命运与苦难是宽容、是默默地承受，相信生命的终点，一定是平安、喜悦、安宁的。我相信，每个人对春秋冬夏，对身边所有的事务，都有自己独特的感受。要相信自己，相信自己的感受，把带有自我个性体验的感受细腻地表达出来。我们所描绘的体验越细腻，越带有鲜明的个性特点，带给读者的阅读体验也将越真实、越丰富。

第三，从阅读中汲取创作营养。阅读是写出好文章的前奏。观察、体验，都仅仅存在我们的内在世界。我们只有将他们表达出来、写出来，才能让别人知道我们这些感受、这些体验。文字，是我们沟通外在世界与内在世界的渠道。写作是一项精细的工作，词汇的选择、语言的组织、结构的搭建、写作视觉的转换……对这些技巧的掌握并非一朝一夕就能完成的。它需要持之以恒、孜孜不倦地学习与实践。首先，必须大量地阅读，这是提高写作能力的必经之路。其次，从泛读转向最能打动自己的那些作家的作品，用心精读。

每个人都应该寻找最适合自己的语言表达方式。文如其人，文章不可能不沾染上作者的个人气质。与自己达成共鸣的文字，往往就是最适合自己个性气质的语言表达。鲁迅绝对写不出像张爱玲那样华丽喧哗中渗出寒意、冷清孤傲的文字，而同样地，张爱玲笔下也绝对流淌不出像鲁迅那般的尖锐硬朗、干净利落、凛然刻骨的文字。卡尔维诺作品的轻盈、托尔斯泰作品的厚重。同样是幽默，王小波是黑色幽默、钱锺书的幽默带有知识分子的睿智，而林语堂的幽默是雅致从容的。他们的作品，无一不深深刻上了作家独特的个性印迹。我们对某位作家作品的偏好，也必然和我们自身的性格特质、经历修养有所关联。精读那些最能打动我们的文学大家的经典之作，汲取作家深厚写作涵养，提升自己的文学审美品位。籍书本文字，与作家的心灵与智慧共舞，在阅读的感动中不断地锐化自己的感受力，发现自己。

第四，也最重要的一点，是关乎心灵的。作者心灵的深度与广度，决定了作品的高度与深度。作者为读者留下的是自己宝贵的生命印迹，每一个文字，都源自作者的心灵。透过文字，我们可以穿越时空，穿越俗世喧嚣，穿越生死，留住汨罗江前屈原“魂兮归来，国家为只”的悲呼、留住秦观“郴江幸自绕郴山，为谁流下潇湘去”的惆怅，留住苏轼月下微醺，“起舞弄清影”的不羁与豪放，留住王尔德童话般唯美温情的目光，留住川端康成“雪国”“古都”的徘徊、忧郁悲悯的叹息，留住卡尔维诺纯真神秘的微笑，留住博尔赫斯深邃深刻的话语……我们的心灵前行多远，我们手下的笔才能伸到多远。由此可见，写作是一项永无止境的，不懈地追寻真理的活动。它给我们提供了不断地超越自己、完善自己的可能。这也是写作的魅力所在。

茨威格曾用蘸满鲜血与生命热气的文字写道：“作家是人类一切人性的维护者和保护者。”是的，当我们有朝一日真的选择写作为终身事业，让写作成为我们生命中不可或缺的一部分时，记得上天赐予我们写作天赋的同时，赋予我们作为生命书写者的使命。

同学感想

讲座在大家的热烈的掌声中开始了，李秋沅老师讲的第一点就是关于文学写作的灵感捕捉。灵感来源于生活，来源于生活中的一个小物件，一个词……写作重要的就是把这些泵涌而出的灵感再进行情节的构思，内容的填充。而作者就要充当故事的媒介，用笔来将它带入到读者的眼前，同时还要尊重故事的逻辑和内在，利用灵感的多米诺骨牌效应把你的作品写得更加完善，饱满，更加深得人意，深入人心。

第二点就谈到了写作的一系列准备，这同时也是这场讲座的重点。其一，要向画家学习如何细致观察，学会观察生活是写好作品的基础。李老师说，观察得越仔细、越到位，描写就会越细腻，那么对现实生活的模拟就会越真实，越生动了。其二，要向音乐家学会如何体验情感的细微变化，音乐能够生动地展现出作者所要表达的情感，它对情感的细微变化的诠释是相当到位、细致的。所以，在作品当中，一定要融入自己最真实的情感，才能够呈现出有血有肉的、有生命的作品。其三，注重阅读。从泛读再到选择自己最感兴趣的、最喜欢的作家作品去深究、去精读。其四，关乎心灵，“作者心灵的深度与广度，就直接决定了作品的高度与深度。”

最后，李秋沅老师还逐一详细地回答了同学们对于文学与写作这方面的问题，解决了大家的“疑难杂症”， 听着李老师滔滔不绝地向我们传授写作的方法和技巧，从词汇运用到语言组织，从情感转换到结构整理……同学们都受益匪浅，完全进入了文学氛围中。的确，文学的世界辽阔无边，如果将来写作要追求自己的个性和风格，有新的突破和超越，就需要大家敏锐的眼睛，会感触生活的心灵和满腔的情感，来发现、领悟这个世界更加精彩、美妙的东西。这正是李秋沅老师给同学们带来的最大收获。

——黄静芳

屏幕上的一段段文字都烙在我的心上，在灵魂深处浅唱低吟。字里行间都是一个个深情的故事，从中流出的是一股自然、美好的气息，流入眼中、淌在心里。听完著名儿童文学作家李秋沅的讲座，如呷一口淡茶，没有激情四射，也没有潸然泪下，却在心中留下一抹淡然与回味。

——梁馨心

张 卓

双十中学数学优秀青年教师，优秀共产党员。自2006年开始在双十任教，多次荣获校优秀班主任、优秀教师、优秀党员等称号，有深厚的数学功底，是厦门市数学学科中心组核心成员。多次参加高三市质检命题，多次指导学生获数学竞赛省一等奖，多次在核心刊物发表教育论文。曾获厦门市青年教师抽测比赛第二名，厦门市第四届教师教学技能大赛高中数学组第一名，福建省第四届教师教学技能大赛高中数学组第四名，2018年福建省青年教师优秀课交流活动第一名，并代表福建省参加全国现场赛，是第九届全国高中青年教师优秀课展示活动展示教师。

笑红尘

——漫谈金庸武侠世界①

首先，感谢各位同学们给我这个发言的机会。

我很惭愧，也很忐忑，其实我已经很久没看小说了，最后一次看可能是

① 2018年12月9日张卓老师应邀给高中部学生开设此专题讲座。

12 年前，2006 年研究生毕业之际。工作以后，工作的压力和生活的重担压得人喘不过气来。其实我每天的主要事情就是写数学作业，改作业，出作业，讲作业，每年高三我都没有在夜里 1 点之前睡过觉。

虽然如此，年轻时候的武侠梦想其实一直都在，感恩金庸先生，感恩金庸先生的武侠世界，教会我很多做人的道理，陪我度过很多阳光灿烂的日子和灰暗失意时的日子。

怎么会有今天的这场活动呢，前几天金庸先生过世了，大家都在朋友圈缅怀，那我也发了几段文字，刘伟老师说他喜欢胡斐，我就回复说胡斐挺可怜的，跟袁紫衣约会，发现袁紫衣出家了，袁紫衣说："我是出家人，别叫我袁姑娘了，我法名圆性。"胡斐说，"可以还俗吗？"可能跟别人不太一样，我回忆了几段金庸小说里面的段落，初中的李爽老师就邀请我去初中讲了一下，我就乱讲了一气，然后今天又要乱讲一气了。

虽然我们今天的题目是笑红尘——漫谈金庸武侠世界，其实我是不敢谈金庸，因为实在是不懂，那不光是武侠的世界，也是人的世界，人情冷暖，爱恨情仇，太博大了，我还年轻，什么都不懂，我能谈的只有我自己。

我为什么喜欢武侠？

我们很多人平时要么是"脑某"（普通），要么是"卢瑟"（失败，差）。看了武侠后，热血沸腾。那些人武功天下第一，做了很多行侠仗义的好事。仿佛自己也是天下第一，快意恩仇，纵横四海。

很多主人公是屌丝逆袭。很多是孤儿，无父无母，像杨过、狄云、胡斐、令狐冲……很多是单亲，像郭靖、萧峰……令狐冲一开始的时候也很普通，后来武功厉害了，觉得师傅治不了我了。

当时就是觉得看完了很爽。

还有一个方面是因为穷。我们当时看漫画《七龙珠》，买一本要十几块钱，买不起；租一本一天一块钱，我一天可以看五六本，一天也要五六块钱，五六块钱在当时不啻为一笔巨资。可是看一本全是字的书，像《天龙八部》，那么厚，砖头一样，一天只要五毛钱。所以我就看《天龙八部》了。

武侠小说也是小说，也是讲人生的故事和经历，我们可以从中看到大侠的成长。很多大侠小时候被欺负，人人都可以揍他，看不起他，好不容易交个女朋友，女朋友离开他。故事的转折往往是后来遇到一个好师傅，有好老师教他，他的命运改变了，逆袭了。就像你遇到双十的好老师。

令狐冲与田伯光对打，一开始令狐冲不是他的对手，被砍得血肉模糊。

风清扬教他武功，令狐冲的命运就改变了。

学习上也是一样，你遇到好老师，你百思不得其解时，老师稍加点拨，从此你的眼光就不一样了——别人不会的你会，别人还在那里冥思苦想，你一下子就找到了解决问题的捷径。

田伯光外号“快刀”，令狐冲都觉得慢。你看是什么水平？

好多书都看过不止一遍，看得最多的是《笑傲江湖》和《飞狐外传》，我看了十几遍。不同时期看，有不同的感受。

年少的时候，高中的时候喜欢看，看打仗，打打杀杀，看他们学武功、抢秘籍，练好以后去报仇，看得热血沸腾。到底谁是天下第一。其他的，什么爱情啊，喝酒啊，聊天啊，什么的，都跳过。

再大一点，到大学，不喜欢比武了，打斗过程基本都略过了，就爱看谈情说爱。

金庸小说陪伴成长，教会道理，教怎么撩女生。

整个金庸小说，很多人喜欢看小龙女与杨过。小龙女身中剧毒，只有三个月寿命。解药只有一颗，谁也不吃，被杨过扔了，还有断肠草，可以吃，吃了可能马上死，十六年后，再次相会，夫妻情深，勿失信约。

情节回顾：那日杨过将半枚绝情丹抛入谷底，小龙女知他为了自己中毒难治，不愿独生，又听黄蓉说断肠草或能解情花之毒，当晚她思前想后，唯有自己先死，绝了他念头，才得有望令他服食断肠草解毒。但若自己露了自尽的痕迹，只有更促他早死，思量了半夜，于是用剑尖在断崖前刻下了那几行字，故意定了一十六年之约，好让杨过为自己而活着，等16年后即使杨过想着小龙女但也不至于会寻死。却给杨过一个约定时间：16年后。16年后，杨过如约而至，却不见小龙女，杨过跳崖。杨过当时可以说业务能力相当强了，还愿意为了这段爱情跳崖，很感人。崖下，看到熟悉的景物，身后传来“有什么伤心的事吗？”……很多人被这一段深深感动。

而我最感动的是令狐冲与任盈盈在山谷里的那一段。

令狐冲摇头道：“我不知道。我连姑娘叫什么名字也不知道。”那姑娘道：“你把事情隐瞒了不跟我说，我也不跟你说。”令狐冲道：“我虽不知道，却也猜到了八九成。”那姑娘脸上微微变色，道：“你猜到了？怎么猜到的？”

令狐冲道：“现在还不知道，到得晚上，那便清清楚楚啦。”那姑娘更是惊奇，问道：“怎的到得晚上便清清楚楚？”令狐冲道：“我抬起头来看天，看天上少了哪一颗星，便知姑娘是什么星宿下凡了。”

令狐冲道：“盈盈，这名字好听得很哪。我要是早知道你叫作盈盈，便决不会叫你婆婆了。”盈盈道：“为什么？”令狐冲道：“盈盈二字，明明是个小姑娘的名字，自然不是老婆婆。”盈盈笑道：“我将来真的成为老婆婆，又不会改名，仍旧叫作盈盈。”令狐冲道：“你不会成为老婆婆的，你这样美丽，到了八十岁，仍然是个美得不得了的小姑娘。”

盈盈自然知道原意，说道：“你这人既不正经，又不老实，三句话中，倒有两句颠三倒四。我……我不会强要人家怎么样，人家爱听我的话就听，不爱听呢，也由得他。”令狐冲笑道：“我爱听你的话。”

这些对话一定是发生过，金老写的时候我想应该一半是甜蜜，一半是酸涩吧。

他们在山谷里抓青蛙、采野果、抓兔子、弹弹琴……要是令狐冲和盈盈在山谷里一直不出去该多好！

后来令狐冲吐血，只能去少林寺学易筋经。他昏过去，醒来闻到檀香。发现身在少林寺，已经昏迷三个月了。再一问，才得知任盈盈被囚禁在少林寺，再不踏入江湖，等于用自己的自由换取令狐冲的命。

《飞狐外传》胡斐，豪气，喜欢袁紫衣。袁紫衣身负血海深仇，后出家法号圆性。爱胡斐的程灵素死了，用自己的命救胡斐。这一本是悲催的结局。

其他书中的爱情故事都是王子与公主幸福地生活在一起。这一部不是，小姑娘爱自己，不懂得珍惜。爱别的姑娘，得不到。

还有一段爱情，东方不败与杨莲亭。

杨莲亭找人假扮东方不败。童柏熊找到东方不败的时候，东方不败在绣花。东方不败与童柏熊友谊深厚。从小的邻居，童柏熊资助东方不败读书学武功，东方不败被人打，童柏熊救他，东方不败刚掌握大权时童柏熊杀了反对他的人。可是，东方不败说：“你得罪我怎么都行，你得罪莲弟不行！”

任我行、向问天、令狐冲三人攻打东方不败不能取胜。任盈盈折磨杨莲亭，扰乱东方不败的心神。东方不败挡在杨莲亭身上，被杀死。

感情来了，挡也挡不住。

东方不败有机会杀死任盈盈，但他没动手，他说：“我羡慕你是一个女生。”

还有林平之。他是你们的老乡，福州人，福威镖局的少东家。游山玩水，打猎捕鱼。因为打抱不平，全家被灭门，因为他惹到了青城派余沧海的儿子。

福威镖局的镖旗，蝙蝠、狮子。福威镖局在林平之爷爷那辈主要靠打，靠辟邪剑法打遍天下无敌手。

林平之的父亲靠交朋友，送礼，通行全国，财富是以前的四倍。其中一句宗旨与咱们的校歌中的一句一致：敬业乐群。

上班了再看书，看的是人物的心理活动，为人处世之道，跟外界相处的关系，对成长有关系。

林平之身负血海深仇，内心阴暗。辟邪剑法厉害，摧残自己的身体，也摧残自己的心灵。

余沧海杀了全家，林平之一天杀一个，谁也不知道下一个是谁。

木高峰的驼背里有毒液，林平之一剑下去，瞎了。

林平之一生辛苦，少年养尊处优，家逢变故，摧残了身体，扭曲了人格。他唯一的亮点遇到小师妹岳灵珊。林平之的命运只能去死，他得罪太多人了。左冷禅抓林平之，林平之屈服。小师妹被林平之一剑刺死。

令狐冲找到小师妹，小师妹奄奄一息。小师妹视之如兄长，没有半点男女情分。令狐冲要帮她报仇，小师妹却说：帮我照顾小林子。

令狐冲一怔，万想不到林平之毒手杀妻，岳灵珊命在垂危，竟然还是不能忘情于他。令狐冲此时恨不得将林平之抓来，将他千刀万剐，日后要饶了他性命，也是千难万难，如何肯去照顾这负心的恶贼？

岳灵珊缓缓地道："大师哥，平弟……平弟他不是真的要杀我……他怕我爹爹……他要投靠左冷禅，只好……只好刺我一剑……"

令狐冲怒道："这等自私自利、忘恩负义的恶贼，你……你还念着他？"

岳灵珊道："他……他不是存心杀我的，只不过……只不过一时失手罢了。大师哥……我求求你，求求你照顾他……"月光斜照，映在她脸上，只见她目光散乱无神，一对眸子浑不如平时的澄澈明亮，雪白的腮上溅着几滴鲜血，脸上全是求恳的神色。

令狐冲想起过去十余年中，和小师妹在华山各处携手共游，有时她要自己做什么事，脸上也曾露出过这般祈恳的神气，不论这些事多么艰难，多么违反自己的心愿，可从来没拒绝过她一次。她此刻的恳求之中，却又充满了哀伤，她明知自己顷刻间便要死去，再也没机会向令狐冲要求什么，这是最后一次的恳求，也是最迫切的一次恳求。

霎时之间，令狐冲胸中热血上涌，明知只要一答允，今后不但受累无穷，而且要强迫自己做许多绝不愿做之事，但眼见岳灵珊这等哀恳的神色和语气，当即点头道："是了，我答允便是，你放心好了。"

盈盈在旁听了，忍不住插嘴道："你……你怎可答允？"

岳灵珊紧紧握着令狐冲的手，道："大师哥，多……多谢你……我……我这可放心……放心了。"她眼中忽然发出光彩，嘴角边露出微笑，一副心满意足的模样。

令狐冲见到她这等神情，心想："能见到她这般开心，不论多大的艰难困苦，也值得为她抵受。"

忽然之间，岳灵珊轻轻唱起歌来。令狐冲胸口如受重击，听她唱的正是福建山歌，听到她口中吐出了"姊妹，上山采茶去"的曲调，那是林平之教她的福建山歌。当日在思过崖上心痛如绞，便是为了听到她口唱这山歌。她这时又唱了起来，自是想着当日与林平之在华山两情相悦的甜蜜时光。

她歌声越来越低，渐渐松开了抓着令狐冲的手，终于手掌一张，慢慢闭上了眼睛。歌声止歇，也停住了呼吸。

任我行在少林寺三战的时候，列举出了生平最佩服的人：第一个，东方不败；第二个，风清扬；第三个，方证大师；第四个，空虚道长（只算半个）。

佩服东方不败，是因为他心计深，老任这么心思机敏的人也能被篡位，还把他关在西湖底。

佩服方证大师，是因为"大和尚"精研易筋经，内功达化境，武功这么厉害，做人却又那么谦虚，与世无争，心地又好，所以值得佩服。

佩服风清扬，是因为风清扬"剑术神通"。

佩服冲虚道长一半，是因为武当太极剑有独到之处，但不会教徒弟，注定后继无人。

而最不佩服的，左冷禅居首位，是因为左冷禅武功高、心计深，但做事太卑鄙，经常欺负恒山派大中小尼姑，所以大不佩服！

还第一次学到一个成语：拾人牙慧，就是东西没有原创性。

再者，华山之巅，郭靖陷入一连串困惑和自我怀疑："我一生苦练武艺，连母亲和蓉儿都不能保，又怎样呢？完颜洪烈自然是坏人。但成吉思汗呢？穆念慈姐姐是好人，为什么对杨康却又死心塌地地相爱？拖雷安答和我情投意合，但若他领军南攻，难道就任由他来杀我大宋百姓？我是否要在战场上与他兵戎相见，杀个你死我活？"这些问题看似简单，实在饱含人生况味。

在未想通之前，郭靖拒不与人交手，流露出难得的任性姿态。这个时候的郭靖真可爱，他费了很大工夫想通这些问题时，便是成为“侠之大者”的开端。

郭靖这个男主角实在有些无趣。儿时学武，连江南七怪这种资质不算好的师父都无奈得抓头挠耳，其性情虽然透着义气，但总归一股蛮力。直至遇见黄蓉，更是显现出呆头呆脑来，没有情趣，没有品味，这爱情的精彩之处，在于黄姑娘撑起的独角戏。洪七公说得好：“牛嚼牡丹，可惜可惜！”

但这并不妨碍郭靖好得发紫的运气。他的父亲本只是躲避乱世的普通人，但他还在娘胎里时，其父巧遇丘处机，因此与全真教结缘。儿时与拖雷结拜，与“一代天骄”成吉思汗发生联系，初入江湖又受到东邪之女黄蓉的青睐。东邪的朋友圈都是洪七公、周伯通、一灯大师这等高大上的绝顶人物，于是乎黄蓉想尽办法让他拜洪七公为师，学到了他后来的金字招牌“降龙十八掌”，周伯通则无意间让他学会了天下人求之不得的《九阴真经》。

人脉资源和圈子对一个人的成长和功业至关重要，否则仅凭江南七怪，如何能把他培养成新一代的江湖五绝高手？没有黄蓉的机智及她背后强大的江湖力量弥补着他的笨拙和缺失，他又能有多少机缘和能力建功立业？而郭靖也以自己的后天努力回应着他的好运。“书山有路勤为径，学海无涯苦作舟”，郭靖因其心无旁骛而专注，勤奋执着而苦练，从而以低资质而练就高武功。

“相思无用，唯别而已，别期若有定，千般煎熬又何如；莫道黯然销魂，何处柳暗花明。”杨过的这套黯然销魂掌，可谓古今第一奇功。历来武功之创立，或因迷武成痴，或为争强好胜，或怜天下苍生，独不见因“相思”竟成宗师。

然而襄阳对阵金轮法王时，杨过差点忘了身怀绝技。这掌法因思念小龙女而生，待相思之情解除，便失去了威力。这融汇了全真教玄门正宗内功口诀、古墓派玉女心经、九阴真经、西毒蛤蟆功与逆转经脉、丐帮打狗棒法、黄药师弹指神通与玉箫剑法等各家之长的武功，耗尽了情感与气势，得之不易，却是大而无当的。自来各路侠者对武艺之道敝帚自珍，杨过却是弃之如敝屣，创立便是为了失去，果真纵情任性。

所以我们读的不仅仅是热血江湖，喝酒打架，也是在学习如何做一对夫妻，如何做子女，怎么做老师。

最后感谢同学们的听讲，感谢我的师长。林老师，张老师，白老师，赵老师，教会我一身傲视群雄的学科技能，感谢炯明，好波，任连，得志，高攀，王宇，和我做兄弟、后盾，让我有遇事不慌的底气，最后感谢窦卓老师，让我的人生路不是孤单的一个人走完。人生不同时候，感悟不同。

另外，我最喜欢的三本书是：《围城》《平凡的世界》《三体》，也希望同学们能去读一读。

我坐在台下，耳边是令人无限遐想的金庸武侠故事，也是一个数学老师动人的青春。

金庸先生，这位武侠世界的创造者，于今年去世了。无数人为之感慨和叹惋。是啊，他走了，整个武侠世界就要凝结在那里，再也不得流转了。我不算金庸迷，但也拜读过几部金庸老先生的作品，深感其笔法之绝妙，但未能有更多更深的感触。可是我面前的这位老师，他说：“感谢金庸先生，感谢他的小说，陪伴我度过了那么多阳光灿烂的日子和灰暗失意的日子。”语气里含着一种浓浓的怀念与不舍。霎时间，我的心里突然感到一种强烈的、如同北大西洋暖流冲击而来的温暖，感到好像有什么东西快要从夹缝里钻出，来到我的心里。

他娓娓道来金庸小说中那些引人入胜的片段，他内心涌动着的那种无法抑制的热爱也染得人的心欢快地跳动起来。我感受到的，是杨过小龙女山崖下重逢的欣喜，是东方不败的孤注一掷，是令狐冲“我看见星星就知道了”的浪漫，是那一种纯粹的，脱离俗世的武侠幻想。也许他也曾是一个意气风发的少年，坐在乡村碧蓝的天色下，在武侠的世界里流连，做着畅快的行侠仗义之事。

他说：“已经有很久没看小说了”。我看到他眼中的遗憾，听到他语气中深深的无奈。武侠世界，这一片人间的净土，没有人世间重重的掩饰虚伪，有的只是纯粹：纯粹的生与死，爱与恨，还有纯粹的人。张卓老师在经历数年的人世间的沉浮以后，依然心中存有这一片净土，他虽然没能再读这样的小说，可是那些文字已经深入他的骨髓，在他迷茫彷徨之际，给他一个脱离凡俗纷扰的栖身之处。

海子说：“生活不止眼前的苟且，还有诗和远方。”感谢金庸的武侠世界，感谢这位仍然心存净土、怀有武侠梦的老师。愿我在以后的日子里，无论经历阳光灿烂的日子还是灰暗失意的日子，都还能做梦，做这样美好的梦，并且不忘初心，砥砺前行。

——陈炜璐

南　宋

本名宋智明，厦门日报记者、厦门市作家协会副主席、鲁迅文学院第26届高研班学员。1990年开始发表文学作品，先后在《文艺争鸣》《南方周末》《厦门文学》《萌芽》《福建文学》《广州文艺》《书品》上发表文章。著有小说集《雕刻时光》《有人跟踪我》，长篇小说《1992，爱情来了又走了》，读书随笔集《随遇而安——一个作家的城市体验》《鼎沸集》《流动的书斋》，其作品《文化的盛宴：文化名人浪漫与哲思》收入对金庸、李敖、余光中、北岛、余华、钱理群、陈丹青、林少华等20多位文化名人的访谈，被评为“读吧，福建”首届福建文学好书榜十大优秀图书。

足不出户，周游世界

——漫谈我喜欢的几部外国文学作品[①]

非常感谢双十中学图书馆能提供这么好的机会，让我和年轻的朋友谈谈我喜欢的外国文学作品，我相信这会是一趟温暖的“神游”。

① 2013年5月28日南宋老师应邀到我校高中部开设此专题讲座。

关于读书的好处，没有人比学者、作家杨绛说得更明白了："我觉得读书好比串门儿——'隐身'的串门儿。要参见钦佩的老师或拜谒有名的学者，不必事前打招呼求见，也不怕搅扰主人。翻开书面就闯进大门，翻过几页就升堂入室；而且可以经常去，时刻去，如果不得要领，还可以不辞而别，或者另找高明，和他对质。不问我们要拜见的主人住在国内国外，不问他属于现代古代，不问他什么专业，不问他讲正经大道理或聊天说笑，都可以挨近前去听个足够……壶公悬挂的一把壶里，别有天地日月。每一本书——不论小说、戏剧、传记、游记、日记，以及散文诗词，都别有天地，别有日月星辰，而且还有生存其间的人物。我们很不必巴巴地赶赴某地，花钱买门票去看些仿造的赝品或'栩栩如生'的替身，只要翻开一页书，走入真境，遇见真人，就可以亲亲切切地观赏一番……说什么'欲穷千里目，更上一层楼'！我们连脚底下地球的那一面都看得见，而且顷刻可到。尽管古人把书说成'浩如烟海'，书的世界却真正的'天涯若如邻'，这话绝不是唯心的比拟。世界再大也没有阻隔。佛说'三千大千世界'，可算大极了。书的境地呢，'现在界'还加上'过去界'，也带上'未来界'，实在是包罗万象，贯通三界。而我们却可以足不出户，在这里随意阅历，随时拜师求教。谁说读书人目光短浅，不通人情，不关心世事呢！这里可以得到丰富的经历，可认识各时各地、多种多样的人。经常在书里'串门儿'，至少可以脱去几分愚昧，多长几个心眼儿吧？"

杨绛提倡读古今中外的好书，认为颇像平时的"串门儿"，却可省去现实生活中"串门儿"的诸多麻烦。这种精神上的"串门儿"最大的好处是可以打破时空，与各种有趣的人打交道。而阅读外国文学作品，更能体会到"足不出户，周游世界"的妙处。现实中，我们到异国旅行，花费的金钱多，时间多，许多时候只是走马观花，你可能会见识一些奇特的风景，但对一个陌生国度的人民的心，了解得非常有限。而读这些国家的小说或随笔，你却可以深入而真切地了解这个国家人民的喜怒哀乐。而你付出的，只是借阅或购买好书的几个钱而已。我在采访李敖时，他曾经说过这样的话，我不爱旅行，我要了解一个地方，看看关于那个地方的书就够了。话说得有些偏激，但有一定道理。在你还没有足够的钱的时候，你可以通过读书"周游世界"，将来有条件周游世界时，你可以凭着年轻时的阅读心得加深对一个国家和人民的认识，使旅行的滋味变得更加丰富而绵长。

下面，我要谈几部影响过我的外国文学作品，谈谈它们展示的一种"博大的美”以及带给我的欢喜和忧伤。

一、《圣诞节忆旧》：贫寒中的温暖

十几年前，一个偶然的机会读到杜鲁门·卡波特写的中篇小说《在铁芬尼吃早餐》，那是我阅读史上一次刻骨铭心的经历。陌生的美国作家卡波特令人大吃一惊，小说怎么可以写得这么漂亮？在那篇小说里，他写了一位穷苦的南方少女孤身一人到纽约谋生的故事，小说的语言诙谐至极，人物形象活灵活现，特别是那些对话，妙不可言。那是迄今为止我读到的最有趣的中篇小说。令人纳闷的是，曾经有七年时间，我找遍了图书馆和书店，一直没有发现卡波特的其他作品集，《伤心咖啡馆之歌》的作者卡森·麦卡勒斯的情况也是如此。我们的翻译界不知为何对这两位极其优秀的作家视而不见。

后来，我才欣喜地读到卡波特的另一部短篇小说《圣诞节忆旧》，收在《枕边的辉煌——影响我的10部短篇小说》（苏童选编，新世界出版社，2002年）一书里，这本书的编者是著名作家苏童，他编选了10部对他影响巨大的短篇小说。读完《圣诞节忆旧》，我很高兴卡波特没有让人失望，小说里一位老妇人和一个小男孩的友情、苦中作乐以及与人为善，深深地打动了我。我是1972年前的圣诞节来到人间的，我把这部小说理解为卡波特和苏童送给我的礼物，既是圣诞节礼物，也是生日礼物。

《圣诞节忆旧》是名副其实的短篇小说，才10800字，内容却惊人地丰富。它写了贫寒中的温暖，感人至深。整部小说靠一些琐碎而有趣的细节来支撑，很像作者对童年生活的一次无所用心的回忆，把它看作一篇怀人的散文也未尝不可。故事写了一个7岁小男孩和一个60岁老妇人一次难忘的过圣诞节故事。

这一对忘年交、远亲寄住在一个大家庭里，一老一小，是讨人嫌的角色，可以想象两人饱尝冷言冷语和白眼的辛酸。但两人却如此热爱生活。圣诞节快到了，两人亲自上山砍冬青作圣诞树，这树挺拔英俊，馋坏了路人，虽然两人很穷，但路人出再高的价钱，两人也不愿卖掉这棵希望之树！两人还给对方送礼物，虽然两人有钱的话，都愿意送给对方最昂贵的礼物，但现在没钱，两人就互送最有趣的礼物：亲手制作的风筝。两人还不忘给心爱的小狗奎尼送礼物——“一大根有余肉可啃的牛骨头”！

两人最重要的工作是忙着做水果蛋糕，而且一做就是30个！买制作蛋糕原材料的钱大多是两人平时干各种杂活挣的。这些蛋糕两人一口不吃，全部寄出去，送给别人。这些是“一些只见过一面，也许是从未会面过的人”，但都是两人“中意的人”。比如：罗斯福总统；一年到镇上来两次的小个子磨刀人（他带来外面世界的消息）；一位公共汽车司机（他每天驾驶过时和两人互相挥手招呼）；还有一对从外地路过的青年夫妇（他们的车在此抛锚，和两人聊天聊了一个小时，还替两人照了相）……这里，你会读到一些埋藏在文字深处的凄凉和喜悦。两人的朋友都是陌生人，因为平时两人没人疼没人爱，两人把仅有一面之交的陌生人都当作朋友。两人给这些朋友寄蛋糕，是对他们的祝福，也是对他们的感谢。

当两人送完蛋糕，心满意足地喝两口剩下的威士忌酒，并唱起歌跳起舞。很快，老人受到两个亲戚的责备，只有伤心地哭泣。好在第二天就是圣诞节，大家都得和和气气，两人一大早就故意打破家中的水壶，并到草地上放风筝。“风筝像游鱼一样在天空中迎风翱翔”，太阳晒得暖乎乎的，两人摊开手脚躺在草地上，剥着橘子，看风筝欢舞。两人忘却所有的烦恼，这一天让人无比尽兴。老人特别激动，她一直以为人总得生病死去才能见到上帝，现在她明白了，上帝已经在人们感到满足的时候显过灵了，“我看到今天的一切，就可以离开人间了”。这是小男孩与老人在一起度过的最后一个圣诞节。后来，小男孩到外地上学，生活依旧枯燥乏味；老人去世了。

小男孩接到了通知老人去世的信，以下的段落诚挚感人：“这封信把我跟我的一部分切断了。那一部分像断线的风筝一样高飞远扬，再也无法追回了。正因为这缘故，在十二月的这个早晨，我穿过校园散步的时候，两眼不断在天空中搜索。仿佛我期待看到一对飞走的风筝像两颗心那样向天堂赶去。”看到这里，我悄然有泪，不仅为小说中的老人，也为自己许多年前去世的祖母。好小说就是这样，不知不觉唤醒陌生人心中似曾相识的情感。

我翻看了一下书的印数，该书3年里已经印刷了6次，总共印了29500册，看来，真正优秀的小说是不愁没有读者的。

二、《伤心咖啡馆之歌》：主动的爱与被动的爱差别巨大

多年以前，在苏童的推荐下，我阅读了卡森·麦卡勒斯的《伤心咖啡馆之歌》，感到一种难言的美和忧伤。苏童说自己读了两遍也读不明白，尽管觉得其中妙不可言。我读了三遍也没读明白，我当时在大学读书，没有恋爱经验，根本无力解读“美国南方一个蛮荒小镇上的这场怪诞的三角恋爱”。译者李文俊写过一段导读：“作者借用了十八世纪哥特式小说的外壳，小说

中有怪人，有三角恋爱，有决斗，也有怪诞的背景氛围。但相同之处也仅此而已，因为作者所追求的效果并非恐怖与怪诞，而是通过生活中某些特异的经历，来考查‘人性’中某种特异的成分。作者的结论是：人的心灵是不能沟通的，人类只能生活在精神孤立的境况中；感情的波澜起伏是一种痛苦的经验，只能给人带来不幸。”真是你不说我还有点明白，你越说我越糊涂了。

在第五遍阅读这部旧作新版的著名中篇小说时，我认为自己终于读懂了，其实答案在小说里出现过，就是写了主动的爱与被动的爱的区别：“世界上有爱者，也有被爱者，这是截然不同的两类人。往往，被爱者仅仅是爱者心底平静地蓄积了好久的那种爱情的触发剂……至于被爱者，也可以是任何一种类型的人。最最粗野的人也可以成为爱情的触发剂……一个顶顶平庸的人可以成为一次沼泽毒罂粟般热烈、狂热、美丽的恋爱的对象。一个好人也能成为一次放荡、堕落的恋爱的触发剂，一个絮絮叨叨的疯子没准能使某人头脑里出现一曲温柔、淳美的牧歌。因此，任何一次恋爱的价值和质量纯粹取决于恋爱者本身……正因如此，我们大多数人都宁愿爱而不愿被爱。几乎每个人都愿意充当恋爱者。道理非常简单，人们朦朦胧胧地意识到，被人爱的这种处境，对于许多人来说，都是无法忍受的。被爱者惧怕而且憎恨爱者，这也是有充分理由的。因为爱者总是想把他的所爱者剥得连灵魂都裸露出来。爱者疯狂地渴求与被爱者发生任何一种可能的关系，纵使这种经验只能给他自身带来痛苦。”

“本地最俊美的男子”、帅气而粗野的马文·马西是镇上大多数少女的梦中情人，他却爱上“有点斜眼”、“脸上有一种严峻粗犷的表情”、性格乖僻对人充满敌意的女王店主爱密利亚小姐，两人结婚了。这场婚姻仅仅维持了十天。爱密利亚小姐把马文·马西赶出家门，致使后者因绝望而抢劫入狱。多年以后，贫困潦倒、“他那双细细的罗圈腿似乎都难以支撑住他的大鸡胸和肩膀后面那只大驼峰”的远亲李蒙表哥来了，那副可怜相和若有若无的一点血缘关系竟然一下子打动了爱密利亚，她把他奉为上宾，对他照顾得无微不至，生怕他生气和受委屈，并接受李蒙的建议开了镇上第一家咖啡馆。在四年的时间里，这家咖啡馆为镇上孤独而寂寞的人们带来温暖和欢乐。然后，马文·马西出狱了，李蒙一见之下，为他的派头所吸引，整天像条跟屁虫似的紧随其后。不可避免的决斗来临了，胜者有决定权。一番你来我往的肉搏之后，“她终于使他劈开了腿躺平在地，她那双强壮的手叉住了他的脖子”。就在这时，在一旁围观的“罗锅（李蒙）纵身一跳，在空中滑翔起来，仿佛他长出了一对鹰隼的翅膀。他降落在爱密利亚小姐宽阔的肩膀上，用自己鸟爪般细细的手指去抓她的脖子”。遭到心爱人的背叛，爱密利亚身心瞬间崩溃。她不仅输掉了决斗，而且任由前夫马文·马西和表哥李蒙把她的产业破坏殆尽。咖啡馆关闭了，爱密利亚请人把自家门窗钉上了板，在紧闭的楼房里行尸走肉般打发余生。李蒙也没有好下场，有人说，马文·马西把他卖给了杂耍班子。

我是在 1979 年 4 月出版的《当代美国短篇小说集》里读到这部过目不忘的中篇小说的，在将近 25 年的时间里，我一直在等待卡森·麦卡勒斯其他作品的中译本，2007 年，这位只活了五十年（1917—1967）、很年轻的时候就半身瘫痪、一直缠绵病榻、进入中年不久便为乳癌夺去生命的天才作家在中国重新走红，先是关于她的大部头传记《孤独的猎手：卡森·麦卡勒斯》的中译本由上海三联书店出版，接着是她的两部长篇小说《婚礼的成员》和《心是孤独的猎手》的中译本陆续出版，最后就是“卡迷”望眼欲穿的《伤心咖啡馆之歌——卡森·麦卡勒斯中短篇小说集》的中译本出版，这四本书我全买下了，却发现最喜欢的最想重读的还是《伤心咖啡馆之歌》，因为这部堪称经典的中篇小说实在是太精彩了。“什么叫人物，什么叫氛围，什么叫底蕴和内涵，去读一读《伤心咖啡馆之歌》就明白了。”苏童如是说。

三、《大教堂》：沟通的方式有很多种

有一天，在《南方周末》的 D29 版读到赵毅衡的文章《短篇小说正在死亡吗？》，推荐他所激赏的五部短篇小说，第二部是《大教堂》。赵的理由是：“雷蒙·卡佛是一个‘短篇小说作家’，像契诃夫、欧·亨利、鲁迅那样只写短篇的大师，以前多的是，在当代是个稀有物种，因为卡佛 50 岁就早逝。卡佛耐读的佳篇很多，我最喜欢的是《大教堂》（选自《你在圣·弗兰西斯科做什么？》，（美）雷蒙德·卡佛著，于晓丹译，花城出版社，1992 年）。小说中，妻子有个从未谋面的‘信友’（类似现在的网友）要远道来访，信友是个眼盲的大胡子中年人。饭饱之后，妻子退席。丈夫觉得无话可说，有点尴尬。信友建议他们‘合作’画一张画，丈夫持笔，信友口授如何运笔，

竟然画出一座美轮美奂的大教堂。这个故事很温馨：人与人本来沟通就难，这个男人更是来得莫名其妙，丈夫对他绝对没有好意，只是看在残疾人的面上敷衍而已。但是一旦在艺术上会通，一个瞎子和一个画盲，也能完成奇迹。”

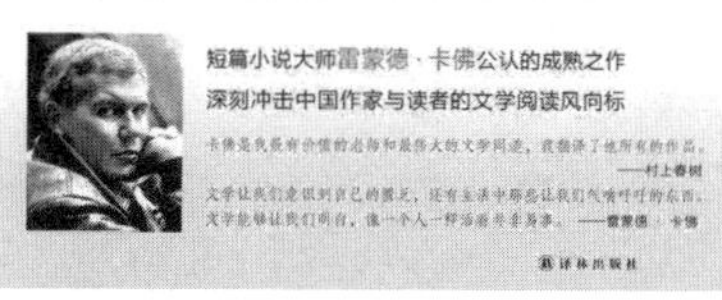

一开始我认为赵教授说得有几分道理，“一旦在艺术上会通，一个瞎子和一个画盲，也能完成奇迹”，好像打开理解这一晦涩作品的一条通道，仔细一推敲，我发现赵教授有点误读，先不说他的结论，就是他讲的故事梗概就有三个事实上的出入（这篇小说我读过三遍，也是卡佛小说里我最喜欢的一篇）：一是“妻子有个从未谋面的‘信友’（类似现在的网友）要远道来访”，事实上妻子和那个盲人朋友交往好多年了，妻子曾经给盲人当过一个夏天的秘书，主要职责是念书给盲人听，妻子和当兵的前夫生活过几年，难耐军旅生活的寂寞，一度非常苦闷，常给盲人朋友“写信”倾诉。所谓“写信”就是把要说的话录下来，把录好的磁带寄给对方。这种特殊的交流方式给他们带来很多乐趣，也使他们一直维系着很好的友情。不知赵教授的“从未谋面”从何而来？谋面如果指互相看见，至少妻子是可以看见盲朋友的；二是“这个男人更是来得莫名其妙”也是不符合事实的。实际上是盲人朋友的妻子刚刚去世，盲人朋友非常悲伤，想来“我的妻子”这里寻找一些友情的温暖；三是“信友建议他们‘合作’画一张画，丈夫持笔，信友口授如何运笔，竟然画出一座美轮美奂的大教堂。”这一段也交代不清，好像盲人朋友在教丈夫画画。事实上是两人在看和听电视，电视里正在介绍世界各地的教堂，盲人很好奇，要丈夫把教堂的样子讲给他听，后来觉得不尽兴，又叫丈夫拿来纸笔，丈夫持笔，盲人朋友握着丈夫的手，丈夫画教堂，盲人朋友跟着感受，“认识”了教堂，盲人朋友的建议下，丈夫最后也闭上眼睛画画，感觉“超然物外”。

再来看看赵教授的结论：“一旦在艺术上会通，一个瞎子和一个画盲，也能完成奇迹。”他强调了“艺术”的力量，我觉得这个结论有点牵强。两人合作画画并不是为了追求艺术，只是一种认知。我个人的结论是：人的沟通除了“面对面对话”之外，还有很多方式，比如：互寄录音带。合作画画更多的是强调“沟通”方式的新颖或另类，小说里的丈夫因此感到前所未有的美妙，就是明证。我还有一个想法，“大教堂”可能不仅仅是一个简单的道具，而是有点象征意味的，比如信仰，因为两人关于大教堂有一大段的议论。

请看《大教堂》的结尾：

> “没什么，”他对她说。“现在闭上眼睛。”瞎子对我说。
>
> 我照他的话做了。我照他说的闭上了眼睛。
>
> “闭上了吗？”他说，“别骗人。”
>
> “闭上了，”我说。
>
> “就这么闭着，”他说，“别停下。继续画。”
>
> 于是我们画了下去。他的手把着我的手，在纸上画着。活到今天，我还是第一次碰上这种事。
>
> 随后他说，“我想就是这样了。我想你画出来了，”他说，“睁眼看看。你觉得怎么样？”
>
> 但我还是闭着眼睛。我想我要多闭一会儿。我觉得我应该这么做。
>
> “怎么样？”他说，“你在看吗？”
>
> 我的眼睛仍然闭着。我在我的家里。我知道。但又觉得我超然物外。
>
> “真是太棒了，”我说。

重读这一段，我发现了小说的另一层意思。“我”对盲人朋友由排斥到理解到欣赏的过程，说明了盲人朋友自有丰富的天地，通过特殊的方式，两人完成了有效的沟通。“我”也有些理解了妻子当年为什么会和盲朋友结下深厚的友谊。

读书一定要细心，不能信口开河。赵教授曾经是我十分欣赏的学者之一，他在《读书》上发表的一些随笔情理并茂，一度是我的最爱，他许多年前搞过新批评研究，那也是我十分欣赏的一种文学理论。新批评强调对文本的细读，建议赵教授有空读读自己的旧作，他对过去的“手艺”有点生疏了。

四、《佩德罗·巴拉莫》：马尔克斯能够倒背如流的小说

在接受记者路易斯·苏亚雷斯的采访时，加西亚·马尔克斯说：“人人都大加指责胡安·鲁尔福只写了一部《佩德罗·巴拉莫》。每当有人问他何时出另一部作品，他总感到恼火。这样对他是不对的。首先，我认为鲁尔福的短篇小说跟他的长篇小说《佩德罗·巴拉莫》一样重要。我再说一遍，这

部小说，虽然不是最优秀的、不是最长的、不是最重要的，但的确是用西班牙语写的小说中最美丽的。我从没有问过某位作家为什么不再写了。但是对待胡安·鲁尔福，我的态度还要谨慎得多。倘若我写了《佩德罗·巴拉莫》，我一生就会无忧无虑，永远不再写作了。”

在与埃马努埃尔·卡瓦略交谈时，加西亚·马尔克斯再次强调说：“我喜欢我的作品，但是在所有的作品中我最喜欢的、因此我能够背诵的，却不是我写的，而是胡安·鲁尔福写的《佩德罗·巴拉莫》。”

1961 年 7 月 2 日，加西亚·马尔克斯来到墨西哥工作。这一年，他 32 岁，已是个“暗暗地出版了五本书（注：其中包括《枯枝败叶》《没有人给他写信的上校》《恶时辰》和短篇小说集《格兰德大妈的葬礼》等）的真正作家了”。但他觉得此时的自己钻进一条死胡同，到处寻找钻出来的裂缝。他不认为自己已经山穷水尽，而是相反：还有许多作品等待他去写。只是他肚子里没有写这些书的令人信服的、富有诗意的方法。就在这个节骨眼上，他的朋友阿尔瓦罗·穆蒂斯提着一捆书大步地爬上六层楼，来到他家。他从那捆书中抽出一本又小又薄的书，大笑着对加西亚·马尔克斯说：“看看这本东西吧，有你学的！”

那本书就是《佩德罗·巴拉莫》。

那天夜里，加西亚·马尔克斯读完了第二遍才躺下睡觉，他体验到十年前阅读卡夫卡的《变形记》时同样的激动。多年以后，加西亚·马尔克斯自豪地说：“我能够背诵全书（指《佩德罗·巴拉莫》），且能倒背，不出大错。并且我还能说出每个故事在我读的那本书的哪一页上，没有一个人物的任何特点我不熟悉。”

对于胡安·鲁尔福作品的深入了解，终于使加西亚·马尔克斯找到“钻出来的裂缝”：他找到了为继续写他的书而需要寻找的道路了。中国作家余华分析道：“加西亚·马尔克斯的阅读成了另一支笔，不断复写着，也不断续写着《佩德罗·巴拉莫》。不过，他没有写在纸上，而是写在了自己的思想和情感之河。然后他换了一支笔，以完全独立的方式写下了《百年孤独》，这一次他写在了纸上。”

许多年以后，荣获诺贝尔文学奖的加西亚·马尔克斯在回忆胡安·鲁尔福时，仍然深情地说：“我又读了一遍胡安·鲁尔福的作品，并且像第一次阅读时那样感到无比惊讶。他的作品不过三百页，但是它几乎和我们知道的索福克勒斯的作品一样浩瀚，我相信也会一样经久不衰。”

用胡安·鲁尔福的话说，《佩德罗·巴拉莫》讲述的是一个村庄的故事：一个死亡的村庄，所有的村民都死了，包括故事的叙述者。在街道和田野上走的全是幽灵，回声可以不受限制地在时间和空间里流动。用中国翻译家的话说，《佩德罗·巴拉莫》描写大庄园主巴拉莫为非作歹、被儿杀死的一生。作品打破时空限制，把不同时间、地点发生在不同人物身上的事件放在一个画面上来表现，充分运用对话、独白、回忆、私语、暗示、梦幻等手段，充满魔幻神奇气氛，被称为拉美魔幻现实主义流派的奠基石。

1954 年 5 月，胡安·鲁尔福买了一个学生用的笔记本，写了一部长篇小说的第一章。31 年后，他回忆道：“小说已经在我的头脑里构思了许多年，我终于觉得为这本思考了很久的书找到笔调和气氛。但是我仍然不知道我创作《佩德罗·巴拉莫》的直觉到底是哪里来的，就仿佛有人对我口授似的。我在街上突然产生了一个想法，便立刻在绿色和蓝色的纸头上记下来。从‘古德里奇’公司广告部下班后回到家里，我马上把记下来的东西抄在笔记本上。我用手写，使用的是绿墨水和谢弗斯牌自来水笔。每次我都留下一个抄了一半的段落，这样我就可以为明天留下一块未熄的木炭，或者为明天准备一条可以接下去思考的线索。从 1954 年 4 月至 8 月，在 4 个月的时间里，我积累了三百页。我一面用打字机誊抄原稿，一面随即把誊完的手稿销毁。后来我又誊抄了三遍，等于把那三百页压缩了一半。我取掉了一切枝蔓，省略了作者的全部插话。阿纳尔多·奥菲拉催我交稿。我诚惶诚恐，犹豫不决。在‘作家中心’的课堂上，阿雷奥拉、丘马塞罗、塞德夫和希娄对我说：‘你写得很好’。米格尔·瓜尔迪亚在我的手稿中只看到一大堆互不相干的场景。里卡多·加里拜一向感情冲动，敲着桌子坚持说我的书稿简直是一堆垃圾。”

小说的手稿曾先后取题为《窃窃私语》《月旁的一颗星》。最后，胡安·鲁尔福把手稿交给了墨西哥“经济文化基金会”，定名为《佩德罗·巴拉莫》。1955年3月，这本书出版了，印数为2000册。批评的声音压过表扬的声音。在《大学杂志》上，阿利·丘马塞罗本人写文章评论说，《佩德罗·巴拉莫》缺乏一个所有场景聚集的核心。胡安·鲁尔福认为这样说是不公正的，因为他注重的首先是结构。他对他的亲密朋友阿利说：“你是基金会出版部的主任，却写文章说这本书不好。”阿利回答说：“你不必担心，无论如何，书是卖不掉的。”

果然不错：花了 4 年工夫卖掉了 1500 册。剩下的做了处理：谁要，就送给谁。

两年之后，《佩德罗·巴拉莫》的德文译本出现了，然后是英文译本、法文译本、荷兰文译本……30 年后，胡安·鲁尔福惊讶地发现，《佩德罗·巴拉莫》甚至被译成了土耳其文、希腊文、中文和乌克兰文。1993 年 9 月，据《佩德罗·巴拉莫》的中文译者屠孟超统计，该书被译成近 60 种文字。对此，加西亚·马尔克斯客观地总结道："胡安·鲁尔福和那些伟大的经典作家的情况相反，是一位受读者广泛阅读的作家，而不是受人们广为谈论的作家。"

关于写作缘起，胡安·鲁尔福坦承："《佩德罗·巴拉莫》来自一个形象，是对一个理想的追寻：她叫苏莎娜·圣胡安。苏莎娜·圣胡安从来也不存在，是根据一个小姑娘想象的。我 13 岁的时候见过她一面，她从来不知此事。在我的一生中，我们再也没有重逢。"

胡安·鲁尔福，1917 年 5 月 16 日生于墨西哥哈利斯州的圣·卡布列尔市，1986 年卒于墨西哥城。作为一个知名的作家，他的一生著述不多，全部作品包括一部短篇小说集《燃烧的原野》（1953 年），收录了 17 部作品，中篇小说《佩德罗·巴拉莫》（1955 年），以及 1980 年出版的《金鸡》，全部作品译成中文不过二十几万字。全部作品曾由委内瑞拉一出版社结集出版，不过 500 多页，是为《胡安·鲁尔福作品全集》。

尽管鲁尔福的作品寥寥，但他的影响却超越了时空的界限。无论在美洲大陆还是在世界其他地方，无论是在他的生前还是死后，他都享有极高的声誉，被称为"魔幻现实主义大师"。鲁尔福 1970 年获墨西哥国家文学奖，1980 年被提名为墨西哥西班牙语语言科学院院士，同年墨西哥又在全国举行了"纪念胡安·鲁尔福"的活动，在墨西哥历史上这是第一次为一个尚在世的文学家举行的全国性的纪念活动。如此隆重的纪念活动使世人对这位沉默寡言、始终保持低调的作家刮目相看。

《佩德罗·巴拉莫》问世后，胡安·鲁尔福没有再发表新作。他的好友、乌拉圭著名作家胡安·卡洛斯·奥内蒂解释说："确实，他甘于寂寞已经有 30 年了。他知道自己完成了文学使命。他是个正直的人，尊重自己已经无力创作的事实。这对于有些人来说，是个良好的榜样，他们白白增加印刷机的负担，却装作若无其事的样子。"

想一想我们的一些所谓名家被出版商、评论家或虚荣心逼着赶写新作，作品质量却每况愈下的情景，真是令人百感交集。对比胡安·鲁尔福，我们认识到，不写，有时是真正的写，这也是中国的阿城和美国的塞林格最让我佩服的品质。

五、《不固定的圣节》：海明威在美好的写作中度过青春

“假如你有幸年轻时在巴黎生活过，那么你此后一生中不论去到哪里她都与你同在，因为巴黎是一个不固定的圣节。”海明威在1950年致友人的信中深情地写道，海明威有理由对巴黎这座世界著名的艺术之都念念不忘，因为他年轻的时候在这里度过了生命中最为宝贵的5年，他在这里开始艰苦的写作生涯，与第一任妻子在贫穷的日子里相濡以沫，得到许多知名作家和诗人的帮助，并最终写出《大双心河》《太阳照常升起》等一批优秀的小说，开始在文坛崭露头角，为今后持续不断地写出好作品奠定了坚实的精神基础。“巴黎永远是值得你去的，不管你带给了她什么，你总会得到回报。”缘于此，海明威在晚年身心遭受严重摧残的情况下，毅然于1957年执笔记下这段“我们还十分贫穷但也十分幸福的”早年时代在巴黎的生活，也算是对巴黎这座城市的回报吧。由于这段时光十分美好，海明威写得非常耐心细致，简直称得上精雕细刻，花了三年时间才写出这本将近13万字的小书——《不固定的圣节》（又译《流动的盛宴》，海明威著，汤永宽译，上海译文出版社，定价：18.40元），这本可称得上准小说的回忆录蕴含着许多意味深长的哲理和妙趣横生的轶事，既可以当作有志于写作的青年的“写作指南”，也可以当作小资们从中品味独特的恋爱、交友和工作之道的“人生指南”。

读着这些隽永如诗的文字，你会有一种清凉的山溪流过心田的感觉，埃兹拉·庞德、托·斯·艾略特、乔伊斯以及司各特·菲兹杰拉德这些名重一时的诗人作家们一一来到你的眼前，他们没有所谓名人的那种高不可攀、故作神秘和装腔作势的架子，而是亲切得一如你的密友，你可以欣赏到他们极为生动的一面，这是海明威的功劳，他的生花妙笔写出了这些名人们“人”的一面，正因为他们具有这么多可爱的人性光辉，他们才能在艺术上取得如此高的造诣。

埃兹拉·庞德的热心肠是圈内闻名的，“他愿意帮助任何人，不论是否信任他们，只要他们处境困难”。后来以《荒原》一诗闻名于世的托·斯·艾略特当时在伦敦一家银行工作，没有足够的时间而“只能在不适当的时候发挥一个诗人的作用”，庞德很为他着急，他建议大家都来多少捐一点钱，把艾略特从那家银行中解脱出来，使艾略特有了钱，可以专心写诗，充分发挥他的才华；而写出《了不起的盖茨比》这样连心高气傲的海明威都由衷佩服的作品的司各特·菲兹杰拉德，在日常生活中的表现却只能用“手忙脚乱”来形容。他缺乏应对复杂变化的能力，又不知自我约束嗜酒如命，更倒霉的是摊上一位美丽但爱慕虚荣最后精神错乱的妻子，成为不幸的短命作家。他把精神错乱妻子的话当真，认为自己不能博得女人欢心是因为“尺寸”问题，并请海明威帮他验证一下。可能正因为他的这种天真精神，让他的作品变得敏锐而深刻。

更加神奇的是，你可以读到海明威本人与第一任妻子那种患难见真情的经历。海明威一生结了四次婚，难免给人“好色之徒”的印象，后面三位妻子都是在他成名之后找的，她们多多少少有些“坐享其成”的味道，这一点，聪明过人的海明威心知肚明。也因此，他对第一任妻子的依依不舍、没齿难忘是不难理解的：他在有生之年写成并经他亲自修改的最后这部作品——《不固定的圣节》里，浓墨重彩地写了这位妻子，写了她的美貌，她的贤惠，她的坚强，她的智慧，她的安贫乐道，可以说，没有她的善解人意和默默奉献，海明威的成名有可能要推后很多年，也有可能永远成不了名。那时候，海明威一文不名，第一任妻子哈德莉·里查森爱他只能是爱他这个人本身，而不是其身外之物，这样的爱纯粹而真挚。也因此，当年与哈德莉分手时，为答谢他们共同奋斗的生活，他把成名作《太阳照常升起》题赠给哈德莉并表示该书的版税亦归于她。

回忆录的结尾有这么令人百感交集的一段：“当火车终于在一堆堆原木旁驶进车站时我又见到了我的妻子，她站在铁轨边，我想我情愿死去也不愿除了她去爱任何别的人。她正在微笑，阳光照在她被白雪和阳光晒黑的脸上，她体态美丽，她的头发在阳光下显得红中透着金黄色，那是整个冬天长成的，长得不成体统，却很美观。……”如果你从本书的开头读到这里，我相信你会有流泪的冲动，因为，在这次见面之后不久，这对相濡以沫的夫妻就各奔东西了。

对于有志于写作的青年来说，海明威在这本书里对写作的种种见解极富启发作用。

“写作几乎能治疗一切。”海明威说。普鲁斯特有过类似的看法——“写作有益于身心健康”。写作能让人变得高尚，变得富有同情心，变得对生活充满希望，变得心胸开阔精神愉快，总而言之，写作能够让人生变得美好。只有先树立这个信念，你才能热爱写作，永不放弃。

“在巴黎，不管你是多么穷，你总有时间可以读书，就像拥有了一个给予你的大宝库。”海明威说。我们都知道海明威是一个以写自己经历闻名的作家，以致我们大家都有错觉，海明威是因为生活阅历丰富才得以挥写自如。而海明威却承认，自己是一个勤奋的读者，他读过屠格涅夫、托尔斯泰、契诃夫、陀思妥耶夫斯基等人的大部分作品，从他对这些前辈作家精准的评价上看，他在阅读上下了很大的功夫。文化是有传承的，不读书的作家是不会有多大出息的。

当然，对于一个有志于细水长流、不懈写作的人来说，还有一点无比重要，“必须经常锻炼锻炼身体”，壮如蛮牛的海明威微笑着说。路遥等人当年要是读到这句话就好了。

我最欣赏海明威的一点，就是视写作为自己的生命，如我所言，“写作才是真正的活着”。他这样说：“一旦写作变成你主要的毛病和极大的快乐，那么只有死亡才能止住它。”

海明威一再强调作家的独立性和耐得住寂寞，让我们重温一下他 1954 年在诺贝尔文学奖授奖仪式上的这段著名的书面发言吧：

“写作，在最成功的时候，是一种孤寂的生涯。作家的组织固然可以排遣他们的孤独，但是我怀疑它们未必能够促进作家的创作。一个在稠人广众之中成长起来的作家，自然可以免除孤苦寂寥之感，但他的作品往往流于平庸。而一个在岑寂中独立工作的作家，假若他确实不同凡响，就必须天天面对永恒的东西，或者面对缺乏永恒的状况。对于一个真正的作家来说，每一本书都应该成为他继续探索那些尚未到达领域的一个新起点。他应该永远尝试去做那些从来没有人做过或者他人没有做成的事。这样他就有幸会获得成功。”

谢谢你们耐心听完我的演讲，以后我们有缘再聚吧！

南宋老师细腻生动地阐述了阅读经典的必要性，外国文学对国人的影响，并对几部优秀现代外国文学作品进行分析，希望同学们通过阅读优秀的外国文学作品丰富内心，树立全人类意识和世界观念。

南宋老师建议同学们在阅读各种流派的外国文学作品时，应该摈弃陈见，接受小说本身的逻辑。从胡安·鲁尔福《佩德罗·巴拉莫》、雷蒙·卡佛的《大教堂》以及海明威的《不固定的圣节》等作品中我们可以感受到经典外国小说的生命力。南宋老师还提到青少年时期读过的书，其智慧及灵魂会在我们身上得以延续，柔化我们的心灵。

南宋老师还特别带来他的读书随笔集《鼎沸集》，在互动提问环节，赠送给提问的同学。同学们踊跃提问，问题尖锐而深入，体现了对外国文学阅读的思考和困惑。南宋老师的讲座和解答可以说为同学们阅读外国文学打开了一扇窗，提供了更多的新思路。

——张甘霖

黄哲真

厦门文学院研究员、研究部代主任。厦门大学客座教授，开设有“推理小说概论”研究生课程。国家二级作家、文学理论家和推理小说家，长期从事推理文学创作和理论研究并取得丰富成果。主要创作成果有《空中飞人》《幽灵刺客》《三家之谜》等“贺克士探案系列”推理小说；入选厦门特区优秀作品的散文《撩开迷雾说“门”》和获奖报告文学《为有源头活水来》等。著有《推理小说概论》《鹭岛女人》等著作。

推理小说的若干写作技巧[①]

推理小说的写作技巧与其典型模式和艺术特征密不可分，有独特的规律。

第一节 副线

副线，从结构上，指附属与配套的脉络和点缀；内容上，则是人物塑造和情节推动的陪衬、衬托和帮助。为了烘托主线，制造足够的效果，推理小

① 2013 年 11 月 14 日黄哲真老师应邀到我校高中部开设此专题讲座。

说不仅大多布有副线，且常常让副线占据主线的位置，使其尽所能地一路前行，收以假乱真之效。

一、副线的特点

首先是“似是而非”。

哈里·克梅尔曼的《周二犹太法师亮剑》，教会学院一群学生不满院方对教授解职决定，与教务长在她的办公室交涉，她中途离去（2:40—2:50），被撂下的学生们一会儿也离开了。3:05，一颗炸弹在此爆炸。隔壁的亨教授被书柜顶上掉下来的一尊雕像砸死。而检验死亡时间是2:10—2:40，与爆炸无关。警察拘捕了冯恩教授，理由：第一，他从2:10起的不在现场证明并不能确认；第二，有动机，即考试漏题被死者发现，其悔过书捏在死者手里；第三，疑其后潜入死者公寓盗走悔过书。副线逼真。

厄尔·斯坦利·加德纳的《逃亡护士》，名医玛尔登自驾私人飞机，坠机身亡，梅森律师在受其夫人委托调查其遗产、婚外情等情况时，发现谋杀疑点，警方也怀疑，因有人在其随身携带的酒壶中投放了麻醉剂，导致惨剧。首疑对象其夫人既长期与丈夫不和，又是所有遗产的继承人。这条线仍然是副线——梅森指出并无充分证据证明死者就是玛尔登本人。

其次，副线具有“齐头并进”的特点。厄尔·德尔·比格斯的《陈查理接力探案》从另外一种角度布下副线，即第一起案件属于错杀，其嫌疑人成了第二次谋杀的牺牲者；第二次谋杀才是主线，但凶手隐藏得很深，主线稍一露头就断，捉摸不定。副线一直顶替着主线在推进，颇可乱真。

范·戴恩的《冬天谋杀案》，副线发展到最末，主线才冒出来。三起案件：保安被推下悬崖身亡；庄园主被击昏而珍宝室钻石被盗；宝石商被害。坠亡案被识破之后，庄园总管父女渐被怀疑，证据足够后警官决定逮捕他们。但万斯从钟声入手，慢慢道来，主线开始浮现。

阿加莎·克里斯蒂的《梦境》中，大富豪法雷夜夜噩梦缠身，最可怕的梦是：3:28分，他拉开写字台右侧第二个抽屉，拿出放在那儿的左轮手枪，装上子弹，走到窗前，朝自己开了枪……此梦使他寝食难安、痛苦不堪，直至那天，他的办公室门外有人等着（等于守着）……3:20，他在办公室里收到一份文件，4:00过后，他的秘书从隔壁房间来到老板办公室，发现法雷早已举枪自尽。死亡时间几乎与他自述的梦境中的自杀时间完全一致，梦境成真即为副线。

二、副线的类型

根据布局和作用不同，副线大致可以分为四种类型：

（一）岔路型

这种类型最常见，即从一开始就出现，误导解疑、侦破方向或怀疑对象，往往逼真，且复杂、隐秘、曲折。F.W.克劳夫兹的《谜桶》，码头装卸时吊桶不小心掉落，桶内掉出金币，再露出一只女人的手……案件一开始就显得直白。关键在于收货人是菲利克斯本人；他是伪造货运公司经理字条提走木桶的；当警察当他面打开木桶，现女尸时，他大叫死者的名字“雅内特”而昏厥——此线虽明白得难以置信，但他一直无法证明自己不在现场。而另一怀疑对象——死者丈夫的不在现场证明可靠得多。副线一直占据着主线的位置，直到侦探发现“更换打字机”这一蛛丝马迹。

（二）漫射型

未能一下子锁定疑凶，有两个或两个以上线索，调查侦破只能同时铺开，不能偏颇或放松。厄尔·德尔·比格斯《陈查理接力探案》，第一起谋杀案发生后，还不能确定凶手就在环球旅行团的成员之中，放旅行团继续旅行。新的线索露头，警方锁定嫌疑人并准备实施逮捕，嫌疑人却被刺身亡。由此，旅行团所剩下的成员，包括领队共16人，都有嫌疑。直至最后一案，多条副线依然并存。

（三）共生型

罪犯从一开始就设计、安排好，以迷惑为目的，副线伴随着主线的推进而推进，阿加莎·克里斯蒂的《ABC谋杀案》即属此类。奥克齐的《芬查街之谜》，20年前，克绍、贝克及另外一人同宿舍，第三人被杀，身上大量现金丢失，贝克就此失踪。如今，改了名发了大财的贝克回来了，约克绍见面，要给予报答，而后克绍被害。就在贝克被捕受审时，辩护律师提供证据，即泡在河水里面目全非的尸体并非克绍，贝克当庭开释。这就是凶手的调包计，以至于副线取代主线一直在台前“作秀”。主线与副线基本重合，同步发展，副线起双重作用。

埃勒里·奎因的《黑便士》，收藏家威敏兄弟拥有两枚价值连城的黑便士，其中一枚在公开展出时遭劫。嫌犯后慌不择路，从一家书店后门溜走，凭空消失。此例妙的是副线与主线完全重合，罪犯阴谋一旦败露则毫无退路，其抱侥幸心理和孤注一掷的赌徒性格表现得淋漓尽致。

（四）虚线型

虚线型副线几乎不起误导作用，但以其虚拟的真实进行展示，往往能见奇效。这种“一戳就破”的虚线，另有作用。例如，埃勒里·奎因的《吊死的特技演员》中被害人脖颈上的绳结，这是“戈尔迪绳结”，是魔术师戈尔迪发明的独门绝技，无法效仿。他又是死者出轨的对象，嫌疑最大。而这是一条虚线式的副线：死者并非被绳索勒死的，此副线为虚；凶手并非嫁祸，而是为了掩盖痕迹而将打了绳结的绳索套上而已。但此虚线却构成推理链一环，解开此谜使侦探得以“歪打正着”，在与主线的交叉和碰撞中，此类副线作用微妙，明虚实不虚。

第二节　转折点

一般情况下，尤其在连续发生谋杀案的作品中，罪犯往往先声夺人，凡事都抢在侦探前面，侦探总是慨叹“又晚了一步”，直到关键时刻或最后一刻才反败为胜。这就是转折点，包括两个方面，一个是推理关键点或关键因素，一个是侦探的“亮剑”，即解谜、析疑、破案环节。前者出现时，或是不够明晰、完整，或是因时机不够成熟，侦探往往将其藏之而不露，等最佳时机，予罪犯以致命一击。推理关键点又与罪犯露出的破绽或薄弱环节密切相关。

厄尔·斯坦利·加德纳的《逃亡护士》，数案交织，婚外情调查引出逃税案，“死者”别居的保险柜现金失窃案，玛尔登夫人毒酒杀夫案。而根据所掌握的“逃亡护士”的双重生活的行踪和空难现场鉴定的不确定因素，梅森大胆推定坠机死者不一定是玛尔登，转折点由此显端倪，局面开始扭转。

大多转折点的出现并不意味着大功告成，难以“毕其功于一役”，仍会一波三折。

厄尔·德尔·比格斯的《没有钥匙的住宅》，凶手本留下诸多破绽，最明显的是作案时手上戴的夜光表被目击，但其所乘的轮船当时还未进港，具有可靠的不在现场证明。直到被收买的轮船主管不经意间的一句话引发注意，便揪住这一微弱的线索，进而发现凶犯善泳，转折点明朗化。

F.W. 克劳夫兹的《谜桶》另辟蹊径，对另一疑凶犯罪手段进行模拟推演。循警察已经走过的路线，重新“捋一遍”，无意间发现其办公室里换了新的打字机这一细节，为转折点显露契机。

第三节 推理眼

推理眼即推理得以成形的首要因素或关键点，是成功的推理小说不可缺少的最基本要素，也是解读谜的架构、密室的功用、罪犯的计谋和侦探的推理艺术的主要支点，其与推理链的关系极为密切。

一、推理链

推理链一般由两个内容构成：解谜要素，包括事件、细节等；解谜思维，包括领悟、分析、判断等。凯瑟琳·罗伊莎·普奇斯的《女伯爵复仇记》，推理链为仇视的眼神—仆人手指上戴的戒指—试探—担忧的目光—帽檐上制造者的标识—匆促举办的婚礼。推理链要素嵌在故事情节之中，并不即时揭示或解释，一般是在推理演说之中用回顾或重现的方式说明。福尔摩斯探案《波希米亚丑闻》，推理链分为两截，上半截是福尔摩斯几次出击前后对华生的解释，下半截则是用他的对手、国王的旧情人金蝉脱壳后留给他的一封信来披露。推理链一般都要将证据链涵盖其中，以符合案情和侦破，并为梳理前后的逻辑关系提供足够的证明。如福尔摩斯探案《第二块血迹》中，证据链为凶案现场第二块血迹、地板下的秘洞和福尔摩斯出示给希尔达夫人的那块硬纸片。

二、推理眼

推理眼，是一个特殊概念。它既可以是推理链中的关键环节（推理关键点或关键要素），也可以是事件、相关联的因素。可有多种表述。厄尔·斯坦利·加德纳《逃亡护士》，推理眼——将计就计、将错就错；福尔摩斯探案《雷神桥之谜》，推理眼——陷害；阿加莎·克里斯蒂《无人生还》，推理眼——假死、私刑；艾勒里·奎因《上帝的灯》，推理眼——方向、复制品；约翰

·狄克森·卡尔《皇帝的鼻烟壶》，推理眼——意外插曲；阿加莎·克里斯蒂《阳光下的罪恶》，推理眼——替身；爱德华·霍克《不可能犯罪诊断书》之《廊桥疑案》，推理眼——恶作剧、假戏真做；爱德华·霍克《老橡树疑案》，推理眼——假死，等等。推理眼既然是“眼”，它与推理链、推理环节，要素、转折点都有极其密切的关系，它是过后的归纳、总结和提炼，具备画龙点睛的功能。如阿加莎·克里斯蒂《东方快车谋杀案》，竟然整个车厢的乘客，包括乘务员，都涉案，其人数又恰好与陪审团人数相符。推理眼——自组陪审团、私刑。

虽是画龙点睛，但推理眼属于总结式、综合性的，因此它所表述的，可以是一个点、一个环节、一个细节、一个事件；也可以是一句概括、一两句总结、一种描述；有时甚至是一个动作、一个眼神、一个耐人寻味的表情，总之，形态多样、形式不拘；范围可大可小，内容变化多端。在情节发展中，推理眼时常并不直接起推动或促进作用，而是表现为启示、启发元素，具有微妙的特征。

阿加莎·克里斯蒂的《死去的小丑》，画展上有一幅《死去的小丑》，画中是一个小丑，四肢摊开躺在地上死去，窗外有人朝屋里盯着。而那并不是在“橡树厅”！那是多年前一起悲剧：年轻的查恩利勋爵新婚宴尔，度蜜月归来当晚在查宅举办大型化装舞会，宾朋云集，喜气洋洋。舞会在即，查恩利将自己锁起，举枪自尽。他在众目睽睽之下匆匆穿过大厅，有女客叫他，他没应，疾步进入橡树厅，“砰”地关上门，从门内咔嚓转动钥匙锁门，一会儿人们就听到枪声。

富豪萨特购得此画并宴请画家和当年事件的目击者曼克顿上校。就在宾主嗟叹之余，不速之客即某女歌星和画中人奎因先生先后光临。一场争购战展开：歌星请主人让画、“死去的小丑”遗孀查恩利夫人不仅来电提出同样请求，也随即赶来。于是，一扇神秘的门开启了，陈年积谜逐渐揭开尘封的外衣……

主人萨特先否定自杀之说，接着展开即兴式推理演说：凶手在阳台房枪杀查恩利后，将尸体移进橡树厅，伪造自杀现场。然后穿上小丑斗篷，装扮成查恩利，当众穿过大厅进入现场，锁上门，空开一枪，躲进夹壁密室。假小丑穿过大厅时，那个叫他一声的女客即同谋，她配合将戏演得更加逼真可信。

推理链和推理元素还包括所散布的流言、伪造的信件、无中生有的婚外情、为遮蔽血迹而挪移的地毯等，并不含推理眼。

这个看似无意间为之的破案解谜事件，皆因一幅画而起，推理眼即蕴含在画中，十分玄妙。推理眼为：歪打正着的暗示。即画家无意中所描绘的场景，暗示了凶案的真正现场所在。

第四节　推理演说

推理演说是推理小说独有的表现手段，作品中的推理，主要依靠侦探主角的叙述来完成，这种叙述具有总结作用，因此，当采取一对一的方式时，便称之为推理总结，以当众演说的形式来进行，即推理演说，便产生很强的震撼力，对破解谜题、解构密室和揭穿真相，有刻骨铭心的戏剧性效果。

一、推理总结

从推理小说诞生的那天起，推理总结与推理演说就是最能展示推理小说不变的主角——侦探的性格特征的最佳手段。福尔摩斯探案《巴斯克维尔猎犬》，在疑案解决了一段时间之后，坐在起居室内熊熊燃烧的壁炉跟前，福尔摩斯与华生谈起这个案子，进行总结。

推理总结，主要是破案后的案情分析、揭穿谜底后的解谜论述。一般采取的是一对一的方式，侦探对助手披露解谜过程和方法。从爱伦坡开始，这就成了解谜和解释的固有形式。如杜平对“我”（爱伦坡）；福尔摩斯对华生（柯南道尔）；布朗神父对弗兰比（G. K. 切斯特顿）；皮特对邦特（塞耶斯）；波洛对哈斯丁斯（阿加莎·克里斯蒂）。有时，谈话对象不是助手或伙伴，而是参与办案者、当事人等相关人士。G. K. 切斯特顿的《针尖》，案发一个月之后，布朗神父与斯坦尼斯爵士坐在豪华公寓里，就着美酒和雪茄，用“在我的经历中，这是一起最奇异的、带着最难解的谜题的案件”的开场白开始进行推理总结。阿加莎·克里斯蒂的《蓝色列车之谜》，波洛的推理总结，是面对被害人的父亲作的。这是“壁炉前推理”的侦探形象的特有内涵。

二、推理演说

相对于壁炉前一对一式的推理总结，推理演说是主角尽兴表演的舞台，其中一个特点是场面大、听众多，往往气氛紧张乃至波澜起伏，效果是单纯的推理总结无法比拟的。首先，侦探面对的是众人：涉案者、知情者和警察等相关人士；其次，时机不同，推理总结是在谜已解、案子已破、尘埃已经落定之后进行的，推理演说则常常是在谜未解、案未破、屏障未克，几乎一切都还云里雾里的时候进行。而且先扫清障碍或澄清问题，使演说顺理成章、水到渠成。

阿加莎·克里斯蒂的《破镜谋杀案》，就在马普尔小姐的推理链即将搭上最后一环之际，当事人格雷格小姐突然服下过量的安眠药身亡。这一变故，就为推理结论提供了无可辩驳的证据。

推理演说的第二个特点是立体化，即不单单是侦探唱独角戏，听众有回应，有反应，时常有剧烈的反应，使得这种演说演变成讨论会、辩论会。

阿加莎·克里斯蒂的《尼罗河上的惨案》，第三个受害者几乎就在侦探的眼皮底下被枪击身亡，这一幕，加上对凶器的拥有者的盘问，成了前奏，也就拉开了推理演说的序幕。波洛的推理演说采用“过堂”的方式，将涉案人一个个传唤到他的舱室，在助手的协助下，逐步澄清，一一排除嫌疑，贝斯勒医生和克尼里亚小姐到来，推理演说推向高潮。从被害的女仆话中有话分析入手，指出唯一可能的凶手，将其计谋和作案手段一一揭穿。医生时而反驳，时而诅咒发誓、暴跳如雷，最后不得不佩服波洛无可辩驳的结论。推理演说就像是一出戏演出以后，由侦探来介绍和评鉴，也像是一档魔术表演完后，来揭开谜底。这种演说往往带有互动性，立体感特别强。当众揭发并逮捕疑凶，惊险而刺激。推理演说常常采用相声中的逗哏和捧哏方式，一步步推波助澜且有起有伏、有声有色，不至于显得单调而冗长。

G.K. 切斯特顿的《阿波罗的眼睛》，推理演说还未完成，“太阳教教主”就狂暴起来，若不是布朗神父身边有一个大块头保镖，恐怕布朗会被他置于死地。另一位听众斯泰西小姐则反应冷淡，但这却是她掩盖自己将计就计的“小罪”的表现。

布朗神父探案《神秘的脚步声》，所展开的推理演说，是侦探在所有人一筹莫展的关键时刻主动出击，揪住窃贼，夺回宝藏，是行动式推理演说。

柯南道尔笔下的福尔摩斯，也惯于以行动来解决问题。福尔摩斯探案《诺伍德的建筑师》，福尔摩斯为了证明自己的推理，推翻警方的错误结论，干脆在被认定的谋杀现场放了一把火，把躲藏在密室里制造假案的阴谋者熏出来，提供了一个不可辩驳的铁证。接下来进行的推理演说极富立体化色彩，效果奇佳。

推理演说第三个（也是最重要）的特点和功能，是当众指认凶手。

阿加莎·克里斯蒂的《美索不达米亚奇案》：当在疑似自杀的詹森小姐房间内发现砸死雷德纳夫人的石磨后，波洛便把考察团全体都召集过来。推理演说很长，波澜起伏、峰回路转、插曲不断，听众的情绪时起时落，反应十分强烈，特别是他说出“所有人实际上都可能犯了杀人罪”这样的话之后。因为，或出于妒忌而起恶念，或由于把柄落在被害人手里而恐惧，或由于堕入她的情网而寻求挣脱，甚至包括外人——列瑟兰护士在内，几乎都不能被排除在嫌疑之外。

考察团团员之外，还得加上那位不速之客——被害人的前夫。至于来历可疑的神父，则是文物窃贼——“泛动机”里加上了一条——为掩盖盗窃文物罪行而灭口。

随即波洛话锋转向分析机会这个关键要素。雷德纳博士，有压倒一切的证据可以证明他从未离开屋顶；卡雷先生，没在现场；柯尔曼，外出。但这些证明都不像表面看来那样好——除了雷德纳一直都在屋顶，绝无疑问，直到命案发生一个多小时后才下来。另外两人有破绽。比如，柯尔曼开车外出去，也是开车回来的吗？如果不是，他完全可能悄悄走进院子……

波洛再三强调仅有雷德纳的不在现场证明是完全不容置疑的。接着再转向，从与第二案有关的三个要点——匿名信、屋顶和窗户入手。詹森小姐遇害前一天，站在屋顶上的怪异举动和说的话——“我已经看出一个人如何可以由外面进来，谁也不会猜想到他是这样进来的”以及临终遗言——“那窗子”，意义何在？关键在作案手段，波洛当众指认出凶手。

当众指认凶手，有时实现起来险象环生。埃勒里·奎因的《黑色的心谋杀案》中，遭绑架并差一点被灭口的侦探死里逃生之后，又单刀赴会，与凶手和主谋对质，条分缕析、抽丝剥茧，揭穿其阴谋。由此再陷险境，遭到绑架。最后力战求生，使主谋被同党误杀，同党落网。

有的时候，在当众揪凶的推理演说中，侦探会巧妙动用私刑惩治。阿加莎·克里斯蒂的《海上问题》，明知罪犯心脏虚弱，波洛暗地里安排了临时客串的演员，模仿被害人的声音，推理演说，在高潮处再现凶案现场的声响效果。在震撼全场的同时，惊愕、恐慌的罪犯经受不了，大叫一声倒地猝死。这种“最佳效果”，恰如《尼罗河上的惨案》，凶手自觉阴谋败露，走投无路，遂双双自杀一般。

由此可见，推理演说还有更多的功能。在时机成熟、准备充分的前提下进行解谜、揭穿真相，无异于给罪犯致命一击，自然是志在必得，唯盼全胜。问题是所需条件不够完备，关键环节未能够掌握，尤其缺乏足够的证据，为此侦探不得不略施小计，充分调动有助于破案的资源和力量，以智取胜。埃勒里·奎因的《疯狂下午茶》，侦探解开了夜半使自己惊悚的“魔镜”之谜，突破了罪犯设置的障碍。苦于无法迅速找到凶手埋尸之地而不能提供直接证据，便结合案发现场的暗室结构和谋杀案本身带来的重重迷雾抛出神秘预兆，营造诡秘气氛，随后，趁热打铁，在疑惧丛生的紧张时刻制造了惊现尸首的骇人事件，不仅促使凶手自动暴露，且使之堕入预设的心理圈套。

推理演说造成的戏剧性效果，在阿加莎·克里斯蒂的《东方快车谋杀案》中表现得尤为出奇。

黄哲真老师幽默风趣的演讲以及各式各样浅显易懂的例子，让同学们解除了之前对于推理小说存在的误解，也让我们明白了更多更深层的知识。为了让同学们易于理解，黄老师还特别举了几个真实的案例，包括同学们比较熟悉的经典推理小说。从例子中渗透到推理小说的剧情以及写作方法中让同学们受益匪浅。

讲座结束互动时间，同学们踊跃提问，提出了很多很好的问题，比如，侦探本人是否能成为凶手，变革派与本格派的分类标准等。通过问题的解答，同学们对推理小说的认识也更深一步。当然一个半小时的讲座还是让同学们有意犹未尽的感觉，纷纷要求留下了老师的联系方式，希望能够了解更多，也希望此类讲座能再次展开，锻炼同学们的推理及写作能力。

——范小涵

张　治

1977年生，山东淄博人。2007年毕业于北京大学中文系，获文学博士学位。中国海洋大学文学与新闻传播学院中文系副教授。译作有《西方古典学术史》第一卷（上海人民出版社，2010年）及《哥伦比亚中国文学史》（与人合译，新星出版社，2016年），著作有《现代性与中国科幻文学》（福建少年儿童出版社，2006年）、《蜗耕集》（浙江大学出版社，2012年）、《中西因缘：近现代文学视野中的西方“经典”》（上海社会科学院出版社，2012年）、《异域与新学：晚清海外旅行写作研究》（北京大学出版社，2014年）、《蚁占集》（浙江大学出版社，2017年）。主要研究兴趣是中国近现代文学，并涉及西方古典学术史、翻译文学和中西学术比较，近年从事钱锺书手稿集的研究。

科幻小说的传统：对未来的设计应该是科学的还是幻想的①

同学们都知道了，刘慈欣获得了雨果奖的最佳长篇小说奖。此事有什么

① 2015年12月6日张治老师应邀到我校高中部开设此专题讲座。

意义，这个意义有多么重要？有人说这是第一次中国籍作家获奖。但并非完全如此。因为2001年雨果奖的戏剧奖就颁给了李安导演的电影《卧虎藏龙》。另外，之前也有多位华裔的美籍作家得过这个奖，比如刘宇昆、姜峰楠、朱中宜这几位，其中前两人还都得过星云奖，姜峰楠已多次获奖，但都是短、中篇小说奖。刘慈欣得到的是长篇小说奖，一般来说是分量最重的奖项，因为毕竟长篇小说更考验小说家的功力。今年获提名的竞争者作品，有4部，我看了一下大概的介绍，都是娱乐功能更强的奇幻文学作品，相对来说，《三体》更多“硬科幻”的成分，所谓“硬科幻”，就是重视科学的细节，不是偏重于天马行空的奇思异想，这主要是凡尔纳与阿西莫夫的传统，我觉得是比较难写的一种。雨果奖是科幻文学界的诺贝尔奖，自然更重视技术表现而非大众欢迎程度。

先简单介绍一下雨果奖。它是为纪念雨果·戈恩斯巴克所设立的年度奖项，今年这已经是第73届了。这位雨果先生在美国创办了第一部科幻杂志*Amazing Stories*，1929年，他在这杂志里最先确定了“科幻小说 Science Fiction”这个名称。美国的科幻文学读物非常多，兴盛期是二十世纪五六十年代，最多时同时有40种刊物。如果再加上科幻的漫画杂志、电影、电视剧、电台节目以及舞台剧，可以说是铺天盖地的一种发达文化工业。雨果奖设立，就是五十年代的事情。

我们可以对照一下中国的情况。我们知道中国最早的科幻文学杂志诞生于1979年，是创办于四川的《科学文艺》，这就是延续至今的《科幻世界》。八十年代前期曾有过四五种类似刊物，还有几种属于科普杂志，比如《少年科学画报》《我们爱科学》，我小时候很着迷，常对着其中翻印自外国书刊的巨幅宇宙飞船漫画浮想联翩。有人把三十几年来的中文科幻杂志（包含港台刊物）全部算上，就连科普杂志、科幻迷杂志、奇幻文学杂志都算进来，一共是39种，其中经营超过一年以上的正式出版物大概也就是20种。这已经是非常少了，其中很多吸引读者的无非是其中的翻译作品。这个意思就是说，原创性很少。在很少的原创性作品里面，算得上职业作家写作的，也就是说他可以认真以此为生，就更少了。通过这样对比，你就会发现，出现刘慈欣这样的作家，在中国很多关注科幻文学原生态的人那里，当然是非常值得庆贺的事情。

美国科幻文学能够形成一种大文化工业，当然依赖于广大的接受者。我举一个特别好玩儿的例子来说明，就是1938年发生在美国的所谓“火星人入侵”事件，这其实是哥伦比亚广播公司根据威尔斯小说《世界大战》改编的广播剧，由于改编者和播出者突发奇想，以新闻纪实的方式增强其效果，比如找人模仿罗斯福总统讲话，采用现场报道的方式表现火星人飞船登陆地球的情景，让广播员带着哭腔描述外星人的样子，造成了美国全国民众的大恐慌。据说当时有很多人弃家逃跑，无数女大学生打电话回家哭着跟父母永别，甚至有人绝望地想要自杀。虽然这个事件因为发生于二战时期，当时纳粹德国令美国民众确实处于紧张状态，但居然这么多人相信外星人入侵这件事，也足以反映出美国科幻文化是多么深入人心了。后来珍珠港事件爆发，好多人就不相信，他们怀疑这又是一次广播电台的恶作剧了。

有这么发达的文化产业基础，当然才会有众多的优秀产品。我们从历届雨果奖来看，其中就有不少大师级的人物。一眼看过去就耳熟能详的作家有这些：菲利普·K. 迪克、弗兰克·赫伯特、艾萨克·阿西莫夫、亚瑟·克拉克、乔治·马丁、丹·西蒙斯、J. K. 罗琳。从这个名单看，雨果奖所认可的科幻与奇幻作家是非常多元化的。每个大家都有极为独到精彩的表现。

如果想要从本质上认识当今变幻多端的想象性文学传统，那么就需要追溯其源头。古希腊的哲学家柏拉图在《克里底亚篇》提到了一个消失的古代大陆，亚特兰蒂斯，称是七贤之一的梭伦从埃及人听到的故事里，提及此岛，它比小亚细亚和利比亚的总和还大，兴盛于一万年前，后来被洪水和地震所引起的巨变湮没。柏拉图的理想国设计，总是喜欢追溯到起源上，或是虚托于一个早已消失的文明，因为他认为至善的生活形态可以从理性精神创造它的开始时刻找到最完美的表现。

“理想国”与“亚特兰蒂斯”都成了后世乌托邦小说的雏形。“乌托邦”来自英国思想家托马斯·莫尔在 1516 年所写小说之名，这是莫尔根据古希腊语虚构的，即不存在于客观世界之国度。这还是一个以耕种文明为命脉的理想国，自给自足，反对物质财富不必要的追求和积累。尤为突出的一点在于，乌托邦的动力资源基本在于人力，除了极少数人天赋才智，可专门从事思想研究工作外，大多数的人都在从事农业、手工业的体力劳动。并且奴隶制似乎尚未废除，只不过奴隶是由犯罪的人来充当，那些对心灵将发生损害而又不可避免的工作（比如屠宰牲畜）就要交给他们完成。此后，17 世纪有培根《新亚特兰蒂斯》、康帕内拉的《太阳城》、安德里亚《基督城》等。莫尔小说不重视科学的力量，他要维系的还是“小国寡民”的生产模式与社会训诫功能。而在培根他们的乌托邦小说那里，技术力量得到重视，物质生产开始扩大。

尤其是培根的《新亚特兰蒂斯》，其理想国的核心机构就是一个科学研究机构，后来由法兰西学院开始，各国建立自己国家的科学院或皇家学会，其缘起即在于培根的这个设计。

提出“知识就是力量”口号的培根之后，科学开始主导着对未来的设计。当然也有持不同意见者。比如乔纳森·斯威夫特的《格列佛游记》就极为厌恶科学家的工作，这个作家一向被视为愤世嫉俗的“反人类者”，因此我有时觉得把他的书当成儿童读物是有些危险的。他在格列佛游飞岛的那部分里面讽刺科学家只会继续思考些关于从黄瓜里榨取阳光、在粪便里还原食物、将冰锻炼成火药的问题，认为科学不会将人类带至幸福的未来。这种小说写法后来被称作“反乌托邦”。这个话题我想在此可以姑且不谈。简单说来，科学工具为人所掌握，大体就有对其乐观或悲观的认识了。

比如人可以飞行的幻想。古希腊有法厄同、伊卡卢斯这样的悲剧故事，太阳神的飞车不可算作科学幻想，达罗斯的发明可以算是最早的飞行器。公元二世纪叙利亚的希腊文著作家琉善在《真实的历史》记述太空战争，双方的飞行工具仅只是各种太空生物，他另一部作品《伊卡洛墨涅波斯》的飞行工具也还是借鉴代达罗斯的传说，这一类飞行器构想和后来应用于飞行机械设计的仿生学有着直接关系。古希腊机械学家希伦还曾设计过一种热力引擎的飞行器，但这个没有被写入小说中。至于潜水艇，最早像古希腊历史家修昔底德《伯罗奔尼撒战争史》（vii 25）提到过雅典人与叙拉古人作战时曾用水下小船来清除敌人在海底埋伏的木桩。亚里士多德在《问题集》和一部动物学的著作中都谈到过某种潜水钟供气的问题，或许与亚历山大大帝制作潜水玻璃钟潜入海底那个传说有关，后来成为中世纪人反复渲染思过草图。到19世纪末才制造出可实用的潜水艇。

飞天入海当然都是很值得幻想的文学情景。但现在公认的第一部西方真正意义上的科幻小说，乃是诗人雪莱的妻子玛丽·雪莱在1818年写的《弗兰肯斯坦》。其中的科学主题是非常严肃的伦理学命题：人可以用技术制造和支配人吗？ 1816年夏，他们夫妇于拜伦客居日内瓦郊区，念日耳曼鬼故事消遣，遂彼此约定以某起神秘事件各自作一小说，最后完成的只有这篇。小说主要讲述一个日内瓦青年科学家弗兰肯斯坦制造了一个巨大丑陋的怪人，后者因为自卑和孤独产生对人类的仇恨，几次杀害弗兰肯斯坦的亲友。科学家独身追捕怪人到俄罗斯，最后悲惨死去。怪人随即消失在北极的寒夜中。小说严肃地思考了科学所尚未展现出的巨大潜力在被误用的情况下科学家所需要维持的道义能否得以伸张的问题，这是为后世的科幻小说确立了最基本的命题。主人公在少年时期，着迷于中世纪与近代早期混合着炼金术、巫术与科学知识的一些著作，认为比现代科学更深入刺探到自然界的奥秘。他想要发现宇宙最深藏的秘密，掌握如同上帝一般的力量，最终为此付出惨重代价。

在玛丽·雪莱之前之后有很多作家也写了人造人、机器人、太空飞行这样的一些小说。为节省时间，我们直接来看看凡尔纳的成就。他的第一部科幻小说《气球上的五星期》写于1863年。1783年就有法国人制造热气球载人升空，在小说出版后几年爆发的法普战争中，气球还被双方用来作军事观测。但是远程气球载人旅行要到1914年才成为现实。而凡尔纳写三个英国人竟然乘坐气球在非洲漫游了五个星期，这在当时可以激发起很多人的阅读兴趣，但我们可以看出这种想象也不过分。他总以是一种博物学家的口气，严谨描绘了世界各地的民俗与风光，完全不同于以猎奇为主要趣味殖民时代的旅行小说，也从来不曾对真实的世界信口开河。这正是凡尔纳科幻小说的最大特点，譬如《海底两万里》（1870年）、《环游地球80天》（1873年）、《漂失的半岛》、《神秘岛》（1870年）、《格兰特船长的儿女》（1865—1866年）、《征服者罗比尔》等，即便旅行者使用了假想的交通工具，但是他们所见闻到的一切景象，都可以在当时最权威的自然科学书籍中找到证实。即使是那些探索未知世界的篇什，比如《太阳系历险记》（1877年）、《地心游记》（1864年），以及最为著名的《从地球到月球》（1865年）和《环绕月球》，也不会制造出一个妨害科学精神的魔幻世界，他只凭借已有的天文、地质、矿务知识描述最可能存在的东西，他的主人公从不用担心会和另类文明的生物打交道，充其量只是对付一下身形过于巨大的章鱼罢了。我不知道大家对此有何感想，但是如果你看到当时英国就连柯南道尔、狄更斯、威尔斯都深受维多利亚时代的通灵术这类活动干扰而写作相关作品，就会认识到他的可贵。

反过来看，中国的文学传统里面有什么呢？

首先我们得重新看待“杞人忧天”这个成语。《列子》则有杞人“忧天地崩坠，身亡所寄”。北大的语言学史专家何九盈曾经指出，杞，乃夏之后裔。夏代有高度发达的天文学，创造过当时最先进的历法。杞是周武王赐给夏禹后人的封地，孔子为考察夏代的制度，曾经去过杞国。上古时代对于天象的知识，一般老百姓是不允许掌握的，但他们祖上既然重视观察天文的传统，可能到他们这里也特别关注宇宙天体的事情。

有庄子的忧患。《庄子》里的“庚桑楚”，说“千世之后，其必有人与人相食也”。意思是说儒家的尧舜仁义之道会导致将来出现一个吃人的社会。如果大家熟悉西方20世纪后的哲学社会学等研究的话，就会知道文明发展下来，表面清除了野蛮的现象，但新创造的制度政令、文化措施，可能就是对隐藏的野蛮习性的包装而已。

孔子所发的哀悼也是和对于未来的预想有关。鲁哀公西狩获麟，按照《公羊》与《谷梁》所传的经文看，《春秋》写到这儿就结束了，左传的经文还延后一点儿，写到孔子去世。今天我们以科学的态度看，麒麟的说法不可信。但你换个角度看，明代没人见过非洲来的长颈鹿，一开始大家也以为是麒麟。这也许就是在春秋末年已经很少有人见过的一种珍奇动物，人口的繁衍和社会的动乱，也许在那时就造成了自然环境的变化，这种变化在当时已经引起某些稀有动物的绝种，这正像上面《庄子》中“庚桑楚”预言的依据，他认为鸟兽本来是深藏于山林的，现在文明发展了，追求物尽其用，山林开发得鸟兽都绝迹了，下一步必然出现更大的破坏。而孔子也是深明此理，于是哀叹自己想要推行的政治理想不可能实现了，因为环境一旦破坏，再也无法逆转了。其实这种判断未来世界趋势的方法，在后来得到了很大的继承，司马迁就也是自称他的《史记》写到汉武帝捕获白麒麟为止的。

从这些例子来看，中国古代对于未来的想象，多少也是依托于已有的自然科学知识而产生的。另外，古书中出现过桃花源这样的空间乌托邦，但更向往的是无差别的大同世界。也许同学们会想到佛教、道教里面许诺的仙境净土，这部分讨论起来比较复杂，简单说就是宋代以后中国思想史基本上有个向内走的过程，大体思路变成了我心即是宇宙、内心存有净土。对于外在环境的改造意识变弱，理想也不怎么寄托其中了。这可能也是宋以后中国科学停滞发展的一个原因吧。

说中国的科学技术在宋代以后长期停滞不前，并不是我信口开河。1928年，著名科学家丁文江在重新出版明末的一部科学百科全书《天工开物》时就说，虽然这部书总结了中国古代的科学智慧，但是很多技术都是“自宋以来，未尝改良”的。同学们将来有机会一定要读读李约瑟的《中国科学技术史》这部大书，它有好多册，现在还没出完，里面包含着一个重要的“李约瑟难题”，就是为何中国的科技传统会不再发展。到了近代，我们因为落后挨打，于是开始重视发展科技，但西方人科技背后的那些思想根源以及理想愿景，我们还是后知后觉。凡尔纳小说里那种乘坐氢气球上天，潜水艇入海的技术想象，在清末中国变得非常流行。中国人写的第一部科幻小说，是1904年发表的《月球殖民地小说》。小说人物是一群爱国志士，带着满腹牢骚，坐热气球游历欧美各大都会，也如《镜花缘》小说所叙经历海外诸奇特岛国。小说未完成的结尾，要引领国人坐气球开拓月球殖民地。

大家可能听说过有个小说家吴趼人，他写了一部《二十年目睹之怪现状》非常有名，他还写过别的很多小说，有一部长篇叫《新石头记》，就是讲《红楼梦》的贾宝玉到了未来世界，又坐飞船又坐潜水艇的。当然吴趼人这么写有个意思在于，贾宝玉不是女娲补天留下的石头转世吗，“补天”就是要拯救中国，小说里面的未来中国科技发达，胜过欧美，但这个贾宝玉再次错失良机，当他知道缔造文明新境界的功臣是那个叫甄宝玉的人后，就黯然离去了。我想吴趼人大概意思是告诫国人要奋起努力，时不我待，否则只能继续做那个假的绣花枕头了。

那么近代中国是如何开始认识和理解科幻小说的呢？1903年，在日本留学的鲁迅翻译了凡尔纳《月界旅行》。他在前言用了“科学小说”一词，之前也有人提及。科学小说时常涉及科学的进步对社会人生的改造，而立意于政治理想的作家也不可摆脱对将来之中国科学进步的讲述。与此同时对于“理想小说”与“科学小说”的划分，也可以归于这样的一种认识。比如有个翻译家周桂笙曾将二者区别为科学小说“发明真理”，理想小说“寄托遥深”。因为科学这个概念在当时中国社会的声望日益加重，科学小说要担负起启蒙、改良的神圣使命，自然应该慎言于“据言以推”的未来理想了。

但是如果严肃地看，清末这些科幻小说里并没有很高尚的理想。包天笑写作《空中战争未来记》，幻想世界大战中的空中斗争。此后的小说家们似乎也闻到了西方列强军备竞赛背后浓烈的火药味。他们在幻想中国未来科技进步的同时，也毫不犹豫地抒发了一种征服白种文明的军事野心。比如陆士谔写的《新野叟曝言》里，主人公虽然志在殖民外太空，但先要征服欧洲“七十二国”：于是带领五艘军舰，依仗“淡养甘油”就令全欧诸国俯首称臣。1908年“碧荷馆主人”的科幻小说《新纪元》相比之下就夸张了很多。其中主人公黄之盛以“行轮保险机”“海战知觉器”“洋面探险器”破鱼雷突袭，从海下奇国“婆罗洲”处借来20具“洞九渊镜”可观察“潜水雷”；比利时博士为白军造“水上步行器”，于是黄军参谋就仿西人捕捉禽兽之法，用铜丝造电网，名“如意艮止圈”，破水上步行军；白军使用绿气大炮，黄军请来山西化学教习神秘的“化水为火之法”……最后取得克敌制胜关键的，是主帅夫人金景嫄用“消电药水”和“吸炭气电机”破敌人杀人利器，使出“百年前独国人所传”的号称“五金质内之坚光”的“追魂砂”，终于逼迫白种低头认输。由此来看，“师夷长技以制夷”，真是又可悲又可鄙的一种荒唐思想。

最后再提一下刘慈欣，作为中国人获雨果奖，绝不能由此认为中国现在的科幻小说就达到了世界一流水平。但是，我注意到最近刘慈欣在悉尼大学的讲座上说，在历史上，很多大国崛起的过程，都伴随一个科幻变为现实的事件。比如西班牙葡萄牙的崛起伴随着大航海时代，英国的崛起伴随着蒸汽机革命和工业革命，美国的崛起伴随着电气时代和信息时代。关键在于这些科幻事件及其转换必须是以前没有的。这种改变历史的科幻事件，会在中国实现吗？

在阿西莫夫之后，科幻小说家们开始在更高层级的科学问题上进行幻想：宇宙中可能会有的文明环境，以及在这种环境下智慧文明可能会发生的历史。刘慈欣的《三体》当然也是这样一种写法。三体问题是个古老的物理学问题。牛顿当年在《自然哲学的数学原理》第一卷“论物体的运动”中就提到过，刘慈欣用这个天体物理学问题建设出了一个文明模型，用以作为地球文明的侵略者，在他的三部曲小说中设想地球人如何反击，一举毁灭了三体文明。但最后这种战争在更遥远的高级文明那里看来也是微不足道的，小说中制造了所谓“黑暗丛林”法则，意思是一旦被其他高等文明发觉其存在就会遭到毁灭性打击，这种毁灭性打击被刘慈欣叫作“降维打击”，是他小说里公认最富想象力的一种设计。里面还有很多极具想象力的概念，如智子、四维碎片、面壁计划、碎星等。但假如把这些令人炫目的科学幻想拿开，其中所建立的一种“宇宙社会学”，显然是一种为求自己生存不惜一切代价拼个你死我活的原则。

讲座一开始，张老师就给我们提出了一个问题——对未来的设计应该是科学的还是幻想的？这引起了同学们的深思。

他先从刘慈欣凭借硬科幻文学作品《三体》荣获第73届雨果奖长篇小说类的奖项聊起，这在中国文坛甚至是亚洲文坛上都是第一次。借此，他向同学们介绍了雨果奖这个科幻文学界的国际大奖以及往届获奖的几位泰斗级科幻文学作家。

之后，他还跟大家讲了个发生在1938年的趣闻。当年几位美国的哥伦比亚广播公司广播员做了一个广播剧火星人入侵，结果没想到许多美国人信以为真，还因此引起了社会上的恐慌。也说明那个时候美国已有着比较发达的科幻文化产业基础。

与此形成了鲜明对比的是，中国的科幻文学一直是一片荒漠。值得注意的是，中国翻译外国科幻小说的历史比起日本也晚了20年，大约是鲁迅时期才开始有作品进来，这或许与当时中国科技的落后有着一定的关联。

接着张老师跟大家介绍了中西方传统里想象未来的方式。从柏拉图、亚特兰蒂斯到乌托邦，从杞人忧天到春秋三传中关于麒麟的典故。而现在，科学精神已经成为想象未来的主要方法。

关于开头的问题，老师没有给我们答案，那本来就是一个开放的题目，老师个人的看法是，最终还是回到人文精神，讲到这里时我想每个同学都有了自己的哈姆雷特。

最后，老师也明确指出，《三体》获奖并不代表着中国科幻小说到达世界一流水平。中国科幻小说的荒漠会再开花吗，或许只有那句老话能够回答——只有时间会告诉我们。

——吴奕梁

楼　巍

生于 1983 年 2 月，现为厦门大学哲学系副教授，主要研究方向为维特根斯坦后期哲学与知识论。曾在厦门大学开设《西方哲学史》《古希腊哲学》《维特根斯坦哲学研究》《哲学导论》等课程，曾在《自然辩证法通讯》《世界哲学》《哲学研究》《现代哲学》等哲学类核心刊物上发表多篇论文。主持 2011 年教育部人文社科青年基金“最后阶段的维特根斯坦与知识论”和 2015 年国家社科基金青年项目“第三阶段的维特根斯坦研究”，并获 2011 年中国博士后科学基金资助。

从柏拉图到维特根斯坦

——一部极简的西方哲学史[①]

柏拉图及其哲学

柏拉图于公元前 427 年 5 月出生于雅典附近的伊齐那岛。他的父亲和母亲都是贵族，柏拉图的原名是阿里斯托克勒斯。据说某个体育老师见他体魄强健、前额宽阔，便称他为柏拉图。在希腊文中，“柏拉图”一词的意思是“宽

① 2013 年 4 月 9 日楼巍博士应邀到我校高中部开设此专题讲座。

广”。柏拉图的父亲去世后，母亲改嫁给了他的堂叔皮里兰佩，生了一个儿子，叫作安提丰，算是柏拉图同母异父的弟弟了。顺便说一下，这个安提丰经常出现在柏拉图的著作中。皮里兰佩和雅典的民主派领袖伯利克里斯关系密切，从柏拉图的著作中可以看出来，他对这个继父相当满意。

伯利克里斯是雅典的行政长官，在他统治下的雅典度过了一段富裕而美妙的时光。当时的雅典刚刚经历了希波战争，“希”指的是希腊，“波”指的是波斯。希波战争陆陆续续持续了 40 多年，大约是从公元前 499 年到公元前 449 年，著名的马拉松战役就是其中的一次战役。希波战争以希腊的胜利结束，雅典树立了绝对的海上霸权，而陆上的霸权由希腊的另一个城邦——斯巴达占据着。希波战争为雅典树立了政治上的威信和经济上的领导地位，经济繁荣起来了，雅典人富裕起来了。富裕以后的雅典人就做一件事：大力发展文化。

在伯利克里斯统治的时代以及以后的一段时间里，即公元前 5 世纪后半叶，在这个城市里居住的“人物”有伯利克里斯，哲学家阿那克萨哥拉、苏格拉底，历史学家希罗多德、修昔底德，雕塑家菲狄阿斯，悲剧作家埃斯库罗斯、索福克里斯、欧利庇德斯以及喜剧作家阿里斯托芬，还有医学之父希波克拉底。伯利克里斯曾豪迈地称雅典为“希腊的学府”。

柏拉图出生的那一年是伯罗奔尼撒战争进行的第 4 个年头。伯罗奔尼撒战争说的是雅典和斯巴达的战争，这场战争也是旷日持久的，从公元前 431 年持续到了公元前 404 年，顺便说一下，这场战争短暂地结束了雅典的民主制。青年时代的柏拉图热衷于文艺，他的文笔在哲学家中算是很好的了，他写过一些赞美酒神的颂诗。大约 20 岁的时候，柏拉图认识了苏格拉底，从此以后就一直跟随他学习，直到后者被雅典当局处死。

伯罗奔尼撒战争以雅典的失败告终，民主制被结束了，在斯巴达国王的保护下雅典建立了一个傀儡政权，“三十僭主”上台了。三十僭主是 30 个僭主一起执政，而实际的领导者则是柏拉图的两个舅舅——克里蒂亚斯和查米德斯。三十僭主在 8 个月之后就被群众推翻了，雅典恢复了民主政治。不久后，雅典当局以毫无理由的罪名处死了苏格拉底，为他罗织的罪名是“败坏青年人”及“相信自己创造的神”。苏格拉底之死给柏拉图留下了难以忘怀的印象，并且改变了他的志向。柏拉图年轻时候十分热衷于政治，希望能够参加政治事务，公正地治理城邦，但是实际经验告诉他，所有的城邦都无法做到这一点。于是，他对所有的城邦政治都失去了兴趣，除非要哲学家来成为统治者，他认为只有哲学家才能分辨正义和非正义，这就是他在《理想国》中提出的一个重要思想，即所谓的“哲学王”，要让哲学家来治理国家。

古人云“读万卷书，行万里路”。苏格拉底去世后，柏拉图遵守老师的教诲，在四处游历中考察希腊地区的政治、法律、宗教等制度，研究数学、天文学、力学、音乐等那个时代所有的学问，可能还吸收了其他学派的哲学学说。在这样广博的知识基础上，柏拉图逐步形成了自己的哲学学说以及对改革社会制度的见解。

回到雅典后，他在朋友和家人的资助下，在雅典城外西北角的阿卡德摩（Academus）建立了学园。这是欧洲历史上第一所综合学校，学校的入门处写着“不懂几何者不能入内”。柏拉图的这所学园一直存在到公元 529 年，被东罗马帝国皇帝查士丁尼下令关闭为止，持续存在达 900 年之久。以后，西方各国的主要学术机构都沿袭了它的名字，叫“Academy”，即“学院”。

为了能够实践自己的政治理想，柏拉图和孔子、孟子一样，想要在统治者身上实践自己的政治理想，但他们又不是真正的政治家，而只是知识分子，没有实际的权力，因此虽然柏拉图曾经三次奔赴西西里岛，希望说服叙拉古的统治者狄奥尼修制定自己心目中的新政，但最后还是失败了。

公元前 347 年，柏拉图在参加一次婚宴的时候无疾而终，享年 80 岁，葬于学园之内。

谈柏拉图的哲学之前，得先说说苏格拉底的回忆说，因为它和柏拉图的学说有着一脉相承的关系。

苏格拉底认为知识都不是后天学会的，而是人一出生就处在人的思维中，只不过后来被慢慢遗忘了，学习知识就是重新回忆起那些被遗忘的东西。所以按照苏格拉底的理论，刚出生的婴儿似乎是世界上最有知识的人。

苏格拉底的学说被他的徒弟柏拉图改造了，变成了“知识在人出生之前就已经有了”，这样一来，柏拉图就把知识变成了与人无关的东西，变成了一种与人无关的客观存在——理念，变成了一个超越感觉的永恒世界。柏拉图《理想国》的第七卷就有一个著名的故事，学界称之为“洞穴隐喻”。

在这个故事中，柏拉图借助苏格拉底之口，描述了一个洞穴式的山洞，山洞里只有一条长长的通道连接着外面的世界，洞穴里只能照进很弱的光线。一些囚徒从小就住在洞中，头颈和腿脚都被绑着，不能走动也不能转头，只能朝前看着洞穴的墙壁。在他们背后的上方，燃烧着一个火炬，还有一些别的人，他们在囚徒的后面拿着各色各样的人偶，让人偶做出各种不同的动作。借助于火炬的光芒，这些囚徒就看见了投射在他们面前的墙壁上的影像，便错将这些影像当作真实的东西。这时，有一个囚徒被解除了桎梏，他站起来环顾四周并走出了洞穴，于是发现了事物的真相，原来他所见到的全是假象，外边是一片光明的世界。于是，他再也不愿过这种黑暗的生活了，并且想救出他的同伴。然而，当他回到洞中的时候，他的那些同伴不仅不相信他说的每一句话，反而觉得他到上面跑了一趟，回来以后眼睛就被太阳烤坏了，居然不能像往前那样辨识“影像”了。由于他们根本不想离开这个已经熟悉的世界，所以就把这位好心人给杀了。

这里有三个喻体，对应于柏拉图看来的人的三种认识：

一是囚徒在墙上能够看到的东西，就是与感觉相对应的现象界。二是囚徒后面的人在用人偶做动作，就是与经验中真实存在的事物相对应的现实世界，那个被解放的囚徒知道了原来墙上的那些影子不是真实，真实的是后面的人拿着人偶在演戏。这两个世界构成了朦胧的洞穴，对柏拉图来说，这个洞穴就是这个不断地生成变化着的现实世界，它是一个朦胧的、幽暗的、不清楚的洞穴。三是这个囚徒走出洞穴后看到了太阳底下一片光明而清晰的世界，这个世界是一个与理性相对应的理念世界，它是清晰的、光明的、澄澈的。

理念世界是个什么东西呢？有人认为它指的是思想中的主观的“念”，因此主张翻译成理念，而有的人认为它是理性认识的对象，是客观的存在，因此主张将其翻译为“型”或“相”。比如苏格拉底总问什么是正义，什么是勇敢，柏拉图就认为正确的答案应该是正义有“正义的相”，勇敢有“勇敢的相”，经验中认识到的正义或者勇敢都不是正义或勇敢的理念或相，所谓“理念”，那就是所有经验中或者日常生活中认识到的正义或勇敢都“分有”的东西，理念高高在上，它是最完美的，日常生活中遇到的东西都是不完美的，都只是“分有”了这个完美理念的一部分。正如我们用手、用圆规、甚至用电脑画出来的圆，都不是完美的，完美的圆是圆的理念。

然而是不是所有的事物都有它们的理念呢？答案是否定的。苏格拉底和柏拉图明显不愿意承认诸如脏兮兮的泥土、瓜子壳等低级的东西有它们的理念。

柏拉图是古希腊人，古希腊人的一大特点就是重理智、轻感官，并且将两者对立了起来，认为感官只能把握世界的现象，而理智能够透过现象，达到世界的真实本质。这就决定了西方文明的一个特征，那就是喜欢设定事物（感官所能把握的东西）背后的东西，这东西一开始是隐藏着的，直到被理智所发现、把握到。这两面属于两个世界，一个是显现的，一个是隐藏的。对于柏拉图来说，这显现的就是刚才的感觉和知觉，隐藏的就是理念。

维特根斯坦及其哲学

维特根斯坦于 1889 年出生于维也纳一个极其富裕的家庭，他的父亲把握住了第二次工业革命后的时代潮流，成了奥地利的钢铁大王。维特根斯坦是最小的孩子，他的哥哥和姐姐都富有艺术才干，可惜他的四个哥哥有三个自杀了。唯一没有自杀的哥哥也失去了一条胳膊，但却成为一名著名的钢琴家，拉威尔曾经专门为他写一只手弹的钢琴曲。维特根斯坦的家可谓文化的中心，勃拉姆斯和马勒是家里常客。这些都充分证明维特根斯坦家是一个真正的有钱人的家庭，而不是暴发户。

维特根斯坦的受教育经历颇不寻常，他直到 14 岁才上学，中学是在林茨上的，且与希特勒同班。希特勒后来大肆捕杀犹太人，而维特根斯坦一家都是犹太人，但维特根斯坦并没有被抓走，这不是因为同学情深，而是那个时候的维特根斯坦已经加入了英国国籍。

维特根斯坦在童年时代对机械很感兴趣。据他姐姐介绍，他小时候就经常躲在自家的地下室里做缝纫机，他希望像父亲一样成为一名工程师。他本想跟随奥地利物理学家波尔兹曼学习物理学，然而不幸的是波尔兹曼也自杀了。我们现在当然会对那时欧洲人的高自杀率感到惊奇，但如果我们了解当时弥漫在整个欧洲的那种“世纪末”情结，可能就会明白了。世纪末说的是 19 世纪末，在一个世纪行将结束的时候，欧洲的道德和科学出现了严重的危机，文学上出现了夸夸其谈的语言和毫无意义的胡言乱语，艺术上充斥着谁也看不懂、听不懂的东西。在这样的一个时代中，人确实很难生活下去。

读物理的志向失败之后，维特根斯坦就改学工程，先是在柏林，后来去了英国的曼彻斯特大学，成为一名研究飞机发动机和螺旋桨的学生，他设计了几种喷气式飞机的发动机和螺旋桨，据说二战时还被英国军方采用了。这些工作的数学部分使他对纯数学和数学哲学产生了兴趣，进而获悉了罗素和弗雷格在数理逻辑方面的工作。正是在曼彻斯坦学习期间，他对哲学产生了浓厚的兴趣，他常阅读罗素的《数学原理》，他与德国哲学家弗雷格通信，在弗雷格的建议下，他于 1912 年成为了剑桥三一学院的一名学生，导师就是罗素。

维特根斯坦很讨厌剑桥那些人自诩为社会精英的夸夸其谈的样子，于是经常跑到挪威去，他在挪威建造了一个湖边的小木屋，学习美国文学家梭罗，过一种离群索居的生活。1914 年，一战爆发，他以志愿者的身份加入奥地利炮兵，表现勇敢，后来被意大利军队活捉，在监牢里，他整理了自己在战争前和战争中写下的哲学笔记，并从这些笔记中整理出了一本书——《逻辑哲学论》。该书于 1921 年先在德国出版，1922 年又在英国伦敦出版。

维特根斯坦有生之年只出版了这一本书，只有两万字，处理范围包括：

形而上学、逻辑、数学、唯我论、伦理学。该书简短、优雅、难懂，以名言警句的风格写成。书里有一句很有名的话，那就是“凡是可说的，都可以说清楚，凡是不可说的，我们应该保持沉默。”

第一次世界大战于1918年11月11日结束，维特根斯坦从俘虏营出来后返回了维也纳，他放弃了继承的大量财产，只把其中的一些用来资助当时的艺术家们。在被他资助的艺术家中，有一个叫作乔治·特拉克尔的诗人，据说他写的诗特别具有“世纪末”的情怀，我们中文也有翻译，大家如有兴趣，可以找来读读，名字叫《特拉克尔诗选》。

后来，维特根斯坦到“下奥地利”当一名小学教师。什么是下奥地利呢？下奥地利就是奥地利的那些贫穷的山区。从1920年到1926年，他一直在做小学教员的工作。他的教师生涯并不成功，有人指控他的教学方式粗暴，有人说他打学生的耳光，最后他不得不放弃教书而到一家修道院当园丁。在这段时间里，他深感沮丧，有好几次想要自杀，幸好没有真正实施。

1926年，维特根斯坦回到了维也纳，在接下来的两年中，他在维也纳为他姐姐设计和建造了一栋私人别墅。这幢别墅耗费了他姐姐很多钱，但他姐姐却不喜欢这幢房子，说“这是给上帝住的房子”，因为这幢房子没有任何的装饰，它简洁、朴素，却很实用，一切都按照实用的角度来设计。这是一幢只有三层楼的房子，居然有专门的电梯，我们从中可以窥见维特根斯坦家族在财富上的显赫了。

他返回维也纳后，曾经去听了当时一名著名的数学家——布劳维尔的讲座，这次讲座让他重新燃烧起了对哲学的兴趣，恢复了哲学思考，导致他返回剑桥当了一名研究生，他把《逻辑哲学论》作为博士论文递交，罗素和摩尔是论文审阅人。获得博士学位后，维特根斯坦在三一学院当了一段时间的研究助手。

1929年以后，维特根斯坦的哲学思想产生了巨大的变化，他完全否定了前期的哲学。在哲学史上，特别是在20世纪的哲学史上，维特根斯坦的地位是很高的，没有一个哲学家像他那样在前期和后期有着两种完全不同的两种哲学，而且这两种哲学都被人研究，而且被人当作圣经般地研究着。

总体说来，维特根斯坦的后期哲学否定了古希腊人和柏拉图创立的那种“某物隐藏”的搞哲学方式。因为维特根斯坦敏锐地发现，那隐藏着的理念世界是找不到的，有的只是现实中有缺陷的事物。哲学家建构出某个事物的理念，其实想要寻找事物背后的隐藏着的本质，而事物背后却没有本质。

有人说维特根斯坦是一个语言哲学家，所以我们可以从语言的角度出发，把这个问题说清楚。

让我们随便举一个词语为例，比如苏格拉底说的“勇敢”，我们在日常生活中会正确地使用这个词，比如我们会说“某个人在遇到某件事情的时候表现得很勇敢”，在使用这个词的时候，我们并不觉得有什么东西是隐藏着的，然而当我们不使用这个词，而去想“勇敢”本身到底是什么的时候，我们这时其实想要给这个词下一个本质的定义，其实就是想要去寻找隐藏在对这个词的使用背后的东西了，这就像“勇敢”的理念。然而，维特根斯坦发现：一是没有这个隐藏的东西，我们也能够很好地使用这个词；二是对勇敢这个词加以本质定义反而使得这个词的意思越来越不清晰，大伙要是不信，可以自己来试试。

有的人可能会说：“不对！我就要寻找词语背后的本质定义，就要对一些词进行定义，比如‘石板’，‘石板’这个词的定义就是一块石板！”这时他可能还拿了一块石板给我们看。

然而，让我们想象一下“石板”这个词的如下使用场景：师傅用一些建筑石料来建造一座房子，有块石、柱石、石板、横梁。徒弟按照师傅需要的顺序将这些石料递给他。出于这个目的，他们使用一种由如下词语构成的语言：“块石”“柱石”“石板”“横梁”。师傅喊出这些词，徒弟把石头搬过来。

其实，一回到使用中，我们就会发现，“石板”这个词的意义并不是一块孤零零的石板，或者不仅仅是石板，而是要徒弟把石板搬过去，这一切都是清清楚楚的，词语的意义就在于它在使用中扮演的角色、要达到的目的，等等，我们没必要去追求那背后隐藏着的东西了。

有的人可能会提出反对意见，说：“你现在谈的是词语，而不是现实中的某物，柏拉图说的理念可是某种东西（比如圆）的理念。”

但是，一方面，倘若没有词语我们根本就无法谈论“圆的理念”，另一方面，所谓的圆的理念，无非就是圆的本质，是所有经验中圆背后的东西，而圆的本质无非就是“圆”这个词语的本质定义，然而，按照前面的说法，重要的并不是用下一个定义的方式来一劳永逸地确定一个词的意义，而是去使用这个词。在清楚明白的使用背后，没有什么更为深刻的“意义”隐藏在其后了。

这就是维特根斯坦对柏拉图哲学的驳斥，同时也是对西方哲学中追求本质和“隐藏之物”做法的消解。

冯友兰先生认为哲学的任务就是使人成为人，而不是某种东西，并将人可能有的境界分为自然境界、功利境界、道德境界、天地境界。从境界说来看，哲学的意义就在于使我们不断摆脱低层次的境界和追求，不断向更高层次的境界和追求靠近，也许这种境界我们终其一生也达不到，但哲学的意义就在于让我们意识到有这种境界，并将其当作我们的追求。它就像一场没有目的地的旅行，带给我们不一样的看风景的心情，告诉我们看世界、想问题的不同路径。作为一种内在于我们生活之中的东西，哲学总是会潜移默化地影响我们的成长，给予我们心灵的慰藉。

今天有幸聆听楼巍老师的哲学史讲座，讲座由柏拉图所生活的古希腊城邦开始，结合他们的生平背景，对希腊哲学的中心思想和有意思的启蒙进行了介绍；讲座的后半节以维特根斯坦的学说为代表，介绍了哲学世界另一方面的学说体系，使同学们建立起一个立体而丰富的认识，为我们走近哲学打开了一扇窗。

——家琪

张惟捷

台湾花莲人，辅仁大学中文博士，1978年生，曾任中研院历史语言研究所博士后研究员，现任厦门大学中文系副教授。主要研究领域在中国古文字、甲骨文与殷商史两方面，也旁涉周易、三代文化与人群变迁等议题。

发表论文二十余篇，曾刊载于《历史研究》《史语所集刊》等顶级刊物，著有《殷墟YH127坑宾组甲骨新研》（台湾：万卷楼出版）一书。

认识中国

——从甲骨文看商代国王的充实一天[①]

人类社会历史的早期，经历过一段漫长的母系氏族社会时期，就权力分配而言，女性占主导地位；随着社会的发展，生产方式的变革带来经济地位的巨大转变，在此之下，私有制的兴起不仅导致阶级社会的形成，同时也形成了女性对男性很大程度上的人身依附关系，由此也使得权力的天平向男性群体倾斜，人类社会进入父权制时代。一个家族基本上都是由一位男性族长统领，自夏、商、周三代开始之前就是如此。这种由私有制产生的阶级社会

① 2015年11月22日张惟捷博士应邀到我校高中部开设此专题讲座。

和父权制，是早期国家形成的重要基础。当然，中华民族早期的发展路径也是如此。

中华民族起源很早，创造出了源远流长、辉煌灿烂的历史文化。我们的民族文化可以追溯到3300年前的商王朝[①]（这里不是指中华文化的起源，而是一种相当成熟的早期国家阶级社会的文化）。安阳殷墟出土了大量的龟甲和兽骨，上面刻有商王朝时期所使用的文字——甲骨文。甲骨上刻有很多卜辞，从这些卜辞中我们能窥见中华民族早期历史文化之一斑。

三代时期是中华文化形成的关键时期，尤其是商周时期。当时的商民族已然形成自己独特的文化，尽管比起继之而起的西周王朝的礼乐文化来说略显血腥与恐怖。当时与商王国并存的有众多方国，有敌亦有友。商王国联合其他方国应对另一些敌对方国的入侵，或者去征讨另外一些敌对方国或方国联盟。而商王则不仅是本国内部的最高统治者，同时还是这一支方国联盟的政治、军事最高统帅。商代统治者都非常迷信，常常利用甲骨对战争、一旬之内是否有灾祸等进行占卜，也会卜问农作物收成的好坏，甚至连生育、疾病、做梦等事情都要占卜吉凶。

当然，卜辞中记载的还有商王做的其他事情，比如田猎、巡视农田等，总之很是丰富。在这里，我们结合甲骨卜辞，将商王所经历的众多事情以其一天中的生活的形式进行展示，以凸显3000多年前的商民族文化和最高统治者的多彩生活，大家可以从中领略中华文化的辉煌灿烂与源远流长。

一、甲骨与甲骨文简介

1899年，据说国子监祭酒王懿荣有次看见一味中药叫龙骨，上面刻着字，觉得奇怪。于是他把所有的龙骨都买了下来，发现每片上都有相似的图案。经过研究他确信这是一种殷商文字。后来，人们找到了龙骨出土的地方——河南安阳小屯村，那里又出土了一大批龙骨。因为这些龙骨主要是龟类兽类的甲骨，是以人将它们命名为“甲骨文”。

在数千年的历史长河中，甲骨在洹水河岸边的农民耕地时不断被翻出地表，而人们却并没有认识到它的价值所在，将其误认为中药中的“龙骨”，价格以分文为单位论斤贱卖给药铺。上面有刻画的“龙骨”价格更低，人们

① 史学界一般认为，中华民族历史上第一个早期奴隶制社会国家是夏王朝。然而目前考古资料还未发现夏王朝确实存在的证据，尤其是文字证据。

便把其上的刻画刮去；而小片的碎甲骨很多都用来填埋枯井与坑穴。更有甚者，在甲骨文发现后甲骨的身价都涨，出于利益的驱动，很多人前往殷墟大肆盗掘，毁坏了很多甲骨坑位与地层信息，给学者们进行古史研究带来极大损失。

在甲骨文发现近 30 年后，事情才有了转机。1928 年 10 月中研院史语所成立，自此开始长达十年的十五次科学发掘，正是这十五次的发掘，为甲骨学的形成与发展奠定了基础。

甲骨文是商代晚期的文字，距今已有 3000 多年，主要的内容都是商王与贵族们的占卜记录。商代统治者非常迷信，他们认为每一件事情的顺利与否都受到神灵与祖先的控制。在商王看来，其祖先与神灵一样，是一种能使商王生病与否，甚至是掌控己方在战争中胜败的超自然存在，具有作威作福的巨大威力。因此，在日常生活中，商王便要时时对祖先进行祭祀，以求得到祖先的庇佑，对祭祀事项进行占卜。商王还会占卜其他事情，如十天之内会不会有灾祸，农作物是不是有好收成，打仗能不能胜利，以了解鬼神的意志和事情的吉凶祸福。

商王若想要占卜某件事情，他会命令史官进行贞问，用工具将龟甲或兽骨的背面挖出许多小洞，然后用炭火去灼烧那些洞，甲骨会受热裂开，他们就观察正面裂开的痕迹，来判断事情的吉凶成败。并且在事后将占卜的事情用小铜刀刻写在龟甲或兽骨上，这些文字，就是商代甲骨文。其卜辞形式通常是这样的：

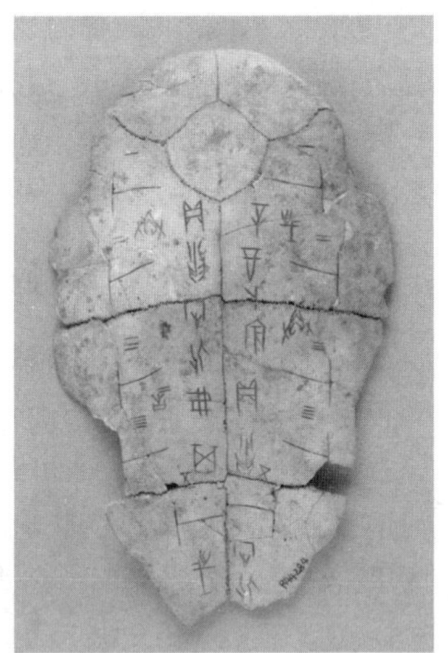

干支卜，某贞：…… 王占曰……

商人以干支的组合来记日，“某”的位置通常是贞人的名字，由他代王贞问；而“贞”字之后是具体所问的内容。重点在于“王占曰”，它表明了占卜最终结果吉凶祸福的解释权掌握在商王手中，体现了商王神权与王权统一的权威。

二、商王的一天

商王从早晨直到晚上的生活内容很丰富，多姿多彩，我们从甲骨文中看看吧。

（一）上午篇

一日之计在于晨，商王住在王宫中，里头也有寝室，我们现在学校里也有宿舍，寝室，那么哪一个字是“寝”呢？它是什么东西的象形？

甲骨文中有字。此字就是“彗”，本义是扫把，到现在我们称“彗星”还为“扫把星”。扫帚是由一种叫“王彗”的植物捆扎而成的。而“扫帚”的“帚”在甲骨文中有其字作：、，左右无别。很明显，是王彗捆扎而成的扫帚。

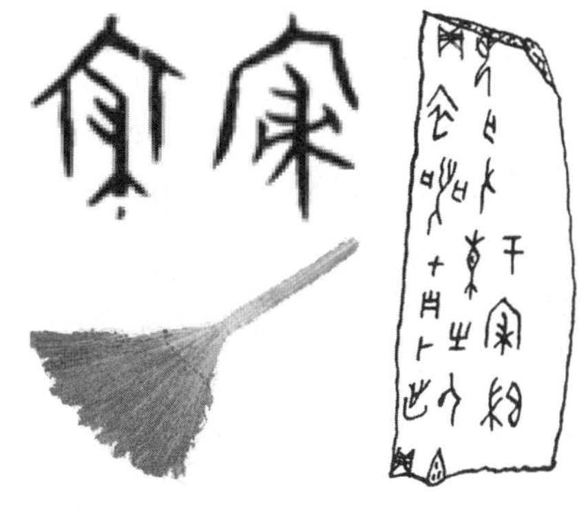

如此，“寝”字就很好理解了：字形作，上从“宀”表示房屋；下面是“帚”，其意寝为人起居之所，屋里有扫把要时时打扫。

在寝宫中，宫女为商王打了一脸盆的水，可以洗把脸，也能够透过器皿的水，看到自己的身影。所以，、是什么字呢？

此字是“监”，像人把头伸到皿之上，把盛水的器皿当镜子，来看鉴照自己的仪容。人的头部在此字中作“目”，很灵动地传达出此字表示的内涵。

商王洗完脸，该吃个饭吧，哪一个字与吃饭有关呢？

甲骨文中这三个字都与吃饭有关。先来看中间的字。先民造字时总能够很传神地表达出字所具有的意义内涵。此字像一个人在对“簋”所盛的香喷喷的饭“虎视眈眈”，这个字是“即”，表明他将要开动啦；而则表示面对面的两个人在大快朵颐，吃得很开心。此字就是“鄉”（飨）；则凸显了一个人面对面前的美食无动于衷，头转向了一边，刚好和“即”的意义

相对，是表示已经吃饱的“既”字。

吃完饭，商王打算出城去田猎。刚好，负责打猎事务的“犬官”派人来通知有动物出没。

此条卜辞中商王记载了犬官通知有种动物后，决定前去打猎。字很形象，是鹿的一种，但此字中的即是“眉”字，眉在此除了文字的构形之外，还兼具表音作用，使其与“鹿”字区别开来。此字就是“麋”。古人造字真的很巧妙。

兴致勃勃的商王，吩咐准备马车，要前去狩猎了。甲骨文中有、等字，这两个字明显是“车”，繁体字写作“車”，将甲骨文中的“车”字的双轮记号化了。

打了一阵子，收获颇丰，得到一堆猎物，有这么几种动物：、、、，其中除了第三种动物“虎”之外，其他动物捕获很多。

第四种动物是在甲骨文中很像图画，很形象是“鹿”。

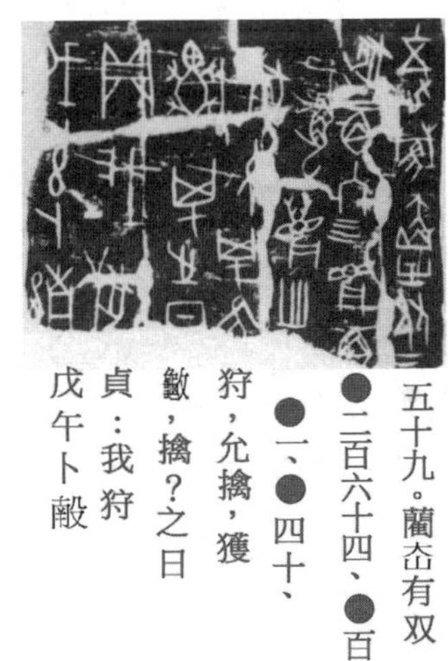

戊午卜㱿
貞：我狩
敏，擒？之日
狩，允擒，獲
●一、●四十、
●二百六十四、●百
五十九。藺㕛有双

第一种动物，在甲骨文中是个形声字，右边是“犬”，作为形符，表示其意义与犬有关；左边是“亡”，在此作声符，表示其音读。此字是“狐”。金文中作从“犬”，“瓜”声，包山楚简中则不从“犬”，而从“鼠”。

第二种动物明显是“鹿”的一种，但头上无角，是“麞”（獐）字。

由右图甲骨卜辞可以看出，商王田猎一回捕获一种动物就达数百之巨，其发动的人手规模似乎不会太小。

在殷虚卜辞中，有关商王田猎的卜辞占有一定比例。在其他田猎卜辞中，还会见到如下动物：

、；、；、；、；、

第一组两个字均是“鸡”，然而二者构形不同。第一个字是纯象形构成，“画成其物而随体诘屈”，具有明显的图画形特征；第二个字的构形在汉字发展历史中前进了一步。它利用形符与声符的结合构字，的右边是形旁，仍是表示“鸡”的意义，而左边是添加了声符“奚”，它已经是个形声字了。

繁体字“雞”就由此形发展而来。

第二组两个字，突出这种动物头部的长角，是“兕”字，是一种大型独角野水牛。“兕”在《山海经》《左传》等古籍中均有记载。

第三、四两组字，在传统“六书”中均属象形。分别是“马”和“象”，一望即知。

有趣的是最后一组字。在甲骨文中，这个字写作、等形，是个形声字。此字有象形构形作，像一种高冠美羽的长尾鸟；后来又在此字形上附加声符（凡），变成形声字。这种高冠美羽的长尾鸟就是“凤”（鳳），繁体构形仍是从“鸟”“凡”声。凤凰是神话传说中的神鸟，在我们今天看来，这个字很可能就是“孔雀”的象形。然而在卜辞中，它很少用作本义，而是常被借用为表示“刮风”的“风”或用作人名。

（二）下午篇

酣畅淋漓的早晨上午过去了，该用午餐了。在商代，人们极为喜爱喝酒，有各式各样的酒器。

爵：青铜饮酒器，有鋬有流，多有双柱，三高尖足。

壶：青铜盛酒器，此器的古文字构形几乎与器物本身一样，作、，而现代楷体汉字“壶”也几乎保留下来了这种器物的外观形状。

除此之外，商代青铜酒器还有“角”“觚”“斝”“觯”“卣”“盉”等，类型样式各异，此不赘言。

酒足饭饱，商王和贵族们又再前往狩猎，然而却发生了悲剧……

右图记载了狩猎过程中发生“车祸”的经过：壬午这天，商王狩猎，在追逐兕。就在这时，一位名叫“赞”的小臣，他的车子出了问题，马撞上了商王的车子，子央也从车上摔下来了。

这个记载很有趣。首先，从此条卜辞中“车”字的甲骨文字形看，就知道小臣赞和商王的两辆车发生了什么。小臣赞的车甲骨文作 ，很明显车轴断了；而商王的车在此作 ，车厢是上下颠倒的，就是翻车了。其次，当时记载这件事的史官非常称职，他十分了解“微言大义”：以一个“亦”字很巧妙地传达出商王与子央一样，从车上摔了下来的事实，但并不直言之。他以这样一种隐讳记载的方式可以算是为尊者讳的第一人了。最后就是关于“颠”字的考释。在这里字形作 ，从“人”（头朝下）从“阜”（台阶，一说是山丘）会意；此形有异体作 ，把头朝下的“人”换成头朝下在掉落的“子”。有人把这个字释为“坠”，意义貌似完全符合；但第二形有个加声符繁化的字形作 ，在第二形上添加声符口（丁）表音，由此可知此前释为“坠”并不妥，应释为“颠”，“颠”、“丁”二字古音极近，因此“颠”可以“丁”为声符。至此，此字的神秘面纱才彻底被揭开。

（三）晚上篇

这时天色已晚，跌落在地的商王看向天空，意外见到了彩虹，更增添了他内心的恐惧。在古代，彩虹的出现是一种不吉的象征，古人相信彩虹出现预示着旱灾即将到来。

虹自北飲于河

“虹”：甲骨文作 ，象巨口大张之双头蛇形，在古人的概念中，“虹”是一种两首龙形异兽，能下饮江河之水，古人认为“虹”的出现是天降的凶兆。

虹能饮水。“饮”字在甲骨文中作 ，像人舌头伸到“酉”（一种酒器）中，表示在饮酒。“饮”有个异体作“歙”，正是由甲骨文演变而来。从这个字中也可以看出商代人嗜酒的特点。

受伤回到皇宫，商王大怒，下令对倒霉的小臣以及检修马车的工人处刑。他正在挑选哪一种刑罚好……他能想到的有如下几种：

；；；；

第一种刑罚是“刖”，从字形就可看出，是用锯类的东西把人的小腿锯掉，这是非常残酷的刑罚；第二种刑罚很明显是“劓”，用刀割去人的鼻子；第三种是“圉”，是将人的手戴上手铐并关进监狱；第四种也比较残酷，从字形上看是用刀割去男性（或雄性动物）的生殖器，当是“椓”，是一种宫刑；第五种是“枭”，砍下人的头挂在木杆上以示众。

商代的刑罚真的令人毛骨悚然！

用完晚膳，商王心情好多了，召集了一群人要准备夜晚的活动。这些人有谁呢？

第一组是“女”（母）。像一个安坐的女子，温柔贤淑。甲骨文中，有用“女”表示“母”的内涵。其中第二形则是在“女”字形上加点以区别，显示出母性特征，分化出“母”字，遂成为“母”的专用字；第二字是以手抓住“女”子的头发，此字是“妻”。有种说法认为，在上古时期男子去抢别的部落女子为妻，是古代的“抢婚制”的字形遗存。像头上戴一种特殊物件（一说是刑具）的女子，其身份低微，当是一种女奴隶，此字是“妾”。是一种头戴类似于刑具的东西，手持畚箕做洒扫之类工作的人，是“仆”（僕）字。最后一个字，像人两手持条状物（一说是牦牛尾）在跳舞，此字是“無”，为“舞”的初文，表示跳舞，金文中被假借为“有無”的“無”，就在此字形上加双脚型作，用来表示跳舞的意思。

但正当宴会正要开始，皇宫中的长者提出警告，他们要求商王抬头看看天空。

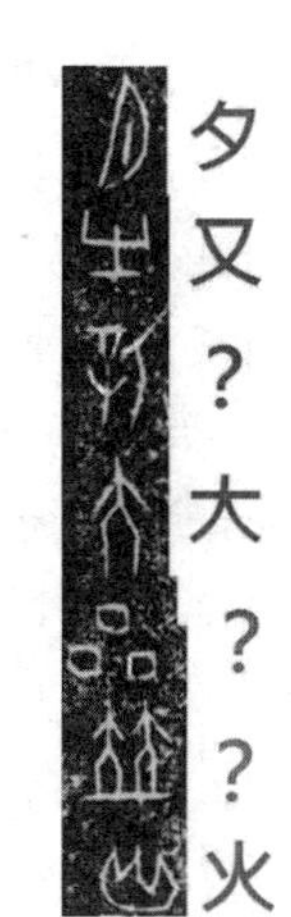

甲骨文有字作，像一个蓬头长发、拄着拐杖的老人，是“老”字。

商王抬头一看，惊讶地发现，在火宿星旁，出现了一个特殊的现象……这个征兆让商王不安，他决定进行祭祀，安抚老天。

，从“斤”从“辛”，“辛”亦声，本义是用斤坎木取柴。甲骨文中被假借表示新旧之“新”。

此二形是一字：“星”。第一形是象形字，第二形在前者的基础上添加声符“生”以表音。

“並”，像两人并排正立于地上之形，本义是并立。

商王非常注重祭祀祖先，名目也很多。甲骨文中有很多字都与祭祀相关。如：

祭：像手持滴血的生肉祭神。后一形加“示”强调祭神之义。

伐：像以“戈”砍去人的头。“伐”在卜辞中指砍去一些人的头以祭祀祖先，也指征伐。

经历一天的辛劳，让我们祝他一夜好梦吧，勤劳的商王。

梦：像牀形，表示牀（床）；则像人做梦时手、眉毛等有所动作，本义是做梦。

夜：从“夕”，“亦”声，“夕”既是形符，同时还是声符，表示夜晚；金文也有从“月”的。

结 语

甲骨文记载了部分从盘庚迁殷后的武丁时期开始至商纣亡国为止200余年的历史。若非甲骨文，我们很难想象3300年前的华夏族在赤县神州大地上有怎样际遇，创造并演绎着何种历史。我们同样难以想象的是，那个时期的贵族阶层，其日常生活竟然如此丰富多彩。我们更难以想象的是，那个时期先民们的文化是如此具有特色，又是如此的带有原始孑遗，竟达到骇人惊闻的地步。借助甲骨卜辞，我们才略能窥其一斑。而甲骨文也成为华夏族（汉民族）文字的源头，穿越数千年时空，绵延不绝，仍旧被处于同一片神州大地上的人们广泛地使用着。

一个民族的文化是这个民族对自身生存状况的深度思考，是其宝贵的历史记忆与精神财富，而与之相表里的文字更是民族文化的载体，诉说着先民们一路披荆斩棘、开疆拓土、不断繁衍生息发展壮大的历史故事。就汉字而言，从甲骨文、金文一路发展下来，直到今天的楷体，每一笔点画都是一个灵动的字之精魂，闪现着先民们智慧的光辉，折射出民族的历史故事与文化内涵。拨开历史的尘埃，我们可以看到，一个个庞大的帝国迅速崛起又骤然崩溃，一种种文化悄然兴盛，却又退出历史舞台，最终湮没在时间的长河中，永远消失。而中华文化却能从三皇五帝至殷周，而至秦汉，直至现在生生不息，显示出强大的生命活力，一个重要原因就是汉字的绵延不绝。每一次异族入侵都被汉字所具有的强大文化凝聚力、同化与融合能力所“规训”，一个政权的灭亡无损于一种文化的传承发展。正是这种汉字的韧性最终避免了中华民族文明与文化走向覆灭的结局。

感谢各位倾听，希望甲骨文能让大家领略中华文化的源远流长！

张博士采用的是“描述商朝国王一天生活”这种有趣的方式，深入浅出地为同学们讲述了几个历史小故事，教同学辨认了一些简单甲骨文，领略上古时代古文明的美丽与残酷。在自由提问环节，同学们纷纷举手，话筒在人群中飞快传递着，教授为同学们耐心解答。

讲座过后，同学们仍意犹未尽，围着张教授继续提问，要签名与联系方式，笔者随机采访了两位高一新生，他们的脸上还兴奋得有些微微发红：

“这次讲座真是使人受益匪浅，一下子对甲骨文产生了兴趣，以后都想学人文专业了。”

“中华的文化真是非常特别，在几千年传承中又不断推陈出新。”

——周诗璐

附访谈记录如下：（B 代笔者，Z 代张惟捷博士）

B：张教授，您好，听了您的讲座感触颇多，想问您一些问题。

Z：你好，谢谢。同学们的热情也是我没有想象到的，让我仿佛回到了学生时代。请问吧。

B：您为什么决心研究甲骨文？

Z：一个民族的自信来源于对自身文化的了解，这是文化基础，是民族的根基。如我一开始所说的，我想去还原真相，我带着好奇去解谜，随着内心的热衷以及对于古文化与民族的敬意。

B：您对文化传承的看法是什么？能对比中日文化传承的方式说一下吗？

Z：日本我们知道是天皇制，许多文化遗产是由家族传承的，在不变的信仰下文化受到的冲击不大。但中国历史上经历过多次改朝换代，在巨大的社会变革下，甚至有外族统治时期，但中华文化以她独特的包容传承至今。古埃及、古印度的文明如今已不复存，而中国文化的传承仰仗着人口基数与文化覆盖面难以被消灭。文化入侵与文化洗劫没有摧毁中国古文明，但日本不同，历史总是有偶然性的，日本有得天独厚的地理屏障。

B：您最喜欢的甲骨文字是什么？

Z：中国的“中”，甲骨文中的写法是这样——

甲骨文的“中”字中间是竖立的旗杆，风只能吹动旗子，旗杆屹立不倒。

B：您认为当代学生需要学习甲骨文吗？

Z：历史一定要了解的，毕竟是中国的文化。但是真的要学习一点的话，我的建议是大学应开设甲骨文的讲堂。

B：最后谈谈您对双十中学学生的感觉？

Z：学生素质很好，没想到大家都那么热情。最后提问环节同学们提出很多的问题，双十中学的同学们对中华文化这么感兴趣，让我非常振奋与欣慰。

甲骨文中的动物王国[①]

我们每天都在使用汉字，大多数时候都被我们当成一种交际的工具；但汉字有超越交际本身的价值，很多情况下我们日用而不自知。每一个汉字都有其“前世今生”的故事，如同一个个跃动的音乐符号，奏出令人惊叹的生命乐章。此次我们以甲骨文中的动物为例，一起来看看早期的“动物王国”是一种怎样的景象吧！

一、甲骨文简介

1899 年，据说国子监祭酒王懿荣有次看见一味中药叫龙骨，上面刻着字，觉得奇怪。经过研究他确信这是一种殷商文字。

后来，人们找到了龙骨出土的地方——河南安阳小屯村，那里又出土了一大批龙骨。因为这些主要是龟类兽类的甲骨，是以将它们命名为“甲骨文”。甲骨文是商代晚期的文字，距今已有 3000 多年，主要的内容都是商王与贵族们的占卜记录。

商代统治者非常迷信，例如十天之内会不会有灾祸，农作物是不是有好收成，打仗能不能胜利，以至于生育、疾病、做梦等等事情都要进行占卜，以了解鬼神的意志和事情的吉凶。

二、甲骨文中的“动物”

甲骨文是我国现代汉字的前身，现在日常使用书写的文字内容，有很大一部分早在远古就已经存在了。

例如各式各样的动物，飞禽走兽，昆虫水族，在甲骨文里头都见得到踪影。

通常，古人是透过“象形”这样的方式，来为眼中所看到的动物造字的。

① 2018 年 12 月 8 日张惟捷博士应邀到我校初中部开设此专题讲座。

比如：

这是利用极为象形的手段造的字，如果说前两种形体多多少少具有“文字”意味的话，那么第三种形体简直就是“牛”这种动物头部的简笔画了。

“羊”这个字也是如此，甲骨文中的“羊”作如下形体：

与“牛”字造字方式如出一辙。“鸟”字的造字方式也是如此：

与动物有关的甲骨文采用象形造字法，往往根据具体动物本身的不同特征而选取不同的视角。比如“牛”“羊”等字突出其头部，而造“鸟”字则选取其侧面的形象。

（一）文字的自然演变

甲骨文中虽然有很多字是利用象形造出的，然而很多时候，在象形之外，古人也使用“会意”“形声”的方式创造文字，表达较为复杂的意念。

以从“羊”之字为例：

第一字上从“羊”、下从正立的人形“大”，这个字是“美”，意为味道甘美。

第二字上从“羊”、下从“人”，是一种头戴羊角形饰物的族群。这个字是“羌”。“羌”字在甲骨文中，在脖颈部位处往往有表示绳索的“糸”会意，表示被绳索套住脖子的羌人。这是因为羌人在甲骨文时代是商王朝的敌人，每每抓获羌人，以绳索捆缚其颈，以防逃跑。这些羌人下场很悲惨，往往在祭祀时被用作祭品。

第三个字以三只羊集聚表示一种概念，不是表示羊群或者羊的数量很多，而是表示一种无法用象形表示的意念，这个字是“羴”（膻）。古人之所以用很多羊集聚一起的方式来表示无法直观用象形表示的羊膻味，也许是由于很多羊聚集其膻味更浓烈。

下面，让我们进一步，透过历史情境的方式，来认识各种动物甲骨文的独特风貌。

假设“穿越”回商代，你将会发现国王的日常休闲，以畋猎（去野外打猎）为最常见的活动。

面对野外变化难测的现场，贵族们必须准备好各式各样的工具与小伙伴，正所谓“工欲善其事，必先利其器”……

有一段甲骨文这么写道：居住在荒野负责打猎事务的官员，派人来通知有动物出没，适合畋猎！

犬：象形构造，第三形小篆已讹变，不如早期的甲骨文象形了。

“犬官”是以家族为单位，世代定居在某个田猎地，专门为王宫贵族服务的世袭族官。

听到消息，兴致勃勃的商王，吩咐准备马车，要前去狩猎了。

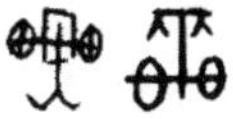

（车）

古代狩猎是用马车的。和狗一样，这种动物同样是古人最亲近的朋友……

这个字是“马”，由于甲骨文在甲骨上以竖向行笔，因此，对于像“马”这种形体较大的动物，往往刻作竖立的形状。

这个字右从“马”，左从“句”，是“驹”字。驹是一种小马。

（二）各种田猎方式

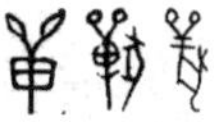

獸（狩）：“”即“單”（单）字，是一种狩猎工具，用来捕获野兽；而“犬”在狩猎活动中用来追寻野兽的踪迹，也占有极为重要的地位。在古代，“單”与“犬”是狩猎活动中不可或缺的两种工具。

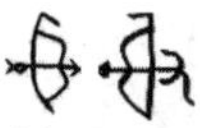

射：以“弓”“矢”（箭）相组合会意。

用弓箭射击动物这种狩猎方式远在3000多年前的甲骨卜辞中已见记载。

焚：字上从“林”下从“火”，会意；

第二形是“焚”的繁构，双手秉持火把焚烧树林之意跃然纸上。古代草木繁茂，野兽众多，古人焚烧草木山林以驱赶野兽，便于围猎。

除此之外，古人对付飞禽走兽，还采取掘坑以“陷”之或张网以“罗”之的狩猎方式。

陷：下象“坎”（陷阱）形，上为麋鹿，合体表意，指麋鹿陷于坑中，中间的小点一说为掉落的土。这是一种狩猎方式，掘坑以陷走兽。这个字颇为原始，其上的“麋”可以根据具体所陷的对象的不同而替换为表示其他动物的字，如可改为“鹿”。

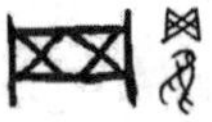

这也是一种捕猎方式，其针对的动物通常是飞禽类。第一字是“网”，象形；第二字在网下添加“隹”（短尾禽类）以会意，是“罗”（羅）字，指张网捕鸟雀等飞禽。“罗”字在甲骨文中就从网从隹会意，金文增从“糸”，为后世文字所沿袭，简化字保留网形，已失去其含义。

（三）猎物

挥汗狩猎了一整个白天，收获颇丰，得到一堆猎物，其中都有哪些动物呢？

虎：象形，突出老虎的血盆大口、尖牙利齿、花纹毛皮，这些是“虎”的典型特征。

这个字像以“戈”搏“虎”，是“暴虎冯河”的“暴”字。“暴虎冯河”出自《论语·述而》，“子曰：‘暴虎冯河，死而无悔者，吾不与也’。”暴虎冯河之“暴虎”并非指赤手空拳与老虎搏斗，而是执干戈来和老虎搏斗，以往对此解释有误。

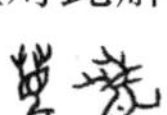

鹿：非常象形，一望便知。

有一种鹿属动物在甲骨文中作形。这是什么动物呢？

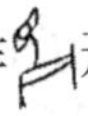

此类动物是“麞”（獐），头上无角，是鹿属动物的一种。

此字所指也是一种动物，字的构形为左从“亡”表音，古“亡”字可读 wú 音；右从“犬”表意，在甲骨文中是个形声字，此字是“狐”。需要注意的是，金文中此字作从“犬”，“瓜”声，包山楚简中则不从“犬”，而从“鼠”。

从“犬”之字还有。此字上从“自”，“自”在甲骨文中表示鼻子，是“鼻”的初文；下从“犬”，会意，原本表达狗灵敏的嗅觉，后来引申为臭味的意思。

满载而归的殷商贵族们，坐着马车，穿越草原，他们并不满足。沿路，见到了各色各样的珍禽异兽……

兕：这种动物头部有长角，是“兕”字，是一种大型野水牛。野水牛本有两角，此字作一向后的长角，乃是侧视之形。

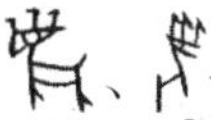

、一字，所指为同一种动物。要解读此字，必须弄清楚字。

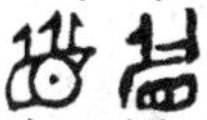

：从“目”上有毛，在眼睛上方所长之毛为人之眉毛，此是“眉”字。由于眉不好象形，就连带写出“目”字，以明其位置所在。由此也可见古人造字并非千篇一律，而是根据具体事物的不同特征，采用不同的造字方法。

清楚了眉字，第一字与第三字就迎刃而解了。第一字与鹿作形相差无几，明显是鹿的一种；上从“眉”表音，故此字是“麋”，眉、麋古音极近。

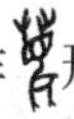

第三字上从眉，下从“女”，是“媚”字，今变上下结构为左右结构。

象：象形字，指大象。

在“象”前方添加一个表示手形的“右”，即成“爲”（为）字，表示役象以助劳。

此字上从“莫”（日暮之“暮”的本字）表音，下从“豸”，是“貘”字。貘是一种长鼻短尾善游泳的小型兽类。

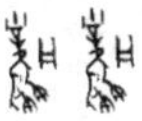

此字是个形声字。此字有象形构形作，像一种高冠美羽的长尾鸟；后来又在此字形上附加声符（凡），变成形声字。这种高冠美羽的长尾鸟就是“凤”（鳳），繁体构形仍是从“鸟”“凡”声。凤凰是神话传说中的神鸟，在我们今天看来，这个字很可能就是“孔雀”的象形。然而在卜辞中，它很少用作本义，而是常被借用为表示“刮风”的“风”或用作人名。简化字“风”、“凤”仍从“凡”，甲骨文形体中存在的声符凡，在简化字“风”中仍有保留。

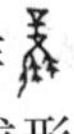

打猎十分愉快，归途的路上，贵族们甚至连河里的水族也不放过……

这两个字都是"鱼"字，十分象形。那么。可以推想，在"鱼"字上加上一条弯弯的线，其实就是"钓"字，其"钓鱼"之意非常明显。

此外，还有水中有多条"鱼"汇集到一起的一个字，作形，从"水"从"鱼"，这是会意字，"鱼"在此也具有表音功能，本义为"捕鱼"。

这两个字也十分象形，以手持网呈捕鱼状，其意义便是"网鱼"。

商王外出疲劳了一天，很快就进入了梦乡，直到第二天一早被某种动物吵醒……

这一组两个字均是"鸡"，然而二者构形不同。第一个字是纯象形构成，"画成其物而随体诘屈"，具有明显的图画形特征；第二个字的构形在汉字发展的历史中前进了一步。它利用形符与声符的结合构字，字的右边是形旁，仍是表示"鸡"的意义，而左边是添加了声符"奚"，它已经是个形声字了。繁体字"雞"就由此形发展而来。

这一组两个字均是"雀"字，会意兼形声字，商代甲骨文作从"小"、从"隹"，"小"亦声。表意偏旁"隹"像禽鸟之形，表示雀的本义与禽鸟有关。形旁兼声旁"小"像小沙粒或尘土状，表示雀的本义与小有关且表音。

这两个字同样十分象形，仿佛一只正在啄树的啄木鸟，惟妙惟肖。通过考察资料，我们可以认定这就是表示"啄木鸟"的字，但具体隶定为什么字，还尚待研究。

这一组字都是"雇"（顾）字，形声字。从"隹"，"户"声。户为门户之象，表音。这个字的形旁有一显著特点，即或作"鸟"，或作"隹"，作"鸟"者有长喙与爪，作"隹"者无。

所谓早起的鸟儿有虫吃……

这一组字皆是“虫”。象形字，甲骨文像头尖身长的爬行动物。

此外，还有另外一种动物在字形上与“虫”字很像，但却比虫要厉害凶猛许多。

这就是“蛇”。象形字，像蛇之形。有的甲骨文将圆的蛇头写成棱形的，有的带有花纹。甲骨文“蛇”与“虫”的字形特征正如这两种动物之间的差别，前者头扁而宽，身体粗圆；后者头大，而身体作一条线形。

此外，还有一种昆虫，对农作物产生很大的危害……

这是“龝”（秋）字，即“蝗虫”。从外形看，“龝”字的构型颇有意思，即蝗虫的侧视象形，有时会附加上表义偏旁“火”，有学者认为是强调蝗虫如野火燎原般的惊人破坏力。

商王决定不要再出外畋猎享乐，应该好好治理国政，他认为，如果能够停止蝗灾，上天一定会降下祥瑞，赞许他的勤奋爱民之心。

此字显然是个形声字，从“鹿”，表示此字所指动物为鹿的一种；“文”在此不表意，而是作声符表音。此字是“麐”（麟）。由于语音的发展演变，其声符由甲骨文中的“文”改为“粦”，声符改换已与实际语音相符合。“麟”在古代被认为是只有太平盛世才会出现的祥瑞之兽，是天降祥瑞。

最后，让我们共同期许商王真能够遇见他的“天降祥瑞”吧！

结　语

其实，甲骨文中的动物名称，只是甲骨文文字的一小部分，但是我们从中还是可以管窥到先人们在造字时的独具匠心，惊叹于原始初民观察事物之仔细。他们仰观天，俯视地，旁观鸟兽，近取身，远取物，进而创造出了表情达意的文字，并且注意文字字体间的协调，也注意整体行文的美观和谐。天地之中万事万物，譬如日月星辰，山川草木，各具特色；我们的先民所创造的每一个字都那么地别出心裁，使每一个汉字符号都与其所指内容的具体特征近乎完美地契合，灵动而富有诗意。

时间的长河湮没一切，拂去尘埃，我们发现有些汉字深埋在泥沙之下，永久消亡了；然而更多汉字最终抵御住了时光的雕刻、侵蚀与摧残，为我们所继承、使用，展现出极为坚韧的生命力量。当我们以现代的视角重新审视先民们所创造并使用的古汉字时，我们会发现每一个汉字都有一个古老的故事，都是一个灵动的生命符号；每一个汉字都折射出原始初民造字时天才般的想象力与创造力，闪现着先民们智慧的光辉。原始先民造字与其生产生活息息相关，为了表达思想，用于交际；而他们不会想到的是，汉字竟然能跨越数千年的时空，超越了它本身被用于交际的工具价值，而具有更高层次的审美与艺术价值，成为一种无价的瑰宝、永恒的财富。

每一个汉字都是有温度的符号，我们甚至可以用手触摸它，感受它的脉搏。每一个汉字都有其前世今生的精彩故事，需要我们用心去感悟、去理解。

感谢各位同学的拨空倾听。

希望透过以上的讲述，能让大家充分领略中国文字的魅力，体会中华文化的源远流长！

讲座伊始，张教授首先向同学们简单地科普了甲骨文以及它的历史，由此，我们能更好地理解接下来所讲的内容。商朝的人们还比较迷信，现有的甲骨文有很大一部分是他们的占卜记录，包括梦的占卜、战役占卜、婚育占卜等等。同时，甲骨文也记录着他们的日常生活。甲骨文的文字是很丰富的，而今天张教授要讲的主要是其中表示动物的文字。从简单的“牛”和“羊”开始，我们逐渐认识到了“鸟”“马”“虎”“象”“鹿”等一系列不同的表示动物的甲骨文文字，同时也了解了一些以表示动物的文字作为偏旁，表意或形声的文字，如“羌”“狩”。张教授以商王畋猎的情境故事来介绍各种甲骨文中的动物——我们知道，甲骨文中有许多象形文字，认识甲骨文中动物的过程就像是欣赏远古人们的“绘画作品”，笔画简洁却又传神，格外有趣。也有一些动物在现代却已难得一见，例如“貘”，我们也只能在甲骨文中发掘它的身影。

在讲座的过程中也不乏有趣的互动，像在一开始同学们误认的“虾”字，贯穿了整个讲座，每一提到“虾”台下就爆发出一阵笑声（甲骨文中尚未发现“虾”字，有的字长得却和它很像）。PPT 上每出现新的文字，同学们就兴奋地开始猜测，猜对难度较高的字的同学还能得到一份特别的小礼物。现场的气氛一片欢乐，大家都为甲骨文的独特魅力所吸引，对于辨认各种不同的动物文字热情高涨。讲座在笑声和掌声中结束，还邀请得到小礼物的几位同学上台进行总结，通过这些发言我们也深刻地体会到了解传统文化的重要性。汉字是我们每天都在使用的东西，而正是如此的司空见惯，才使得探寻它们本源的过程更加神秘有趣。一场讲座结束，似乎也是结束了一次与古人的“对话”，在这里，我们能够追溯汉字文化的根源，在古老遥远的时空中，了解到祖先的日常生活，感受到他们与今日的我们相同的喜怒哀乐。

——苏奕轩

张老师对动物的介绍从地上跑的，到天上飞的，最后到水里游的，而在这其中还包含着许多早已灭绝的动物。古人常通过“象形”“会意”“形声”来造字，例如“牛”和“羊”便是古人通过正面视角看牛和羊而创造的。在甲骨文中，很多的笔画都保留了动物或事物本身所含有的元素，“凤”的甲骨文就依然保留着凤的冠，以及它潇洒肆意的凤尾，再比如说“车”，“车”的甲骨文中车厢和车轮都是显而易见，而现代汉字的“车厢”早已变了形。但如今的我们，在识记古文、汉字时，往往都是记住了便是记住了，它里面所深深蕴含的意义及由来从未探究，有的时候只认识这个字，却不知单字所代表的意思，而往往甲骨文文字就能很好地诠释出这个字的本意，并且在读音上也可通过字形来拼读，可见甲骨文的源远流长，博大精深，汉字在它面前，或许都有些黯然失色。

都说中华文化上下五千年，这五千年间出现了许多奇妙而又魅力无穷的事物，甲骨文便在这个行列中。我很庆幸甲骨文在现世仍有许多好学的人在了解它、研究它，让这颗有着悠久历史的星星仍在坚强地散发着光彩。但是，这么优秀的传统文化却没有得到很好地传承，谈起甲骨文，都是一问三不知。在我们最近的政治课上，就多次提到了传承与发扬中华优秀传统文化和加强文化自信，甲骨文便是我们需要迈出的第一步。老师今天为我们上的这一课不单单是一页甲骨文的序言，更多的是在无形中教导我们要多了解传统文化背后的故事，当一名优秀传统文化的代言人，为它们发言。

——曾芷凝

文字，让人类文明得以流传，然而，文字也是这么地脆弱，文化的传承也是这么地艰难。几千年来，沧海桑田，多少战火纷飞，多少天灾人祸，摧毁了多少中华民族文化华丽的瑰宝。而今我们既已明白，就需要我们将中华文化好好地传承和发扬。对于学习汉字，我们不应该只是知其然而不知其所以然，而应该探寻汉字背后的秘密。那是打开中华文化大门的钥匙，是解读中华文化的密码，只有懂了汉字，我们才会真正懂得中华文化。

透过甲骨文，我们几乎可以构想出商代晚期国王贵族的生活画面。这个讲座是关于甲骨文中的动物的，也许只是甲骨文中的冰山一角，却也让我醍醐灌顶。古人的智慧通过字的象形、会意、形声的表达，让我们沉浸在这个奇妙的文字世界里。远古的一个个字，刻在兽骨上，如今被我们发现、研究，经历了几千年，我们赞叹中华文化源远流长，因为它是一脉相承的，贯穿着了几千年历史，今日的我们通过文字与古人心意相通。但是关于甲骨文，仍有很多谜未破解。所以，我们肩负着时代的使命，不仅是为未来，而且是为了发掘中华民族更多的文化宝藏。我们，坚守中华文化立场，坚定文化自信。我们，任重而道远。

——徐可薇

张教授这次讲座通过讲述在殷商时期一位王族的畋猎之旅，向我们展示了变化多样的甲骨文，我也领略了中华汉字从象形，到形声结合，到会意，再由图形变成线条，变得更有规律，其中还有一些文字的组成部分大小还发生了变化，之后再变为繁体字，最后变成简体字的过程。可以说汉字是全世界的文化瑰宝之一了，其悠久的发展史是其最有力的证据。再反观西方的英文字母，显然就没有汉字的韵味了，这也使我了解了为什么当时有人想把汉字简化成更简单的拼音时遭到反对。因为在猜字过程中，我们知道了这些字是怎么来的，它们可是祖先们一代代的想象力堆砌而成的一栋大厦。这是西方文字所不可替代，也不可抹杀的。

——吴嘉彬

杨 玲

女，1977 年生人，北京师范大学法学博士，厦门大学公共事务学院政治学副教授，辗转于历史、哲学、新闻出版、政治学之间，现主要研究方向为：文化产业管理与政策，中国政治思想与制度。发表论文 30 余篇，主持国家级课题 1 项，省部级课题 5 项，市级 8 项。已出版专著、参编 5 部。从塞北漠南之地，一路游学西安、北京、名古屋、厦门、墨尔本，深感在全球化的大势之下如何保存与坚持自己文化的迫切性，便发“传我文化、扬我国威”之志。惟愿天佑中华，文脉无疆。

《诗经》里的刀光剑影①

《诗经》是中国第一部诗歌总集，对文学史、思想史、政治影响深远。孔子曾经说过：“不学诗，无以言。”袁枚在《随园诗话》里也讲，“独绝千古”。那么《诗经》里讲了什么呢？

---

① 2014 年 5 月 11 日杨玲老师应邀到我校高中部开设此专题讲座。

一、《诗经》是本什么样的书

先秦时期，有《诗》或《诗三百》的说法，而并没有《诗经》这样的称呼。譬如，《论语》，子曰：“《诗》三百，一言以蔽之，曰：‘思无邪’。”（《为政》）；《墨子·公孟》：“今曰孔子博于《诗》、《书》，察于礼乐，详于万物，而曰可以为天子……诵《诗三百》，弦《诗三百》，歌《诗三百》，舞《诗三百》”；《庄子·天运》，孔子谓老聃曰：“丘治《诗》、《书》、《礼》、《乐》、《易》、《春秋》六经，自以为久矣，孰知其故矣。”

（一）《诗经》的篇数和命名

1. 篇数。《汉书·艺文志》里记载，“孔子纯取周诗，上采殷，下取鲁，凡三百五篇”。目前，《诗经》存目311篇，实际存诗则为305篇，其中《风》160篇；《大雅》31篇，《小雅》74篇；《颂》40篇。另有六篇所谓“笙诗”，有目而无辞，故不计。

2. 命名。《诗经》里的诗命名方式主要有6种。其一，以每首诗首句一个字、两个字或全句的，如《氓》《关雎》《子衿》《维天之命》等。其二，取诗中不相关的两个字的如《召旻》，首章称旻天，卒章称召公，故谓之《召旻》。其三，不从诗句中取字为名，另加篇名的，如《雨无正》《酌》。其四，以官名或时的内容为名，如《巷伯》《巧言》。其五，还有在篇名前加上“小”或者“大”字，以区别《小雅》和《大雅》。如《小旻》《小宛》《小明》等。其六，特别要注意的是有些重名的诗，如《王风》《郑风》《唐风》里皆有《扬之水》。

（二）诗经产生的地域

《诗》三百篇所在的地域是相当广阔的，东到山东，西至陕西、甘肃之间，南至江汉流域，北到河北、山西一带。约包括现在的山东、山西、河南、河北、陕西、安徽、湖北北部的长江流域。

（三）《诗经》的作者

《诗经》的作者主要有两种类型，一种是有名可考的，譬如：尹吉甫。《烝民》：“吉甫作诵，穆如清风。”还有大量的是不可考的，通常《风》的作者是农夫、兵士、渔父、樵子、劳妇、贱隶、思妇、役子等劳动人民；《大雅》

是贵族们的作品；《小雅》多是贵族文人和少数下层平民；《颂》就以贵族文士为主。

（四）《诗经》的内容

通常，《诗经》的“四始” 指《风》《大雅》《小雅》《颂》的四篇列首位的诗。“《关雎》为《风》之始，《鹿鸣》为《小雅》始，《文王》为《大雅》始，《清庙》为《颂》之始”。（司马迁《史记·孔子世家》）。“六义”，指的是“风”“雅”“颂”之外，再加上“赋”“比”“兴”。

具体而言，关于《风》的解释，历来纷繁歧异。现在大都认为，“风”即音乐曲调之意。所谓“国风”，即指当时诸侯国所辖各地域的乐曲，犹如今天的地方乐调。而对《雅》的解释就更多。比较一致的看法是：“雅”即“正”，又与“夏”通。周王畿一带原为夏人旧地，故周人时亦自称夏人。王畿乃政治，文化中心，其言称正声，亦称“雅言”，意为标准音，类乎今之“普通话”。《颂》是用于朝廷、宗庙的乐章，是祭神、祭祖时所用的歌舞曲。

二、诗经发生前后的世界图景

《诗经》主要记录了约公元前 11 世纪中叶到公元前 6 世纪中叶中国人的社会、生活、政治、文化、思想的全景。当时世界四大文明古国不约而同，前后产生一批伟大的文学诗歌作品。

表 1 《诗经》产生前后的世界强国

时间	世界历史	中国历史
公元前 12—公元前 11 世纪	埃及新王国	商王国
公元前 10 世纪	埃及新王国、古巴比伦王国	周王国
公元前 9—公元前 8 世纪	亚述帝国	周王国
公元前 7 世纪	新巴比伦王国	春秋诸国
公元前 6 世纪	波斯帝国	春秋诸国
公元前 5 世纪	希腊城邦、波斯帝国	战国诸国
公元前 4 世纪	亚历山大帝国	战国诸国

我们从表 1 可以看出来，《诗经》产生前后，也正是世界四大文明古

国兴盛的时期，这个时候还有印度的《梨俱吠陀本集》也产生了，这是印度现存最重要、最古老的诗集，也最有文学价值。出自古代两河流域的《吉尔伽美什》，是人类历史上的第一部史诗，早在四千多年前就已在苏美尔人（Sumerian）中流传，经过千百年的加工提炼，终于在古巴比伦王国时期，用文字形式固定下来，成为一部巨著。《荷马史诗》在民间口头创作的基础上，经过不断的补充和修改，最后由盲人荷马加工整理而成。

《诗经》的整个创作过程贯穿了中国的西周（公元前 11 世纪—公元前 770 年）、东周（春秋时期公元前 770—公元前 476、战国时期公元前 453—公元前 221），在这段时期登上历史舞台的春秋五霸：齐桓公姜小白、晋文公姬重耳、秦穆公嬴任好、楚庄王芈侣、吴王阖闾，齐、楚、燕、韩、赵、魏、秦战国七雄的故事在《诗经》里都有体现。在这段刀光剑影的大历史时间段，不管从青铜器、玉器、铁器、陶器等物质底层来看，还是在精神层面，都十分丰富，蕴涵并初步形成传统中国对自然、对社会的理解，这种理解上升到“礼”“法”的高度，规范着后来数千年中国人的行为与道德。

三、《诗经》里的商周社会

《诗经》以全景的方式，向我们描绘了当时的社会与生活。

（一）英雄先祖的创业记

天命神授，商周政权统治的合法性主要来自“上天”，那么在其族发源上一定有一段与众不同的神话故事，《诗经》非常清晰、准确地有所记录。

1. 殷族。《商颂・玄鸟》：“天命玄鸟，降而生商，宅殷土芒芒。古帝命武汤，正域彼四方。”讲的是殷族的简狄与别人外出洗澡时看到一枚玄鸟蛋，简狄吞下玄鸟蛋，怀孕生下了契，契就是商人的始祖。

2. 周族。《大雅》中的《生民》《公刘》《棉》《皇矣》《大明》等有记载周族的来源。“厥初生民，时维姜嫄。生民如何？克禋克祀，以弗无子。履帝武敏歆，攸介攸止，载震载夙。载生载育，时维后稷”（《大雅・生民之什・生民》）。有邰氏的女儿姜嫄，有一天到郊野去游玩，踩了巨人的脚印，而有孕生下“弃”，成为周人的祖先。《公刘》《棉》《皇矣》《大明》等篇详细记录了周人是怎样一步一步发展强大的。

由此可见，《诗经》很重要的一个功能，是要记录传承殷族、周族的祖先们的创业功绩。

（二）有关政治

1. 在思想上，《诗经》主要体现出“天命”与“重农”。“命”在《雅》《颂》中出现76次，30次指“天命”；“上帝”“帝”“后帝”“神”字，在《雅》《颂》中出现60次。“重农”体现在多次提到农具，如《良耜》篇；对“牛耕”的记录，“以其辟黑，与其黍稷，以享以祀”（《小雅·大田》）；治理农田，“我疆我理，南东其亩”（《小雅·信南山》）；还有，谷草轮种制，“緜緜系其庸（耕田锄草），载获济济”（《周颂·载芟》）。

2. 政治实录，主要记载当时发生的一些政治事件。如，《小雅·正月》：“今兹之正，胡然厉矣？燎之方扬，宁或灭之？赫赫宗周，褒姒灭之！”记录了周幽王为褒姒烽火戏诸侯而国灭的事件。

3. 社会阶层的分化。“普天之下，莫非王土；率土之滨，莫非王臣；大夫不均，我从事独贤”（《小雅·谷风之什·北山》），是在宣告当时的土地都归“王”所有。《魏风·伐檀》中提到的木工伐幅、伐轮的工艺，说明已经有分工思想，手工业者大量存在。《召南·羔羊》也反映了西周初期物物交换的商业活动情况，商业具备雏形。

4. 女性意识。《诗经》里的女性意识首先是“情爱意识”，有大量描写爱情的诗歌，如《邶风·静女》、《郑风·子衿》等等；其次是表现女性的“坚忍”，《召南·采蘩》及《召南·采苹》更详细描写了妇女在祭祀过程中的一系列活动。除此之外，田里的工作，妇女虽不是主力，但也是少不了的。最后，当时女性的叛逆也多有体现，譬如，《国风·行露》：“谁谓鼠无牙？何以穿我墉？谁谓女无家？何以速我讼，虽速我讼，亦不女从！”

四、在祀与戎的“戎”

“国之大事，在祀与戎”（《左传·成公十三年》）。春秋战国时期，诸国无不把“战争”当作一个国家最重要的事情，《诗经》的诸多诗篇可以为证。

（一）《诗经》里的两类性质的战争

1. 抵御或进袭（带有主动性的抵御或以攻为守）外夷。如描写抵御或进袭玁狁的《小雅·出车》《小雅·六月》《秦风·无衣》《小雅·采薇》等；反映与淮夷作战的《大雅·常武》《大雅·江汉》；表现进袭荆楚的《小雅·采芑》等。

2. 对内镇压叛乱。武王灭殷后，封商纣之子武庚于殷国，并令管叔、蔡叔、霍叔监视武庚。武王死后，周公当政，武庚、管、蔡及徐国、奄国相继背叛，周公率兵东征，经历了三年激战，最后平定了叛乱。《豳风·东山》《豳风·破斧》就是这一史实的艺术反映。

那么为什么《诗经》中的战争诗，多描绘军队的威仪和士气的昂扬而很少直接描述残酷的战斗场面呢？主要是因为，其一，当时盛行周公对“敬德保民”“明德慎罚”的思想；其二，孔子的“仁”，孟子的“民本”“仁政”“王道”有广泛的社会基础；其三，“威仪”是周代人外显为的“人格美”；其四，诗歌作者本身就是文武兼修 。

（二）《诗经》里战争的审美倾向

Orlando Patterson 曾经说过，“西方的‘自由’观念创造了民主、自由和经济繁荣，但‘自由’也是西方文化中扩张、侵略本质的根源，如奴隶制度就是‘自由’观念的产物”。古希腊民族所崇尚的“自由”就其历史实践的客观内容而言，包含着自己不受奴役，同时又极力去奴役他人两个方面的内容。这样他们“不打仗吃什么”的逻辑必然尚武。一个民族的尚武精神一旦进入艺术领域，必然转化为一种战争审美意识，古希腊民族尚“力”导致了对战争作无理性节制的纯粹审美观照，把战争审美推向极端。《伊利亚特》征服战争，大量血腥战争场景的描述：“两军终于接触了，盾牌、矛子和披甲战士们都冲突起来了，那些盾牌的肚脐互相碰撞，发出轰然的巨响。临死人的尖叫混合着毁灭他们的人的大言，地上流着血，譬如冬天里两条泛滥的山涧，从高处的大源泉出来，滚到一个深潭里去汇合，远处有个牧人站在山上听见它的轰隆声”（《伊里亚特》75 页）。

而汉民族因生存空间的幅员辽阔，虽偶有扩张性战争之举，然而极其有限。农耕社会追求安宁和谐的生活境界，生活的幸福、希望寄于土地上的收获，“以时而动”是其特点，这种生活秩序又被道德伦理所肯定。如果说战争对古希腊民族是“不打仗吃什么”的问题的话，那么对汉民族却正相反，“一直打仗吃什么”。战争掠夺对农耕民族产生不了诱惑，且从根本上与农耕生活的秩序相悖。

《诗经》里相当一部分战争诗篇的主题揭示了战争给人们带来的生活灾难和精神创伤。“陟彼岵兮，瞻望父兮”（《涉岵》），表达了出征的儿子对年迈老父牵肠挂肚的情感；“言念君子，载寝载兴，厌厌良人，秩秩德音”（《小戎》），这是形影相吊、空守孤房的少妇发自深闺的情思；“王事多难，岂不怀归，畏此简书”（《出车》），这是远征戍边的人对家乡故里的怀念和思归。尚德、反战意识，这一特征几乎贯穿了后来两千多年的征戎诗，在“乐府诗”、曹操、杜甫那里得到继承和发扬。

五、少年天子的庙堂智慧

《诗经·周颂·烈文》这首诗是在周成王亲政之后，诸侯协同祭祀，成王作给诸侯的。当时，三监之乱后，少年天子周成文刚刚平息了野心勃勃的叔父们的叛乱，又要面对文治武功极盛且有贤名的另一个叔父周公姬旦，他忧心忡忡也在情理之中，从疑惧到释怀是需要一个过程的。

《闵予小子》，传说这是成王幼年即位时所作的诗，“闵予小子，遭家不造，嬛嬛在疚……”也就是说：“上天啊，可怜可怜我这个小孩子吧，我幼年的时候就遭到失去父亲的不幸，凄凄惨惨孤苦伶仃……”何等痛苦哀凄，自怜自伤。对于周公，他并不亲近，他怕这个实在太过英明神武的叔叔。

《烈文》里“烈文辟公，锡兹祉福”。成王是在说：“你们这些诸侯公，你们来助我祭祀，上天会保佑你们。”——是啊，因为他是天子，他现在确信他才是有天命在身的天子。权力给了他这种自信，他再不是那个悲叹着“闵予小子”的小孩子了。

“惠我无疆，子孙保之”。他说：“你们要效忠我们周王室，直到永远，不只你们，你们的子子孙孙也都要这样。”——没错。他是“大宗”，是文王的长孙，武王的长子，他是周所有诸侯的宗主，他自信拥有对他们的绝对管辖权。难道不是么？就连他那英明的叔叔，曾经权倾天下的叔叔，此刻也匍匐在冠带俱全的他的面前。

“无封靡于尔邦，维王其崇之。念兹戎功，继序其皇之”，他说：“你们不要在封地作乱，要尊重先王所制定的规矩。你们要顾念祖先的戎马功劳，要像他们一样为我效劳。”——他的潜台词是在说，难道你们没看到作乱者的下场吗？你们的地位还能尊贵过“三监”？要是作乱，你们会给你们挣下基业的祖先脸上抹黑。

“无竞维人，四方其训之。不显维德，百辟其刑之”。他说：“你们要礼贤下士，好好治理封地，四方的人民都在看着你们，向你们学习；先王的恩德泽被到你们，你们要学习先王。”——“四方的人民都在看着你们”，他是在说：“王室在四方有许多耳目，都在监视着你们，不仅仅先王的恩德泽被到你们，我的统治也会加诸你们。”

“於乎！前王不忘。”最后，他说：“啊！我们不能忘了先王！”——这句话，显然是说给周公听的吧？“别忘了我们始终是一家人，别忘了我的爷爷文王，没有他就没有你和我，别忘了我的父亲武王，他将我托孤给你，看在他的面上，您，我的叔叔，可一定要效忠于我。”

这位少年天子也确实不负众望，他做得实在不坏，比他的父辈只强不弱，他继续周公的政策，大封诸侯，加强宗法统治；亲力亲为，倡导农业立国；规划了各项典章制度，奠定了周王朝的始基，开启了中国历史上第一个可称作“治世”的局面——“成康之治”。

六、宫廷里的爱情怎么能在剑影外

《国风·鄘风·载驰》：

载弛载驱，归唁卫侯。驱马悠悠，
言至于漕。大夫跋涉，我心则忧。

既不我嘉，不能旋反。视尔不臧，我思不远。
既不我嘉，不能旋济。视尔不臧，我思不閟。

陟彼阿丘，言采其蝱。女子善怀，
亦各有行。许人尤之，众稚且狂。

我行其野，芃芃其麦。控于大邦，谁因谁极！
大夫君子，无我有尤。百尔所思，不如我所之。

许穆夫人端庄婀娜，风姿卓绝，才情和美貌俱佳。嫁许穆公后，时刻怀念故乡，常登高以抒忧情，或采蝱以疗郁结，并借诗咏志，作《竹竿》《泉水》等诗传世。公元前660年，北狄侵卫，许穆夫人闻知卫国被亡的消息异常悲痛，她想让许穆公帮忙收复国土，但许穆公怕引火烧身，不敢出兵。许穆夫人气恨交加，她毅然决定亲自快马加鞭赶赴漕邑。许国的大臣纷纷去拦阻她、指责她。许穆夫人坚信自己的决定是无可指责的，她决不反悔，并写下了千古名篇《载驰》，表明了自己坚强的意志和归国的决心。许穆夫人回到卫国后，先卸下车上的物品救济难民，接着与卫国君臣商议复国之策。他们招来百姓四千余人，一边安家谋生，一边整军习武，进行训练。同时，许穆夫人还建议向齐国求援。齐国国君桓公感其爱国之情，遣公子无亏率兵救援卫国，帮助卫国打退了狄兵，收复了失地。从此，卫国出现了转机。两年后，卫国在楚丘重建都城，恢复了它在诸侯国中的地位，又延续了四百多年之久。她这一生，又岂是诗人和英雄而已？与公子无亏相爱，互相支持，但并不相互拥有，让人唏嘘。

七、谁是英雄

《诗经·大雅·生民》：

厥初生民，时维姜嫄。生民如何？克禋克祀，以弗无子。履帝武敏歆，攸介攸止，载震载夙。载生载育，时维后稷……

诞实匍匐，克岐克嶷，以就口食。蓺之荏菽，荏菽旆旆。禾役穟穟，麻麦幪幪，瓜瓞唪唪。

诞后稷之穑，有相之道。茀厥丰草，种之黄茂。实方实苞，实种实褎。实发实秀，实坚实好。实颖实栗，即有邰家室。

诞降嘉种，维秬维秠，维穈维芑。恒之秬秠，是获是亩。恒之穈芑，是任是负。

周人的女性祖先姜嫄，能祭神又祀天，祓除无子之灾难。她踩天帝脚趾印，或躺或坐神情变，乃感妊娠乃戒严，生养一儿男，他就是后稷周祖先。姜嫄怀胎十月满，头生顺利如射箭。母体不裂也不割，没有灾来没有难。姜嫄将此告灵巫，巫说上帝很不满，责你没有祀神天，居然生下小儿男。姜嫄数次丢弃稷，被各种动物所养育，后稷刚刚会爬时，便能懂得识事体；要求吃食自己办，种植大豆来当饭。大豆长得茂腾腾，谷穗长得沉甸甸；芝麻麦子密丛丛，大瓜小瓜一片片。后稷种地种得好，他有妙法来助苗；神赐后稷嘉种子，有秬籽来有秠苗；有赤栗也有白栗，遍地秬籽和芑子。或用肩扛或背驮，归家向天来祭祀。

这首《生民》是《诗经》“大雅”中的一篇，它与《大明》《公刘》《绵》《皇矣》等诗一样，是反映周人发祥史的史诗。《生民》主要记叙了周始祖后稷的事迹，记载了周人作为一个农业民族走过的艰辛历程，描述了一位生而不凡、长而不俗的神异英雄，倾注了先民的理想、智慧和美德。

中国人对于带来杀伐的神，向来很漠然——甚至于，在中国人的神的系统里，根本就没有这样一个“战神”（如果“斗战胜佛”孙悟空不算的话）。我们甚至还可以说，中国人对威严的、高高在上的神天的崇拜远远赶不上对人的崇拜。神农、燧人、有巢、黄帝、尧舜禹都是由人而神，他们全都是为人们做过好事的人，先成了英雄，然后就成了神。“你对我有用，给我办事，我才信你”——其实这才是中国人绵延数千年的唯一信仰。

有人说，后稷是我国文学史上第一个英雄形象。也有人提出了异议——后稷所谓的英雄事迹无非就是教会了人民种地，这与我们通常意义上的“英雄”二字似乎相去甚远。

我们膜拜这片土，膜拜曾经有过的利用这片土为我们做了好事的人，把他们当作神一样来膜拜，所以，种地的后稷当然是我们膜拜的英雄——我们肇端于此，我们还将继续受惠于此，我们怎能不对此心存感激？

“我们的祖先，是个种地的英雄——他手执谷穗，从书册的缝隙里透出笑容来，凝视着我们；既然我们的土地在脚下岿然不动，那么他的谷穗就将继续传承下去，他也将继续含笑看着我们，直到尘归尘，土归土……”

同学感想

本场讲座以《诗经》为轴，从《诗经》中对于商周社会所反映的政治、历史及其影响这一角度切入，带领我们领略了一个不同于“文学角度”的别样《诗经》。

开场时，杨玲博士以“古代读书人的马列毛邓”为喻，诙谐地说明了《诗经》在古代科举中的重要地位，令在场同学捧腹。而后她简要介绍了与《诗经》成文处于同一时期的世界历史。她指导我们可以将联系的观点运用进历史的学习中，比如汉武帝时期卫、霍二将抗击匈奴迫使其西进在一定程度上也影响了安格鲁-撒克逊人向西迁移至欧洲大陆腹地的步伐，期间影响时间长达二三百年。杨玲博士颇有启发性的引导引发了同学们的思考。

杨玲博士还提到，《诗经》除了一开中国现实主义文学之先河外，也十分如实详细地反映了商周时期各阶层人的不同的物质与精神生活状态，是现代研究商周历史的一个重要史料。她着重谈到了春秋战国时期形成的“士的精神”：以战国四公子为代表的门客风尚，使士游离在各国政权外，与之维持“主客”的关系，从而保持士的独立思想，这与汉代以后的状况是截然不同的。此外，诗经中“颂”与“雅”的一些篇目也记录了殷族、周族先祖的英雄创业纪，以充满神话色彩的故事达到解释政权合法性的效用。

《左传》曰：“国之大事，在祀与戎。”其中的“戎”便是现在所称的“战争”。《诗经》中诸如《无衣》《破斧》这样的篇目也从士兵或是寻常百姓的视角记录了他们的战争。此时，杨博士向同学们提出一个问题——与西方艺术审美不同，为什么直至今日，在我们的各种艺术作品中也鲜少出现战争残酷场面的描写？她认为这与农耕文明的文化心理相关。战争导致的混乱与农耕的秩序相悖，长期的战乱将陷入“一直打仗吃什么”的困境，因而形成尚德、反战的传统。其间，在她谈到关于民族的区分与包容问题时，引发了在场同学的激烈讨论，因此她也就文化的认同阐述了她的见解。

——郑书馨

张祥熙

1978年出生，男，江西赣州人。本科就读于大连外国语学院，英语语言文学专业；硕士就读于广东外语外贸大学，国际法专业。博士就读于厦门大学南洋研究院国际关系专业。研究兴趣为国际关系理论、华侨华人与国际关系，并先后在国内各级刊物上发表论文十余篇。

驳“中国威胁论”

——从陈安教授《美国霸权版“中国威胁”谰言的前世与今生》说起[①]

陈安教授，虽年近90，仍笔耕不辍。本人与陈安教授就是结缘于其最新著作——《美国霸权版“中国威胁”谰言的前世与今生》。该书是教育部立项遴选和定向约稿的哲学社会科学研究优秀成果普及读物之一，由江苏人民出版社2015年出版。全书“高屋建瓴，紧扣甚嚣尘上的‘中国威胁论’这一重大问题，娴熟地运用跨学科的方法，探讨了‘中国威胁论’的来龙去脉，深刻理解其本源和本质，实现了由现实追溯历史，又由历史回归现实的研究，提出了许多新观点，为国家外交决策和对外交往提供了有益的参考”[②]。

① 2017年10月22日张祥熙博士应邀到我校高中部开设此专题讲座。

② 张祥熙．史学、政治学和法学视野里的“中国威胁论”[N]. 中华读书报，2016-08-31（10）.

那么，“中国威胁论”是什么？其来龙去脉为何？为什么“中国威胁论”是谰言？面对甚嚣尘上的“中国威胁论”，我们该怎么办？

一、“中国威胁论”是什么？

“中国威胁论”喧嚣迄今已逾一百四十年，其含义可概括为“中国随着经济的发展、实力的增强，将对其他国家的利益和国际秩序提出挑战，从而对亚太地区和世界的稳定构成威胁的各种观点、理论和思潮的总称”。简言之，即“中国的存在会对西方国家造成威胁”。这是西方国家惯以危言耸听和蛊惑人心的话语，来故意渲染、夸大、曲解中国各个方面的历史和现状，从而妄言中国会给西方带来种种威胁的伎俩。但我们需要清醒认识的是，“尽管这种罔顾事实的论调在实践中一再被证伪，但是基于西方中心主义的视角的强权政治依旧存在和维护西方话语霸权的需要，‘中国威胁论’并不会随着时间的流逝而消失。”①

二、“中国威胁论”的来龙去脉为何？

“中国威胁论”的根源可以追溯到19世纪西方炮制出来的“黄祸论”（Yellow Peril）。“黄祸论”是以肤色为标志的、针对亚洲众多弱小民族的蔑视之称和种族主义谬论。该理论宣扬黄种人对于白种人是威胁，白种人应当联合起来对付黄种人。

“黄祸论”得以广泛传播的原因在于那些早在1840年鸦片战争之前就到过中国的欧洲旅行家、传教士、殖民主义者的鼓吹。他们回到自己国家后对中国当时的社会、宗教、经济、政治、文化、人种等作了许多负面的丑化和抨击。他们将“蒙古人西征”称为“中世纪最大的黄祸”，并且别有用心地说中国这些黄皮肤、非基督教的异教徒们，一旦觉醒和再度强大，势必对欧美白种人带来新的祸害，即新“黄祸”。

“黄祸论”得以成体系主要是两个人的“功劳”：一是沙皇俄国时期的巴枯宁，他在1873年出版的《国家制度和无政府状态》一书中开始宣扬“黄祸论”。他在书中写到：“有些人估计中国有四亿人口，另一些人估计有近六亿居民，这些人口十分拥挤地居住在这个帝国境内，于是现在越来越多的

① 张祥熙．史学、政治学和法学视野里的“中国威胁论”[N]. 中华读书报，2016-08-31（10）.

人像阻挡不住的潮流，大批向外移民，有的去澳大利亚，有的横渡太平洋去加利福尼亚，最后，还有大批人可能向北方和西北方移动。那时会怎样呢？那时，从鞑靼海峡到乌拉尔山脉和里海的整个西伯利亚边区，转眼之间就不再是俄国的了。”“请想一想，……将来怎么能阻止大批中国人入侵呢？他们不仅会充斥整个西伯利亚，包括我们在中亚西亚的新领地，而且还会越过乌拉尔，直抵伏尔加河之滨！这简直就是不可避免地从东方威胁俄国的危险。”二是英国殖民主义者皮尔逊，他在1893年出版的《民族生活与民族性：一个预测》一书中又进一步发挥，使得“黄祸论”基本形成。

进入19世纪以后，全球经济已逐步发展到西方资本主义强国主导一切和加强对外扩张的历史阶段，而处在亚洲远东地区的中国，清王朝昏庸腐败，仍然全面坚持其封建主义体制和闭关自守政策，导致社会生产力发展严重滞后，国势日益衰落。在“弱肉强食”的历史法则下，中国成为西方资本主义强国争先恐后地觊觎、侵略、掠夺和瓜分的主要对象。

到了19世纪末，在西方殖民主义者大肆入侵中国之际，为了找到“侵华有理”的借口，西方殖民主义者又通过各种方式把“黄祸论”变成了“政治动员令”。这其中最为突出的是德国皇帝威廉二世[①]，他不但发动全国报刊大肆鼓噪新的“黄祸”即将来临，而且在1895年甚至亲自构思了一幅《黄祸图》草稿，让画家赫曼·克纳科弗斯画成油画，送给沆瀣一气的俄国沙皇，以互相打气、互相勉励。与此同时，又以此图为母本，制成版画，在德、俄两国大量印刷，广泛发行，轰动一时。这幅画居中手持剑的人物是基督教天使长圣米迦勒，他与画中其他手持武器者代表欧洲的基督教徒，而在悬崖对面右后方的佛像与龙代表东方，主要是指中国黄种人。画作宗旨是利用欧洲白种人的宗教偏见和种族歧视，号召所有的欧洲人在基督教天使长圣米迦勒的带领下，击败来自东方的佛与龙，保卫欧洲人的信仰与家园。在“黄祸论”的精神动员和舆论准备下，这位野心勃勃的德国皇帝在1898年以“巨野教案”为导火索，开始公开的、赤裸裸的军事侵华。1900年，又是以这位野心勃勃、贪得无厌的德国皇帝为首，组织臭名远扬的“八国联军”，对中国进行了规模空前的侵华战争，并迫使中国签订了丧权辱国的《辛丑条约》。

---

① 威廉二世是末代德意志皇帝和普鲁士国王，1888—1918年在位。此人一生野心勃勃，贪得无厌，既是1894年最初极力鼓吹“黄祸”论——“中国威胁”论的“始祖”，又是1900年为首纠合“八国联军”大规模侵略中国的罪魁祸首，更是发动第一次世界大战、致使数千万平民丧生的巨恶元凶，因而已被牢牢地钉在“历史的耻辱柱”上。

美国政府在列强侵华的“共同事业”中，不但不甘落后，而且“别出心裁”，颇有“创新”，提出了“门户开放、利益均沾”政策，倡议列强互换和分享侵华权益。不仅如此，在1900年“八国联军”发动规模空前的侵华战争中，美国也大量派兵，积极参与。第二次世界大战结束之后，在1946—1949年中国人民的解放战争中，美国更是直接插手，干涉中国内政，出钱、给武器，甚至派军队全面积极支持蒋介石反动政府，进攻中国解放区，极力阻挠中国人民的革命事业。

美国版“中国威胁论”的发展进程大致如下：第一，19世纪中后期，为开发加利福尼亚，美国矿山公司和铁路公司趁机从中国招募大量“廉价”的华工“苦力”用来修筑铁路和采矿。后来，随着美国加州经济开始一度衰败，失业白人增多，于是，美国白人把他们的不幸遭遇归咎于众多华人苦力，鼓吹新的“黄祸论”。在此类“黄祸论”的蛊惑和煽动下，19世纪60至70年代，加州及美国西部地区频频发生白种工人集体凌辱、打劫和屠戮华工的血腥事件，当地白人种族主义暴徒甚至公开武装攻打华人居住区。1882年，美国国会通过了《排华法案》，法案规定：美国长期严禁华人入境，严禁在美华人取得美国国籍，禁止华人在美拥有房产，禁止华人与白人通婚，禁止华人妻子儿女移民美国，禁止华人在政府就职，等等。

第二，中华人民共和国成立之初，美国又炒作“中国威胁论”，即所谓中国革命的胜利有可能在东南亚引起“多米诺骨牌效应”,从而对美国形成“红色威胁”。

第三，20世纪60年代中期，当时的新中国在两大超级大国敌视、封锁、围堵、遏制、侵害下，经过苦斗，总算站稳了脚跟；并且纯为自卫，初步掌握了核武器，从而打破了美国的核垄断。相应地，来自美国的“中国威胁论”再度大声鼓噪，甚嚣尘上。

第四，20世纪90年代初苏联解体以后，“时时刻刻都想在美国国境以外找到一个邪恶中心”的这些“古怪”美国人，急于寻找另一个新的“邪恶中心”来填补精神空虚，他们又终于如愿以偿地找到这样一个假想敌和无辜“替身”——正在逐步走上快速发展道路的中国。他们从意识形态、社会制度乃至文化特征的角度展开了对“中国威胁论”的具体论证。

第五，进入21世纪之后，“中国威胁论”又出现了许多新的变种，如“中国军事威胁论”“中国经济威胁论”“中国发展模式威胁论”“中国环境威胁论”“中国意识形态威胁论”“中国技术威胁论”“中国粮食消费威胁论”“中国移民威胁论”等等。

三、“中国威胁论”为什么是谰言？

首先，“中国威胁论”的推导前提，即“蒙古人西征带来威胁”本身就是错误的，故而无法推出必然结论。其推理式如下：

蒙古人是中国（黄色）人

蒙古人西征给西方带来了威胁（灾祸）

所以，中国会给西方带来威胁

前面我们已提到，“蒙古人西征”是发生在1219年至1260年间，而元朝的建立则是在1271年。因此，在中国中原存续98年时间（1271—1368）的元朝从未派兵入侵欧洲。至今颇为流行、以讹传讹，含糊笼统地说“中国元朝派大军侵入欧洲造成黄祸”是不符合历史真实的，而据此推导出“中国威胁论”更是无稽之谈。对此，鲁迅先生曾撰文讽刺：“幼小时候，我知道中国在‘盘古氏开辟天地’之后，有三皇五帝……宋朝，元朝，明朝，‘我大清’。到二十岁，又听说‘我们’的成吉思汗征服欧洲，是‘我们’最阔气的时代。到二十五岁，才知道所谓这‘我们’最阔气的时代，其实是蒙古人征服了中国，我们做了奴才。直到今年（指1934年）八月里，因为要查一点故事，翻部蒙古史，这才明白蒙古人征服‘斡罗思’（俄罗斯），侵入匈、奥，还在服全中国之前，那时的成吉思还不是我们的汗，倒是俄人被奴的资格比我们老，应该他们（俄罗斯人）说‘我们的成吉思汗征服中国，是我们最阔气的时代’的。”①

其次，漫长的中国对外经济交往史表明，中国人通过长期的独立自主和平等互惠的对外经济文化交往，既对自身经济、社会和文化的进步起到了促进作用，也为全球经济文化的不断进步、共同繁荣和丰富多彩做出了重大的贡献。

中国的对外经济和文化交往，可以大体划分为三个阶段：第一阶段，古代中国时期，即奴隶社会后期和封建社会时期，约相当于公元前4、5世纪至公元1840年；第二阶段，半殖民地半封建中国时期，约相当于公元1840年至1949年；第三阶段，社会主义新中国时期，即公元1949年以后。

第一阶段，古代中国对外经济文化交往。春秋战国时期中国的丝绸就已

① 鲁迅．随便翻翻[M]// 鲁迅．鲁迅全集（第6卷）．北京：人民文学出版社，2005: 142.

开始辗转远销希腊等地。爱琴海与南中国海之间，已经开始有海商活动。秦帝国建立后，中国与朝鲜半岛和印度经济贸易往来相当密切。中国的丝绸、漆器、铁器很早就跨越国境输往这些地区，而当地的土特产则源源输入中国。汉朝张骞、班超先后出使沟通西域，开拓了历史上著名的国际商道——“丝绸之路”。后来此路不断西延，对于促进中国与中亚、西亚、南亚、欧洲、非洲许多国家的经济文化交流，起了重大的历史作用。三国、魏、晋、南北朝时期中国出现了长期的分裂和战乱局面，北方陆路的对外经济交往受到较大影响，南方海道则仍然畅通，海上贸易有了新的重大发展，商船远及今日南太平洋以及印度洋之间的爪哇、苏门答腊、斯里兰卡等地。隋唐时期对外经济文化交往空前兴旺发达。除了不断拓展和延伸陆上国际商道、扩大通商地域范围外，着重发展了海上贸易。广州、交州、潮州、泉州、明州（今浙江宁波）、楚州（今江苏淮安），都辟为外贸海港，远洋航船东通日本，南抵南洋诸国，西达波斯湾阿拉伯诸国。宋朝时期，北部政局不稳，陆上国际商道常因战争中断，政府侧重于在南方发展海上国际贸易。尤其是宋室南渡以后，失去半壁江山，故更加锐意发展海舶贸易，作为当时御敌图存的重要经济支柱之一。元朝时期，中国北部疆土辽阔，陆上国际商道畅通无阻，海上贸易也有新的发展。由于采取了低税、招徕、保护和奖励等一系列措施，外商纷至沓来，除唐宋以来的传统客商——阿拉伯商人外，还有远自欧洲和北非的商人前来从事贸易。明代初期，对于唐、宋、元三个朝代700多年来行之有效、经济效益显著的对外经贸体制及有关措施，多沿袭师承，而又有重大发展。各国商船竞相来华，国际贸易大盛。不仅如此，公元1405—1433年间，明朝政府相继组织和派遣了规模浩大的远洋船队，由郑和率领，先后七次远航，抵达今日印尼、斯里兰卡、泰国、印度西岸、波斯湾和阿拉伯半岛诸国、东非索马里、肯尼亚等地，大大促进了当时中国与亚洲、非洲30多个国家之间的政治修好关系和经济贸易关系。

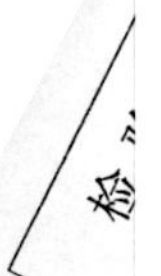

遗憾的是，明代中叶以后，封建统治者愚昧腐败，昏庸颟顸，竟因沿海倭寇为害而实行“海禁”，下令关闭口岸，停止对外贸易，实行“锁国”政策。到了清朝，统治者因害怕汉族人士在海外组织反清力量，卷土重来，遂变本加厉实行“海禁”，在长达三四十年的时间里，规定“寸板不许下海”和“片帆不准入港”，违者格杀勿论，使中国的对外经济交往更加衰落，一蹶不振，直到1840年鸦片战争的大炮才轰开“天朝帝国”的大门。

在古代中国长期的对外经济交往中，历代政府和百姓对来自异邦的客商，向来以礼相待，优遇有加，使其有利可图。中国传统的大宗出口商品是丝绸、漆器、瓷器、茶叶之类，进口的是中国所罕缺的各种异土方物，是以完全自愿、互通有无、文明交易的方式进行的。较之西方强国对外贸易史上盛行多年的商盗一体、杀人越货、猎奴贩奴之类的罪恶买卖，二者泾渭分明，迥然不同。

第二阶段，半殖民地半封建社会的对外经济文化交往。半殖民地半封建时期社会的国民经济命脉，完全操纵在殖民主义、帝国主义列强及其在华代理人手中。在这个时期里，由于中国的政治主权和经济主权受到严重破坏，中国的对外经济交往，无论在国际贸易、国际投资、国际金融、国际税收的哪一个方面，无论在国际生产、国际交换、国际分配的哪一个领域，中国都无法自由选择，无力控制管理。在对外经济交往中，往往处在非自愿、被强迫的地位，受制于人，听命于人，总是遭到不平等的屈辱，忍受不等价的交换和盘剥。这体现了当时盛行于国际社会的基本法理，即“弱肉强食”“强权即真理”。

第三阶段，社会主义新中国的对外经济文化交往。中华人民共和国的建立，使中国摆脱了帝国主义及其在华代理人的反动统治，摆脱了半殖民地的屈辱地位，成为政治上完全独立的社会主义主权国家。中国政府废除了帝国主义列强根据不平等条约在中国攫取的各种特权，收回了长期由帝国主义者越俎代庖的海关管理权，建立了完全独立自主的新海关。与此同时，在国内生产领域逐步建立了强大的、占主导地位的社会主义国有经济。在对外经济交往中，一贯遵循平等互利的原则，积极开展国际经济合作，充分尊重对方国家的利益，保护各国来华外商的合法权益。

细究这三个阶段的中国对外经济交往史，我们可以发现，中国古代有积极开展对外经济交往的优良历史传统，贯穿于古代中国对外经济交往中的法理内涵，是自发的、朴素的独立自主和平等互利原则。但是到了近代，即鸦片战争之后百余年间，半殖民地半封建社会的对外经济交往是在殖民主义和帝国主义列强高压、胁迫和操纵之下进行的，在这个历史阶段中，中国是举世公认的被威胁者、被侵略者，而包括美国在内的殖民主义、帝国主义列强，则是威胁者、侵略者。新中国成立之后，中国开始在新的基础上积极开展对外经济交往。但在这个历史阶段中，中国遭受两个超级大国为首的封锁、威胁和欺凌，中国依然是被威胁者、被侵害者，而包括美国在内的坚持殖民主义、帝国主义既得利益的列强，则仍然是毋庸置疑地充当着威胁者、加害者的角色。

四、面对甚嚣尘上的“中国威胁论”，我们该怎么办？

第一，认清“中国威胁论”及其本源的实质。140 多年来历代各色“黄祸论”的本质和核心，即是鼓吹“侵华有理”“排华有理”“反华有理”“遏华有理”；而鼓吹排华、反华和遏华，往往先导于和归宿于军事行动上的侵华！140 多年来的史实表明，各代“黄祸论”最惯用的伎俩是“贼喊捉贼”，威胁者自称“被威胁”，加害人伪装成“受害人”，这些都是严重歪曲历史，完全背离历史的史实。

第二，明了国际情势——美国将长期推行侵华反华政策。一部美国的历史就是一部不断侵略扩张的历史，未来亦是如此，只不过形式更为隐蔽，不再是赤裸裸的军事侵略；而且，美国一贯坚持“实用主义”哲学，其核心理念就是只管直接的效用、利益，不管是非对错。有用即是真理，无用即为谬误。

第三，不忘初心、继续前进。从 5000 多年文明史中走来的中国人民，继承了中华文化的优秀传统，又赋予这一文化新的时代内涵。当今中国奉行独立自主与平等互利的和平外交政策，不但是中国数千年优良历史传统的传承和发扬，而且是中国和平发展的主要原因之一。没有近三十年来相对安宁的国际和平环境，就不可能有中国的和平崛起。今后，中国依然会“坚定奉行独立自主的和平外交政策，尊重各国人民自主选择发展道路的权利，维护国际公平正义，反对把自己的意志强加于人，反对干涉别国内政，反对以强凌弱。中国决不会以牺牲别国利益为代价来发展自己，也决不放弃自己的正当权益，任何人不要幻想让中国吞下损害自身利益的苦果。中国奉行防御性的国防政策。中国发展不对任何国家构成威胁。中国无论发展到什么程度，永远不称霸，永远不搞扩张。”[①]

① 习近平．决胜全面建成小康社会，夺取新时代中国特色社会主义伟大胜利——在中国共产党第十九次全国代表大会上的报告 [M]. 北京：人民出版社，2017：59.

张博士的讲座就是讲述陈安教授这本普及社科读物，全书紧紧围绕以下四个问题展开论述：“中国威胁论”是什么？“中国威胁论”的来龙去脉为何？“中国威胁论”为何是谰言？面对甚嚣尘上的“中国威胁论”，我们该怎么办？从深远的历史渊源与当代国际关系两个角度介绍了“中国威胁论”形成的过程以及其荒唐之处，揭示了美国表面忧虑中国威胁实则推行霸权主义的实质。

在中国以矫健步伐踏着中国特色社会主义道路前进的同时，占世界大多数的资本主义国家不免对其发展之迅速心生忧虑。这根本上也是制度不同导致的猜疑与误解。然而，这样的思想却被别有用心之人极端化地宣扬开来，甚至引发了世界上对中国的恶意与恐惧。正在召开的十九大上，习近平总书记再一次强调了中国“永远不称霸”的宣言。这也体现了正在崛起中的中国和平的发展理念。我们也应清醒地意识到，在东方“王道”与西方“霸道”的碰撞中，高举和平旗帜的中国必将赢得世界的理解与支持。

面对美国宣扬的“中国威胁论”，我们在认识到其本质的同时，不妨将之理解为中国正在切切实实成为一个有力的大国，在国际关系上正占据着无法忽略的重要位置。

——李贝津

袁 媛

厦门大学管理学学士，经济学硕士，原厦门大学辩论队主力队员，多次代表厦门大学全国及区域性辩论赛，获最佳辩手称号。曾任华侨大学辩论队教练，带领华侨大学辩论队获第三、第四届全国侨资高校辩论赛冠军，2011年名辩盟国际大学生辩论赛公开大组冠军，2014年“捭阖杯”辩论赛东南赛区冠军等。

现为中华名辩盟理事，华语世界杯辩论赛评委，海博会两岸青年辩论赛首席评委。任教于华侨大学华文学院，长期从事辩论赛指导、表达艺术研究，在校开设《辩论思维与技巧》《阅读与表达》等课程，多次在厦门卫视《两岸开讲》及厦门市图书馆“市民讲堂”中开设表达艺术讲座。

表达就是影响力

——表达的艺术与策略[①]

沟通最大的问题在于，人们想当然地认为已经沟通了。

——萧伯纳

---

① 2015年5月10日袁媛老师应邀到我校高中部开设此专题讲座。

两个孩子得到一个橙子，他们便讨论如何来分这个橙子。两个人吵来吵去，最终达成一致意见，由一个孩子负责切橙子，另一个选。于是两个人高高兴兴地回家了。第一个孩子把半个橙子拿到家，把皮剥掉，把果肉放到果汁机上打汁喝；另一个孩子回到家，把果肉挖掉，留下皮晒干研磨，混在面粉里烤蛋糕吃。所以，他们俩只实现了基本的公平，却没有最大限度的获益。表达之所以重要，因为它涉及获取信息或是提供信息，对他人施加影响，以便他理解你的意思并按照你的愿望行事。在当今这个需要高度协作的信息社会，表达显得比任何时候都重要，表达就是一种影响力。

在我从事关于表达的培训中，经常会被学生或听众问到一个问题："您能不能推荐一本学习表达的书？我要效果最好的，最立竿见影的。"对于这个问题，我的答案很明确，没有。

这个问题的第一个错误就是，简单地、偷懒地相信，是某一本神奇的书改变了一个人的一生，或是造就了他的某种能力。而生活的真相是，改变或造就一个人的，至少是好几百本谈不上神奇但确实不错的书。"音乐诗人"李健谈及唱歌时说过："真正的唱歌应该是比修养、比意境，而不是说像奥运会那样，更高、更快、更强。"表达也是如此，是个人修养和内心态度的呈现。正如伟大的演说家林肯所言："演讲的目的不是只为体现演讲家的口才，更主要的是要让听众获得某些精神上的东西。"

这个问题的第二个错误就是，忽略了表达最为关键的要素——听众。任何有目的的表达，都是希望借助信息、情感的传递来影响听众，最终实现表达者的目标。"对于一艘盲目航行的船来说，所有方向的风都是逆风。"花时间考虑人们的需求是什么，以及如何满足他们的需求，时间、地点怎么安排，以什么形式满足他们的需求，小小的时间投入会给你带来巨大的回报。所以，表达者最先考虑的不应该是自己的诉求，而是建立起和你希望被你影响的人之间的联系。大家可以做这样一个试验：

> 春光明媚，您在公园散步，遇到一个盲人乞丐，他胸前挂着个牌子，写道"我是个瞎子"，请问，您会掏钱给他吗？绝大部分人的答案是"不"！
>
> 如果还是同样的场景，这个盲目的牌子上写道："春光明媚，但我却是个瞎子。"请问，您会掏钱给他吗？绝大部分人的答案是"会"！

为什么会有不同的效果，因为“我是瞎子”，传递的只是“我很可怜，我希望你帮助我”，但从旁人的角度而言，那是你的诉求，和我没有关系。而“春光明媚，但是我瞎子”，却提醒了每个可以看到春天的人“你是幸福的”。

所以，当你试图通过表达影响他人时，请您先问问自己“他为什么要听我讲？”这个答案越明确，你成功的可能性就越大。

我将恰当、有效的表达归纳为遵循以下五项原则：

一、易懂：谈话的内容简单易懂

“选择性注意”是你面对听众的第一个挑战，他们有着天然的过滤器，选择自己感兴趣听下去的点。所以，有效表达的第一步，是引起听众的注意，有效的信息传播应具有以下的特点：

1. 易得性，只有轻而易举地得到了信息，才有可能进一步了解。这就解释了人们为什么爱“听故事”而不是“听道理”。

2. 对比性，那些比较能刺激人的神经或比较突出的信息更容易引起人们的注意。

3. 利益与威胁，人们在乎信息带给自己的利益，以及可以危及自身的警告性信息。

二、有趣：内容充实，要让对方感兴趣

易中天先生在谈到演讲时，说道：“演讲最怕什么？最怕的是没人来，第二是怕来的人上厕所，第三是怕上厕所不回来，第四是怕来的人不鼓掌。”有效、亲和的表达，可以拉近你和听众的距离，演讲者不是高高在上的传道者，而应该是“接地气、说人话”的沟通者。

三、热情：脸上总是充满笑容，令人感觉愉快

对对方感兴趣，是表达的中心性品质。根据心理学的首因效应原则，即人与人第一次交往时所留下的印象，并在彼此头脑中占据着主导地位的效应，是对最先输入的信息的一种主观反应。受首因效应的影响，在日常沟通中，最开始的三分钟就能决定一次沟通的效果，并且最重要的是最初的45秒。所以，我在课堂中，也多次和学员强调热情、生动的自我介绍对于一次演讲是非常重要的一环。

四、倾听：对人诚恳，让人感觉到你的诚意

大多数人很难对别人产生影响力或是号召力，是由于他们总是忙着考虑自己，忙着谈论自己，忙着表现自己。但是请记住这样一个事实：你是否对谈话感兴趣并不重要，重要的是你的听众是否对谈话感兴趣。所以，你与人谈论时，要注意更多地谈论对方，并引导对方谈论他们自己。

为什么倾听在说服别人接受你的观点方面能起那么大的作用呢？很简单，作为讲授者，我们都希望别人能在意我们所说的，重视我们，认同我们所讲授的内容，而倾听则是赢得信任和尊重的行之有效的办法。你应该首先努力理解别人，细心倾听加上适当的提问和诚恳的赞扬，为劝说奠定了基础。相反，仓促的判断、频繁的打断则会产生令人生厌的效应。

五、得体：你的状态比语言更重要

将表达简单地理解为语言交流，是一个非常糟糕的认识。表达的背后是复杂的感觉系统和外界刺激之间的互动反应，它遵循的是“接受信息—心理反应—行为”这样一个不断循环的过程。语言除了有声语言表达外，还有辅助语言，就是态势语。态势语的研究是从 20 世纪 60 年代开始的，研究表示：一条信息如果传播出去，所有的效果中只有 38% 是有声的，7% 是语言（词），55% 的信号是无声的。这个对无声信息的研究，给我们一个提示，除了要注重有声语言的表达，更多地注重无声语言的表达，就像我们看见别人的表情常会说“我看见你就知道你要说什么”，这就是在用态势语传播信息。

有效的表达就是有效的心理刺激和心理唤醒，所有可刺激对方的事物，都是表达的要素。不仅是语言，还包括肢体动作、距离、气味等等。正如古罗马哲学家爱比克泰德所言“感觉好，一切都好”。

最后，我想说，真正有效、良好的表达，是人们知、情、意三方面的统一。知，即对客观世界的知识性与理性的追求；情，即情感，对事物的感受和评价；意，即意志，自我精神状态的表现。我们的祖先大约在 150 万年前就开始说话了（当然他们当时说的肯定不是今天的普通话），语言的发展经历了几百个世纪，但是今天，我们仍在想方设法使我们表达的更为清晰、语言更具感染力、观点更易得到别人的理解。所以，学习有关语言表达的知识，掌握表达技巧，让我们说话说得更好、更有感染力、号召力，对于我们的工作、生活是有着重要的意义的。

同学感想

讲座一开始，袁老师就先抛出了两个问题：请用一句话告诉大家“你是什么样的人”“简单描述一下你的语言风格。”

这两个看似再简单不过的自我介绍却难住了在场的大多数同学。

“我是一个阳光开朗的人。”

“我是一个有点热情的人。”

“我是双十人。”

同学们的回答令人哭笑不得。于是袁老师就从“如何用语言让别人清楚地认识你”入手，抛砖引玉，开始了她精彩的讲座。

一个半小时的讲座，受益匪浅，反响不凡。在这短短的时间里，袁媛老师教会同学们如何组织表达思路；如何选择适合自己的说话风格；以及如何有技巧地用语言控制突发状况。她标准的发音，把握得刚好的说话节奏，适度的停顿，恰到好处的小幽默，有针对性的小妙招，还有高频率的互动，无时不刻不在吸引着同学们，就像是一本移动的“好口才范本”。

——苏蓓妮

自

然

科

普

洪满贤

厦门大学生命科学学院教授，1936 年出生于福建惠安。1958 年北京大学生物学系毕业。毕业后，分配到北京市通州区农村中学，教生物学、化学和农业基础等课程。1979 年调到厦门大学生物学系，从事细胞生物学、细胞核分子生物学和肿瘤细胞分子生物学等教学与科研。1996 年退休。退休后应聘到厦门大学医学院，教医学细胞生物学课程至 2004 年。退休后热心科普教育，经常义务到学校为学生做生物方面科普讲座。

神奇的干细胞

——生命科学研究的新突破①

干细胞的研究在国际权威科学杂志《科学》公布的 1999 年世界 10 大科技进展中名列榜首，并于 2000 年再度入选世界十大科技进展。2003 年《科学》第三次将干细胞研究列入年度最值得关注的世界六大科技领域之首。美国《时代》周刊则将干细胞研究列为 20 世纪末世界十大科技成就之首，并认为胚胎干细胞和人类基因组将成为新世纪最具有发展和应用前景的领域。2007 年诺

① 2007 年 11 月 22 日洪满贤教授应邀到我校高中部开设此专题讲座。

贝尔生理学或医学奖则授予研究胚胎干细胞有突出贡献的科学家。

一、干细胞有哪些神奇的生物学特性

干细胞是一类具有无限或长期自我更新能力的细胞，能够产生至少一种类型的、高度分化的子代细胞。以骨髓干细胞为例，它可以产生骨髓干细胞，还可以产生红细胞、白细胞和血小板等多种分化的细胞。干细胞产生干细胞的能力叫做自我更新，干细胞产生分化细胞的能力叫做分化潜能。根据干细胞的来源，通常把干细胞分为胚胎干细胞和成体干细胞两大类。

胚胎干细胞是从早期胚胎细胞分离出来的干细胞。成体干细胞是由胚胎干细胞发育而来，存在于骨髓、神经、肌肉、表皮、肝脏、胰脏、肠、角膜、脂肪、脐带等成体组织、器官中的干细胞。

（一）胚胎干细胞的神奇特性

1. 具有高度自我更新的能力

胚胎干细胞可以长期产生胚胎干细胞。

2. 具有全能性

在一定条件下，胚胎干细胞可被诱导分化产生所有类型的细胞——心肌细胞、神经细胞、造血细胞、肝细胞等。

（二）成体干细胞的神奇特性

1. 具有自我更新的能力

例如，神经干细胞可以产生神经干细胞。

2. 单能干细胞

正常情况下只能分化产生其所在组织的细胞类型。例如，神经干细胞增殖分化形成神经细胞。

3. 细胞增殖能力很强

例如，骨髓间充质干细胞在 6 周内可以增殖 10^9 倍。

4. “横向分化”

成体干细胞的最神奇特性是在一定条件下，一种组织的成体干细胞可以被诱导分化为另一种组织的分化细胞。例如，造血干细胞可以被诱导分化为神经细胞、心肌细胞、骨骼肌细胞、肝细胞和胃肠道细胞等。

成体干细胞“横向分化”的分子机制一旦被研究清楚，就有希望利用病人自身健康组织的干细胞，诱导它分化成为替代病变组织的功能细胞来治疗各种疾病。这样既克服由于异体细胞移植而引起的免疫排斥，又避免胚胎干细胞来源不足及其他伦理问题。

二、展现人类疾病治疗的新希望

干细胞具有无限或较长期的自我更新能力，并且能够分化形成各种有功能的组织细胞，为疾病的临床治疗开创了一条充满希望的崭新途径。

（一）干细胞治疗恶性肿瘤

干细胞研究与应用开创了治疗恶性肿瘤的新思路和新途径。

1. 造血干细胞移植

造血干细胞移植是指在肿瘤患者经大剂量化疗和 / 或放疗预处理后，将正常造血干细胞输注移植到肿瘤患者体内，使其重建正常造血和免疫功能，以达到提高治疗效果的治疗方法。

例如，急性白血病在化疗后第一次完全缓解期进行造血干细胞移植，其 3 年无病生存率为 50%，而单纯化疗者仅为 18% ～ 27%。

2. 针对肿瘤干细胞的治疗有望根除恶性肿瘤

越来越多的实验研究证实肿瘤起源于肿瘤干细胞。肿瘤干细胞具有保持自身未分化状态的能力，并且可以产生普通肿瘤细胞形成肿块，还可以播种新的肿瘤。

目前临床上对恶性肿瘤的传统治疗是针对肿瘤中的大多数细胞，而不是针对肿瘤干细胞。肿瘤中的绝大多数细胞增殖分裂的能力有限，不是引起肿瘤发生的根源。针对这些细胞的治疗虽能使肿瘤缩减，病情得到缓解，但往往在一段时间后会复发。这可能是因为肿瘤干细胞与其他肿瘤细胞不同，对放疗或化疗药物不敏感。例如，白血病干细胞对阿糖胞苷有相对的抗性，而其他肿瘤细胞容易被阿糖胞苷杀死。

针对肿瘤干细胞的治疗，才能更有效地治愈甚至根治恶性肿瘤。

（二）干细胞治疗神经系统疾病

干细胞可能治疗由于各种原因造成神经细胞损伤、死亡的疾病。

1. 帕金森病

将猴胚胎的神经祖细胞在体外诱导成多巴胺能神经细胞后，注射移植到非洲猴帕金森病模型的脑黑质中，经过一段时间后，非洲猴运动障碍明显改善。

2. 阿尔茨海默病

将神经干细胞移植到阿尔茨海默病模型大鼠脑内，这些神经干细胞可存活 9 个月，并与大鼠脑细胞发生整合，分化为胆碱能神经元，大鼠的记忆障碍得到一定的改善。

3. 脊髓损伤

临床上曾成功地为一名因脊髓严重受伤而瘫痪在床的年轻男子进行干细胞移植。首先从患者自身的骨髓中提取干细胞，然后把干细胞移植入患者体内，这些干细胞有助于骨髓损伤部位的恢复和形成新的神经组织。

4. 脑外伤

有一位女病人，被锐器刺入脑内，双额叶及皮质严重受损，使上肢运动和手指精细定位发生明显障碍。医生从病人脑伤处取出破碎的脑组织，并在体外培养出神经干细胞，经增殖、分化后注射入病人脑内，使病人神经功能加快恢复，经训练后还能织毛衣。

（三）干细胞治疗心肌梗死

有一位心肌梗死病人从自己的骨髓分离出干细胞，然后将 10^7 个干细胞回输到梗死相关动脉中。移植后 10 周心肌梗死面积由 24.6% 减少到 15.7%，心脏功能得到明显改善。

（四）干细胞治疗糖尿病

从小鼠的胰腺导管分离出胰岛干细胞，在体外诱导分化为分泌胰岛素的 β 细胞，然后移植到糖尿病小鼠体内，这些糖尿病小鼠的血糖浓度得到良好的控制，而对照组小鼠死于糖尿病。

（五）干细胞在基因治疗中的应用

基因治疗在临床治疗中已取得可喜的成果，但也存在一些急待解决的问题。其中之一是，为了使目的基因能在患者体内永久或长期地表达，并且表达具有靶向性，必须选择一种合适的靶细胞。干细胞因为具有自我更新的能力，所以成为基因治疗的理想靶细胞。干细胞与基因治疗的结合将为多种人类遗传性疾病和难治疾病的治疗带来新的希望。

1. 神经干细胞基因治疗

临床上已将表达酪氨酸羟化酶基因和神经营养因子基因的神经干细胞移植给帕金森病人并初见成效。通过将神经营养因子基因和相关基因重组到神经干细胞的基因组，再移植到患者体内，将是根治老年神经系统疾病的可能途径之一。

2. 造血干细胞基因治疗

许多疾病通过造血干细胞基因治疗已取得良好的临床治疗效果。例如，重症联合免疫缺陷病（SCID）是由于腺苷脱氨酶（ADA）缺乏造成的。采用导入并表达 ADA 基因的造血干细胞移植已成功治愈患儿的重症联合免疫缺陷病。11 个月随访免疫功能恢复正常，6 年后外周血淋巴细胞中仍可检测到转移的 ADA 基因。

（六）干细胞在组织工程——组织缺损的修复和器官移植方面的新来源

干细胞可培育为人体的各种细胞、组织或器官，已成为组织缺损的修复和器官移植新来源。将干细胞作为种子细胞，直接种植到组织缺损部位，或者放置在可降解生物支架材料上培养，构建成有生命的组织或器官，然后移植到组织器官缺损部位，可以对组织缺损进行修复或器官替换。

1. 干细胞修补骨缺损

有一位女患者左胸壁复发韧带样纤维瘤，有 5 条肋骨受累，心肺功能差。在切除肿瘤后，用自体骨髓间充质干细胞诱导分化为成骨样细胞，与生物衍生骨支架材料联合培养，构建了 3 条组织工程肋骨，用来修复胸廓骨性支架，保护了心、肺。手术后随访 1 年，心肺功能正常，并能完全胜任农业劳动。

2. 干细胞治疗辐射烧伤

有一名因放射线照射、手部皮肤被严重破坏的病人，通过从自身提取骨髓干细胞，然后在实验室中把骨髓干细胞诱导分化为皮肤细胞并进行增生，最后移植到受伤的手。经过一个月的治疗，不仅受伤部位愈合，而且手部知觉完全恢复，受伤的手也可灵活动作。

3. 毛囊干细胞再生毛发

从毛囊分离干细胞，然后与皮肤细胞混合，再移植到免疫缺陷的实验鼠皮肤，毛囊干细胞不仅形成毛囊，而且还从这些毛囊生长出毛发来。

4. “迷你型”人肝脏和“微型心脏”

目前一些简单的组织，如皮肤、血管和角膜等已能够在实验室形成，并正在向产业化方向发展。复杂器官的研制也取得了突破，实验研究已用脐血干细胞培育出“迷你型”（2.5 cm^3）人肝脏和用胚胎干细胞培育出面积不足 1 cm^2 的搏动心脏组织。

三、揭示基因功能的新平台

人类基因组中，90% 的基因还不知道它们在人体内的确切生理功能。利用胚胎干细胞体外整合外源基因，研究基因功能，有可能绘制出人类基因在各种生理和病理过程中功能的立体图谱。

（一）利用胚胎干细胞体外整合外源基因，研究基因功能

胚胎干细胞与基因定位整合技术相结合，对于研究基因的表达与功能具有十分重要的意义。利用这项技术可以将一些在发育过程中特定的基因敲除，在动物体内进行基因功能缺失的研究，这对于揭示以前不能在体内研究的分子调控机理具有重要的作用。

（二）建立人类疾病的动物模型

根据基因同源重组的原理，将基因失活的 DNA 构建物插到胚胎干细胞基因组的特定位点，然后将这种特定基因失活的胚胎干细胞注射到宿主的胚泡中，发育成嵌合体，筛选出目的基因缺陷性纯合子个体，即基因敲除动物。通过基因敲除技术可以建立针对某一疾病的人类疾病动物模型。

例如，抑癌基因 P53 基因突变的患者可能发生软组织肉瘤、乳腺癌、脑瘤、骨瘤和白血病等。敲除抑癌基因 P53 的小鼠模型同样会发生各种恶性肿瘤。敲除抑癌基因 P53 的小鼠模型已被广泛应用于抑癌机制的研究。

四、探索胚胎发育秘密的新途径

生命有三大奥秘：生命起源、胚胎发育和大脑功能。生命最大的奥秘就是一个受精卵如何发育成为复杂的生物体。由于胚胎发育重要时期胚胎细胞之间的关系极为复杂，细胞的数量又非常少，又处在子宫内，很难对子宫内的胚胎发育过程进行直接的研究，使得对胚胎发育机理的探讨受到影响。人胚胎干细胞有助于在细胞和分子水平上研究胚胎发育过程的影响因素和调控机理。

（一）胚胎干细胞是研究人类胚胎发育的良好体外模型

胚胎干细胞类似早期胚胎细胞，具有发育的全能性。在一定条件下，胚胎干细胞可被诱导分化为各种细胞，也可与受体胚胎嵌合，生出包括生殖系在内的各种组织嵌合后代。胚胎干细胞的建系、体外扩增、定向诱导分化、调控机理、细胞性能、组织重建等方面的研究成为研究人类早期胚胎发生、细胞组织分化、基因表达调控等发育生物学基础研究的一个非常理想的模型系统和非常有用的工具。

（二）通过胚胎干细胞研究人类胚胎发育异常的分子机制

将人的胚胎干细胞用于研究人类胚胎在体内不易或不能分析的发育、分化和调节信号等事件，将丰富和改善人们对人类早期胚胎发育出现的先天缺陷和畸形胎儿、流产等的发生机制的认识。通过探索胚胎发育早期的染色体异常，可研究儿童肿瘤的发生机理。

例如，研究人员在小鼠胚胎发育中发现控制胚胎长出头部的基因。他们将这些基因从小鼠胚胎中敲除，并将敲除头部发育基因的1000多个小鼠胚胎移植入小鼠子宫中，最后生了4只“无头老鼠”。由于没有头部和呼吸系统，这些“无头老鼠”立即死去。

五、生产转基因动物

利用胚胎干细胞作为载体，将外源基因导入动物的生殖系统，生产转基因动物，已成为哺乳动物生殖工程的主要技术手段。

例如，把能治疗人血友病的凝血因子Ⅸ基因，导入胚胎细胞，通过核移植技术，已成功获得表达凝血因子Ⅸ转基因克隆羊。

由于干细胞的神奇特性，使得干细胞无论在揭示基因功能、探索胚胎发育等生命科学理论研究，还是人类疾病治疗、组织缺损修复和器官移植等临床医学实践以及转基因动物的培育等都具有非常广阔的迷人前景。

参考文献：

[1] 赵春华．干细胞原理、技术与临床［M］．北京：化学工业出版社，2006.
[2] 裴雪涛．干细胞生物学［M］．北京：科学出版社，2003.
[3] 章静波，宗书东，马文丽．干细胞［M］．北京：中国协和医科大学出版社，2003.
[4] 裴雪涛．干细胞技术［M］．北京：化学化工出版社，2002.
[5] 裴雪涛．干细胞实验指南［M］．北京：科学出版社，2006.
[6] 安 A. 基斯林，斯科特 C. 安德森，章静波等译．人胚胎干细胞—科学和治疗潜力概论［M］．北京：化学工业出版社，2005.
[7] 王亚平．造血干细胞生物学及其研究方法［M］．北京：科学出版社，2007.
[8] 徐如祥．神经干细胞［M］．北京：军事医学科学出版社，2006.
[9] 杨晓，黄培堂，黄翠芬．基因打靶技术［M］．北京：科学出版社，2003.
[10] 傅继梁．基因工程小鼠［M］．上海：上海科学技术出版社，2006.

迷人的细胞克隆①

世界权威科学杂志《自然》1997年刊登英国科学家的《来自胎儿和成年乳腺细胞的成活后代》论文，报道通过体细胞克隆技术培育出世界上第一只克隆羊“多莉”。从此“克隆”一词成了家喻户晓、妇孺皆知的词汇，并引发了世界级的克隆风暴：克隆小鼠、克隆牛、克隆猪、生殖性细胞克隆、治疗性细胞克隆滚滚而来。克隆浪潮冲击着世界科技界、政界、宗教界直至寻常百姓人家。

一、克隆羊“多莉”是怎样克隆的

从一只6岁的芬兰多赛特白脸母绵羊取乳腺上皮细胞，作为供体细胞提供细胞核；从一只苏格兰黑脸母绵羊的卵巢取卵母细胞，并将卵母细胞的细胞核去掉，作为受体细胞。将供体细胞注入受体细胞中。通过电脉冲刺激促使供体细胞的细胞核融入受体卵母细胞质形成融合细胞，即重构卵，电脉冲同时也激活重构卵。将已激活的重构卵植入另一只苏格兰黑脸母绵羊的结扎输卵管中培养。当重构卵发育到桑椹胚至囊胚时，将其取出并植入同期发情的第3只苏格兰黑脸母绵羊的子宫中，让胚胎发育成胎儿，最后诞生了一只芬兰多赛特纯白细毛羊——“多莉”。

“多莉”不是经过受精，而是通过体细胞克隆途径培育出来的。“多莉”和芬兰多赛特白脸母绵羊有完全相同的细胞核DNA遗传物质。

二、什么是细胞克隆

细胞克隆是指从一个细胞通过无性繁殖产生具有相同遗传性状的一个细胞群或个体。

---

① 2008年12月18日洪满贤教授应邀到我校高中部开设此专题讲座。

（一）体细胞克隆

产生“多莉”的技术称为体细胞克隆（又称体细胞核移植）技术。因为乳腺上皮细胞是一种已分化的体细胞，乳腺细胞核替代了受精的合子核，并由乳腺细胞核主导了胚胎发育。

体细胞克隆技术不需要雌雄交配，不需要精子和卵子的结合，只需从动物身上提取一个细胞，将其细胞核移植到去掉细胞核的卵母细胞再将其培养成胚胎，然后将胚胎植入雌性动物体内，就可孕育出新的个体。

（二）生殖性细胞克隆

以生殖个体为目的的细胞克隆被称为生殖性细胞克隆。

生殖性细胞克隆是将体细胞核移植到去核的卵母细胞，融合成重构卵，再将重构卵移植到子宫中发育，生出和细胞核供体的基因型一样的克隆个体。“多莉”就是通过生殖性克隆诞生的。

（三）治疗性细胞克隆

以治疗为目的的细胞克隆被称为治疗性细胞克隆。

治疗性细胞克隆是将患者的体细胞核移植到去核的卵母细胞，融合成重构卵，再将重构卵培育到囊胚期，然后从囊胚分离出胚胎干细胞并对其进行诱导分化，使其定向发育成可供移植的细胞、组织或器官，最后将这些与患者的基因型一样的细胞、组织或器官移植到患者体内。

三、体细胞为什么可以克隆

高度分化的体细胞之所以能发育成个体，是因为体细胞保留着全套基因组，卵母细胞质可对移植入卵母细胞的体细胞核的基因表达再重编程序。

（一）体细胞保留着全套基因组

体细胞，即便是已高度分化的体细胞，仍然保留着全套基因组。因此，在一定条件下，体细胞有可能发育成个体。

1. 植物细胞具有发育成完整个体的全能性

植物的根、茎、叶、花和果实等高度分化的体细胞都保持着发育成完整植株的能力。

例如，用胡萝卜的单个细胞可培育成能开花结实的植株。

2. 高等动物细胞的全能性

高等动物受精卵和 2 ～ 8 细胞期的卵裂球细胞具有全能性。但是，随着胚胎的发育，发育成个体的全能性逐渐丧失了。

受精后 5 ～ 6 天的人类胚胎，称为胚囊。囊胚的内细胞团可分离出具有多向分化潜能的胚胎干细胞。

（二）卵母细胞质可对移植入卵母细胞的细胞核的基因表达再重编程序

胚胎发育是基因群相继活化、有序表达的过程，这是一个高度程序化的过程。要使高度分化的体细胞重新发育成个体，首先要让它去分化回复到初始状态；其次，更重要的是要使它经受基因表达的再程序化。

在重构卵中，卵母细胞质的主要功能就是对植入的细胞核的基因表达程序进行重新编程。

四、生殖性细胞克隆成果惊人

生殖性细胞克隆已经在优良动、植物品种繁育和转基因动、植物的培育等取得惊人的成果。

（一）细胞克隆已经用来大量、快速繁殖名贵花卉和重要作物

例如，兰花分株繁殖每年只能分 1 ～ 2 株。若把兰花的茎尖进行细胞克隆培养，1 年内就可使长约 1 毫米的茎尖长出几百万株小苗。

（二）通过体细胞克隆已经产生了几十种克隆动物

1. 细胞克隆已经产生几十种克隆动物

自从“多莉”诞生以来，已相继克隆成功的动物有山羊、牛、猪、小鼠、猫、兔、骡、马、大鼠、狗、狼、水牛、骆驼等几十种。

美国夏威夷大学于 1997 年至 1998 年由小鼠卵丘细胞克隆出三代共 50 多只克隆鼠。

我国用牛胎儿皮肤体细胞克隆牛于 2001 年在山东莱阳农学院降生。

1981 年，中国科学院水生生物研究所用成年鲫鱼的肾脏细胞克隆出一条鱼，这比用成年体细胞克隆出的“多莉”早 15 年。

2. 克隆动物可自然繁殖

通过体细胞克隆培育的克隆动物可以自然繁育。

“多莉”于 1996 年 7 月诞生，1997 年底与威尔士山羊自然交配怀孕，于 1998 年 4 月生下一只雌性小羊羔“邦尼”。

（三）挽救濒危物种

濒危物种面临的主要危机是生殖能力低下。细胞克隆技术可以克服这一致命弱点，使其繁衍昌盛。

Wells 等 1998 年应用体细胞克隆成功克隆出新西兰仅有的一头珍稀牛。

中国科学院动物研究所 2007 年用普通山羊为受体细胞克隆出一只亚洲黄羊。

（四）“复活”死亡动物

日本神户的发育生物学研究中心克隆出世界首例低温冷冻 16 年的正常死亡雄性实验小鼠。克隆鼠已经长成成年鼠。

克隆技术有望使猛犸象和剑齿虎等灭绝动物“复活”。澳大利亚的一个研究小组已经着手研究克隆已灭绝的塔斯马尼亚虎。

（五）基因工程动物

体细胞克隆开辟了细胞通往个体的崭新途径，让科学家有可能在细胞水平而不是在个体水平上进行基因操作，即通过体细胞克隆产生转基因动物、基因打靶动物。

1. 体细胞克隆生产转基因动物

中国农业大学通过转基因技术培养出一头转人“CD20 抗体基因”的转基因奶牛。转基因奶牛的牛奶含有人 CD20 单克隆抗体，这是治疗 B 淋巴细胞瘤等恶性肿瘤的特效药物。

Schnieke 等 1997 年把能治疗人血友病的凝血因子Ⅸ基因，导入胚胎细胞，通过核移植技术，已成功获得表达凝血因子Ⅸ转基因克隆羊。

2. 体细胞克隆产生基因打靶动物

基因打靶与体细胞克隆技术相结合生产转基因动物，是在创建一个转基因动物之前，在细胞中将目标基因定点插入，避免转基因随机整合带来的位置效应，同时可剔除或替代干扰目的蛋白的分离或引起移植排斥的基因。

McCreath 等 2000 年成功地对绵羊胎儿成纤维细胞进行基因打靶，获得基因打靶克隆羊。基因打靶羊奶中的人 α－抗胰蛋白酶（AAT）含量比随机整合产生的转基因羊高 35 倍。

五、治疗性细胞克隆前景迷人

治疗性细胞克隆可给病人提供所需要的细胞、组织或器官，为细胞治疗、器官移植开辟全新的来源。

（一）治疗性细胞克隆为难治性疾病的治疗带来了新希望

通过治疗性细胞克隆，定向诱导分化出病人所需要的细胞，如造血细胞、胰腺细胞、神经细胞、心肌细胞等，可用这些细胞来治疗病人的白血病、糖尿病、帕金森病、老年痴呆、心肌病等。

例如，Ⅰ型糖尿病是由于体内自身免疫反应破坏了胰岛 β 细胞，β 细胞丧失了分泌胰岛素的功能而引起血糖升高为主的代谢紊乱。用Ⅰ型糖尿病患者的细胞制造出胚胎干细胞，可诱导胚胎干细胞分化为胰岛素分泌细胞，用于治疗患者的糖尿病。

（二）治疗性细胞克隆为组织器官移植开拓全新的途径

通过治疗性细胞克隆，将来很可能像修理汽车那样，一旦人体某一组织、器官病损，即可随意修理或更换。

有一位肺结核患者，左胸支气管受损。医生从一位捐赠者遗体切下一段气管；利用清洗剂和生物酶对这段气管进行“脱细胞”处理，捐赠者的细胞被全部清洗干净，只剩下可用作“支架”的结缔组织；然后将患者自身干细胞注入“支架”；培养后，患者的细胞成功地附着在“支架”上，制成“人造气管”；最后将患者坏死气管切除，移植上“新气管”，“人造气管”移植手术获得成功。

六、克隆人（人的生殖性细胞克隆）最受争议

羊、牛、猪、鼠等哺乳动物体细胞克隆相继成功，特别是成功克隆出猴胚胎和通过人的皮肤细胞诱导出多能性干细胞，提示着也可能用体细胞克隆技术来克隆人。

生殖性克隆人是以出生一个婴儿为目的，牵涉到人的胚胎、胎儿、妇女

和克隆人的健康和命运，因此引起了科技界、社会伦理学界、宗教界以及各国政府的高度关注，并引起了空前激烈的争论。

（一）赞成克隆人

赞成生殖性克隆人的人怀着各种不同的目的。

1. 为不能生育的人克隆孩子

最早计划克隆人的是哈佛大学的物理学博士希德，他在1998年初声称要做克隆人之父，要为不能生育的人克隆孩子。坚持要克隆人的是“克隆人三剑客”——意大利生育专家安蒂诺里、法国生物化学家布瓦瑟利耶和美国生育专家扎沃斯。

2. 为了科学研究

克隆人是生命科学，特别是生殖生物学的重大突破，克隆技术有助于了解体细胞核在卵母细胞中的核重建和重新编程以及人类胚胎发育的分子机理等重大分子生物学问题。

还有人设想造出若干个基因型相同的克隆人，然后让他们在不同的环境中生活，以研究遗传与环境的关系。

3. 为了优生，改善人类自身素质

有人认为，人类的基因自然进化过程是极其缓慢的，如果能够利用现代科学技术，例如把克隆技术和转基因技术结合起来，用以改进人类的基因，使生育出的后代身体更强壮、头脑更聪明岂不是更好。

（二）反对克隆人

绝大多数的科学家、社会伦理学家和宗教界人士都反对克隆人，各国政府纷纷立法禁止克隆人。2005年第59届联合国大会法律委员会通过了一项政治宣言——《联合国关于人的克隆的宣言》，敦促所有国家禁止任何形式的克隆人。

这是由于克隆人存在极大的风险性，违反生物进化规律，违背社会伦理道德，对人类社会潜在着难以预料的危险。

1. 克隆人技术存在巨大风险性

克隆动物存在严重的生理、病理缺陷。克隆动物在完全发育前的死亡率

在 40% ～ 74%。许多克隆动物的心、肺、肾、脾、胸腺及淋巴结等器官功能发育不全，免疫系统障碍。克隆动物似乎普遍存在早衰、早死现象。

2. 克隆人违背生物进化规律，减少人类基因组多样性

通过父母精卵的结合，必然会出现不同基因的新组合，由此诞生的每一个个体都有其独特的基因组。这种独特性保持着人类基因库的多样性，从而增强了人类对外界环境的适应能力。

克隆人是通过无性生殖产生的，克隆人的基因组和成体细胞核供体的基因组一样，这样会增加这个特定的基因组在人类群体基因组库中的频度，造成人类种群基因组多样性程度的下降，可能会引发危害性较大的新型疾病，甚至可能产生不可预料的灾难性后果。

3. 克隆人违背人类伦理道德

理论上克隆技术可以批量生产克隆人，地球不仅会因此产生新一轮人口危机，而且还可引发严重的社会伦理问题，进而导致社会的动荡与不安。

“不伤害”原则是伦理学的一个基本原则，也是伦理的底线之一。用不成熟的克隆技术来克隆人，势必会出现大量的流产、死胎和畸形胎儿；用大剂量药物进行超数排卵，可能会导致妇女患妇科疾病的危险性增加和精神方面的伤害。克隆人的一生则可能会蒙受重大的精神创伤。

克隆人的出现将彻底搞乱代际关系和家庭伦理定位。例如，克隆人可以既是子女又是同胞。因为从遗传学的角度，克隆人没有遗传物质的重组，克隆人是同胞；但从社会学角度，克隆人又是子女。例如，“多莉”羊有 4 个母亲，没有父亲。

如果社会仅仅允许少部分人，如某些政治家、企业家、球星、歌星、影星克隆自己，将对人类生而平等的价值观念和社会秩序产生极其不良的影响。

克隆人是由原型人的体细胞克隆来的，只要取得原型人的体细胞，就可能克隆出许许多多基因型相同的克隆人。取得原型人的体细胞是比较容易的，因此有可能发生原型人的基因被盗版的事件。利用克隆人技术制造罪犯、利用盗版克隆人作为替身进行犯罪活动等将引起社会的动荡不安，并使某些犯罪的认定出现困难。

细胞克隆是指从一个细胞通过无性繁殖产生具有相同遗传性状的一个细胞群或个体。治疗性细胞克隆为难治性疾病的治疗带来了新希望，为组织器官移植开拓全新的途径。生殖性细胞克隆已经在优良动、植物品种繁育和转基因动、植物的培育等取得惊人的成果。试图克隆人会引起道德、人伦和社会的混乱。

参考文献：

[1] 杨焕明．“天”生与“人”生：生殖与克隆［M］．北京：科学出版社，2008.

[2] 陈建华．生命科学的新世纪——克隆羊和克隆技术［M］．长沙：湖南教育出版社，1999.

[3]（美）吉娜·科拉塔，王亚辉、叶敏、周郑、林新译．克隆——通向多利之路及展望［M］．上海：上海科学技术出版社，2000.

[4] 李建凡．克隆技术［M］．北京：化学工业出版社，2002.

[5] 陈大元，孙青原，姜岩．克隆：生命科学的复印机［M］．北京：少年儿童出版社，2006.

[6] 潘重光．生命与克隆杂谈［M］．上海：上海教育出版社，2005.

[7] 洪满贤．生物趣话［M］．福州：福建人民出版社，2001.

丁振华

厦门大学环境与生态学院生态学教授，博士。1991—2001 年在中国科学院地球化学研究所环境地球化学国家重点实验室工作、2001—2003 年在上海交通大学环境科学与工程学院工作、2003 年迄今在厦门大学生命科学学院、厦门大学环境与生态学院工作，主要从事修复生态学和生物地球化学研究，主持参加国家自然科学基金项目、省部级项目及各类地方项目 40 多项，发表论文 90 多篇。

环境生态与人类健康①

生态环境是人类赖以生存的物质基础，直接影响着人类的生活质量和健康水平。环境与健康是人类永恒的主题，影响人类健康与寿命的因素是十分复杂的，但归根到底是由遗传因素及环境因素共同决定的，世界卫生组织（WHO）认为人的健康与长寿只有 10% 取决于遗传因素。事实上，随着社会的发展，个人的生活方式也越来越多地受到环境因素的制约和社会因素的影响。

① 2014 年 12 月 14 日丁振华教授应邀到我校高中部开设此专题讲座。

一、生态环境保护与人类社会发展的矛盾

20 世纪 60 年代以来，随着现代工业的迅猛发展，世界性环境污染直接威胁到整个生态环境系统，人类生存面临着环境危机、资源危机、能源危机等一系列生态问题。加之人口膨胀，加剧了人类社会发展与生态环境保护之间的矛盾，造成资源紧张、环境污染、生态破坏。因生态环境破坏，平流层臭氧耗损，温室效应导致气候变暖，酸雨危害遍及四方，生物多样性遭受破坏，机动车尾气污染加剧，沙尘暴等灾害性气候日益严重。大量污染物排向江河湖海造成水质恶化，水体生态系统失去平衡；水土流失、农药污染、沙漠化导致土壤质量下降，正常功能失调，以至农作物产量和质量下降，并通过食物链对生物乃至人类健康产生危害。

二、环境污染带来的公共健康问题

环境中的微量元素和化学物质对人体健康的影响是多方面的，主要表现为环境污染所引起的急性中毒、慢性中毒、致癌、致畸、致突变、致敏等，环境污染对人体健康的影响具有广泛性、长期性、潜伏性等特点。

各种传染病的分布本质上与所处地区的自然环境特征有直接关系。例如猩红热多发生在温带和寒带，热带少见。霍乱常发生于适宜霍乱弧菌生存的碱性水区域。我国的血吸虫病只限于长江流域以南地区，主要是这些地区有钉螺（传播媒介）存在。因为湿热土壤适宜钩虫病幼卵发育，钩虫病主要分布在湿热地区。此外，一些肿瘤都有自己独特的地理分布特点。食管癌在世界有 3 个明显高发区：（1）中亚里海沿岸；（2）南非；（3）我国太行山中南段。这些高发区一般都是土地干旱自然条件差的地方，土壤 pH 值与发病呈正相关，土壤中微量元素 Mo、Zn、Cu、Co 含量偏低。气候、地理、地质、土壤、水源、地球化学、微量元素和植物的生态环境等都是影响肿瘤发生的因素。

随着医疗技术和人民生活水平的不断提高，人类生存环境的污染程度日趋严重，人类健康面临着新的威胁。与贫困和恶劣卫生条件相关的传统疾病发病率迅速下降，预期寿命不断延长，而与现代工业污染有关的疾病却出现患病率和死亡率上升、疾病类型增加的情况。这些现代病主要包括慢性疾病如癌症、心脏病和中风以及某些职业疾病等。

由于对环境污染缺乏足够的重视，20 世纪 30 ～ 80 年代先后爆发了“十

大环境公害事件”，如比利时的马斯河谷烟雾事件、美国多诺拉烟雾事件、伦敦烟雾事件、洛杉矶烟雾事件、日本水俣病、日本富山事件（Cd 污染引起的关节痛）、日本四日烟雾事件、日本米糠油事件（多氯联苯污染）、印度博帕尔毒气事件和前苏联切尔诺贝利核电站核污染事件。尽管不同学者总结出的十大环境公害事件略有不同，但这些事件都给当事者带来巨大的痛苦，也为世人敲响了保护生态环境的警钟。

全球变化会对人类健康产生巨大的影响，气候是传染病传播的重要影响因素之一，据预测到 2100 年全球平均气温将上升 2℃。气候变化将干扰区域天气形成和生态平衡，从而对人体健康造成多方面影响。全球气候变化将影响许多传染病的传播过程。全球趋暖还将使海平面和海表面温度上升，从而增加水媒传播疾病的发病率。

疟疾作为全球流行最严重的虫媒传染病，每年有数以万计人因此死亡。而许多研究证实霍乱大流行与自然生态系统的失衡有关。现已知海洋浮游植物为霍乱（或副霍乱）弧菌提供栖息场所。当海水温度上升或呈富营养化时，海洋浮游植物大量繁殖，这将有利于霍乱和其他疾病（如贝类海产品中毒）的爆发流行，类似事件在国内外时有发生。

大气污染对健康的影响：在低浓度空气污染物的长期作用下，可引起上呼吸道炎症、慢性支气管炎、过敏、皮炎、肺气肿、支气管哮喘及肺气肿等疾病。空气污染已成为肺心病、冠心病、动脉硬化、高血压等心血管疾病以及癌症的重要致病因素。

城市中汽车尾气排放造成地面臭氧和氮氧化合物增加，使光化学烟雾加剧，加上燃煤和城市建筑工程所形成的雾霾，也增加了呼吸道系统和过敏性疾病的发病率。研究表明空气铅浓度、血铅与症状之间存在某种剂量—反应关系。慢性铅中毒表现主要有神经衰弱症候群、消化功能紊乱、腹绞痛、铅容、铅线、高血压等症状，严重的可出现周围神经炎、中毒性脑病、内脏损伤等。而大量的粉尘还可能导致矽肺（或尘肺），在一些冶炼、破碎和水泥行业都出现过尘肺患者，由此引起的社会纠纷也不时地见诸报端。

此外，地球形成之后，内部积累的大量气体会通过各种地质活动，如火山爆发、地震活动和构造运动或者有效裂隙如温泉等释放出来，对当地居民的产生危害。地球内部气体中有毒气体有一氧化碳、硫化氢、氰化氢等气体，虽然其中二氧化碳无毒，但含量过高时会对呼吸系统产生毒害。在云南省腾冲火山区也有扯雀塘之说，扯雀塘是一面积很小的无水浅坑，该坑里不断喷出含有二氧化碳、硫化氢和二氧化硫等毒气，人和动物吸入后会窒息死亡。

大量用作致冷剂、发泡剂、清洗剂的氯氟烃类化合物（CFCS）和用作灭火剂的聚四氟乙烯类化合物（Halons）已被认为是造成大气平流层 O_3 耗损形成臭氧洞的主要原因。其对人体健康的影响主要集中在以下几个方面：（1）对皮肤的影响；（2）紫外辐射增加，皮肤癌、白内障和免疫系统疾病发病率的增加；臭氧减少导致对紫外光引起眼的损害包括对角膜、晶状体、虹膜、相关上皮和结膜的损伤；（3）对免疫系统的影响根据对免疫系统的影响。

环境污染及地球化学状况改变，除了直接损害人体健康外，还通过污染食物使人体致病。环境激素污染被认为是继臭氧层空洞和地球变暖之后又一新的地球环境污染问题。环境激素又称为环境内分泌干扰物（EEDs），能够改变内分泌系统的正常功能并可对未受损的器官或其后代产生负面影响。这些污染物可与人体和动物的内分泌系统发生交互作用，干扰雌激素、睾酮、甲状腺素等的正常功能。已知 EEDs 主要是人工合成的化学物质，如包括二噁英、多氯联苯、农药、人工合成的药用雌激素及植物雌激素。目前发现的 EEDs 主要是有机氯化合物，它们在环境中难以降解或者降解周期很长，脂溶性的而非水溶性的，能够通过多种途径进入鱼、肉、蛋及乳制品，进而进入人体等。

尽管 EEDs 的剂量很小，但能与细胞内的蛋白受体结合成复合物，进入细胞核作用于DNA，影响某些基因的表达以及激素受体、酶、生长因子等。同时，EEDs 很难被代谢和降解，对受体有高亲和力。因此，EEDs 能对激素调控产生极大影响，包括影响细胞分裂、组织再生、生长发育、代谢和免疫功能等，这些潜在影响随种群、性别、年龄、剂量和暴露时间长短而异。EEDs 会造成动物性器官畸形引起的性别改变，性行为改变，不育症以及免疫功能缺损，在许多种群中已完全肯定其对生殖发育的损伤。基于在野生动物种群中观察到的不良影响，EEDs 对人体的潜在影响主要有乳腺癌、睾丸癌和前列腺癌的发病率增加，精子数量和质量的下降，男性生殖道缺陷发病率的增加，性比率的失调（男性减少），儿童精神性和行为性异常的增加，免疫系统和甲状腺功能缺损的增加。

20 世纪后期自然界发现了奇形怪状的鸟、大量的畸形蛙、发育不良和生殖器异常的鱼类和贝类，妇女乳腺癌和子宫癌发病率升高，男人膀胱癌、前列腺癌和睾丸癌病例增多，野生动物和人的内分泌系统、免疫系统、精神系统出现了各种异常。越南战争期间美军喷洒了大约 2000 吨的除草剂和落叶剂，

25 年后当地土壤中有极其高浓度的二噁英检出，作为食物链的鱼和鸡中也有相当高的二噁英检出，人群的生殖畸形和先天性缺陷的比率为战前的 2 ～ 3 倍。我国长江流域某湖泊因接纳氯碱厂的大量工业废水，导致湖水、沉积物、水生植物、动物及人乳中都有二噁英检出，而且远高于世界卫生组织的基准值。

为防止 EEDs 的危害，2001 年国际社会在瑞典缔结了《关于持久性有机污染物的斯德哥尔摩公约》（又称 POPs 公约），公约禁止使用或者严格限制使用 12 种毒性极强的化学物品，包括艾氏剂、异狄氏剂、毒杀芬、氯丹、狄氏剂、七氯、灭蚁灵、DDT、六氯苯、多氯联苯、二噁英及其呋喃等，这些化学物会通过食物链污染环境，引起先天性缺陷、癌症和儿童发育等问题。

人类疾病的 80% 与水有关，水体污染严重影响人体健康。我国近年就发生了多起水污染事件，如 2005 年韶关北江镉污染事件、2005 年湘江镉污染事件、2005 年松花江水污染事件、2009 年山东沂南涑河砷污染事件、2010 年紫金矿业污水泄漏事件、2010 年大连海洋石油污染、2010 年吉林化工桶被冲入松花江以及 2013 年广西龙江镉污染事件等，每一次污染事件的发生都对当地人民的生产生活产生巨大影响，并对他们的人体健康产生危害。有些时候水污染还会造成很大的国际影响。新世纪伊始罗马尼亚境内一处金矿污水沉淀池因积水暴涨发生漫坝，大量含有氰化物、铜和铅等重金属的污水冲泄到多瑙河支流蒂萨河，并顺流南下，迅速汇入多瑙河向下游扩散，造成河鱼大量死亡，河水不能饮用。匈牙利、南斯拉夫等国深受其害，国民经济和人民生活都遭受到一定的影响，严重破坏了多瑙河流域的生态环境，这起水污染事件引发国际诉讼。

土壤污染也能够对人体健康造成大的伤害。土壤污染具有污染物种类复杂，污染症状不易被察觉，污染结果滞后（隐蔽性或潜伏性），污染后果不可逆转并且持久，危害效果严重，难以治理等特点。土壤污染物可以通过土壤—植物系统进入食物链，对人体健康产生危害。时至今日，包括土壤污染导致食品安全仍是国人关注的热点之一。

此外，光、热、噪声等物理污染和放射性污染也会危害人类健康。氡是铀、镭放射性元素衰变产物，无色无味，可严重影响人身健康。在室内密闭或通风不良，采用了含铀、镭元素的岩石、砖、混凝土等建筑材料修建或装修的房屋，会释放聚集较高浓度的氡气体。如人体吸进氡气，导致肺癌、支气管癌、白血病、胃癌、皮肤癌、鼻咽癌等疾病。

除了与传染有关的疾病之外，还有一些与人类生存环境有关的疾病，这些疾病通常也被称为地方病。我国是一个地方病很多的国家。地方甲状腺肿俗称“大脖子病”，常见于地势陡峻、地下水位高、降雨集中并缺少植被的地区。这些地区岩土中的碘易于流失而致病。该病还常发生在以灰岩、白垩土、砂土、灰化土及泥炭土为主要土壤的地带。为防治地方甲状腺肿的发生，我国食盐大多为人工添加的碘盐。

饮用水中少量的氟可以预防龋齿，但氟含量过多可引起牙齿氟中毒。我国广泛分布的地方性氟中毒就是因为机体摄入过量氟而引起的地域性蓄积性中毒。轻度患者主要表现为程度不等的氟斑牙，而重度患者则会出现氟骨症。我国地方性氟中毒患者人数众多，类型多样，按氟摄入途径主要有饮水型、燃煤污染型和饮茶型三种地方性氟中毒，都和高氟环境导致的人体高吸收有关。其中，饮水型氟中毒主要分布在长江以北、长白山以西的广大区域内；燃煤污染型氟中毒主要流行于长江沿岸及其以西以南山地，重病区主要集中在云、贵、川三省交界的山地及陕、鄂、重庆三省（市）交界的山区；饮茶型氟中毒则主要集中于西部有饮砖茶习惯的少数民族聚居区。我国政府从 20 世纪 90 年代开始投入大量人力物力进行地方性氟中毒防治并取得了很好的效果。

除了地方性氟中毒、地方性甲状腺肿外，我国分布较广的地方病还有克山病、大骨节病和地方性砷中毒等。克山病是以心肌病变为主的地方病，病因不明，病区特点为气候湿润多雨、地貌多为低山丘陵、岩土体富含腐植质、偏酸性、多为农耕区。大骨节病也是我国的主要地方病之一，山西、陕西、甘肃、四川、黑龙江均有分布，病因未明，有多种假说。

许多地方性疾病是和人类过度开发各种自然资源密切相关。

三、人与自然的和谐——生态文明建设

工业文明用 300 年的时间证明了高消耗、高污染为主要特点的工业文明在给人类带来极大物质满足的同时也带来了极大的破坏，造成前所未有的社会危机和生态危机。中华民族创造的中华文明达到农业文明的最高成就，中国在 2000 多年的时间里成为世界的中心，对人类文明做出了伟大的贡献。因为成熟和完善的农业文明的强大惯性，完善和高稳态的封建社会制度，使中国失去率先向工业文明发展的机会。

改革开放后，我国用 30 多年的时间大体完成了西方工业化国家用 300 年时间完成的工业化的任务，在创造巨大物质文明的同时，又面临着严重的时间压缩效应（生态环境短期内遭到严重破坏，贫富差距急剧拉大）。此时，

仅仅发展环保产业已经不可能从根本上解决问题，它迫使我国改变生产方式。建设创新型国家，建设环境友好型社会、资源节约型社会、人与自然和谐发展社会，发展循环经济成为政府行为，实际上正在走向生态文明的建设道路。

国际上，1987 年联合国环境与发展委员会在向第 42 届联大会提交的《我们的共同未来》报告中提出了“持续发展”的概念，在 1992 年联合国环境与发展大会上，这一概念被与会的 183 个国家和 70 多个国际组织接受，并很快成为各国制订未来发展议程的指南，成为人类共同追求的一个目标。可持续发展的基础和框架是生态系统和第一性生产力理论，持续发展的依据是生态系统承载力，可持续发展的必要条件是生物多样性和生态平衡。

中共十七大报告首次提出人类社会正在由工业文明时代向新的文明时代——生态文明时代过渡；中共十八大报告正式将生态文明建设作为基本国策，十九大提出绿色发展、绿水青山就是金山银山等一系列关于生态文明建设新理论和途径，对生态文明建设进行了细化和深入。随着生态文明理念的深入，通过生态文明建设必将实现人与自然的和谐，人类健康也将得到最大保证。

同学感想

丁教授从三个方面跟大家探讨了环境污染带来的公共健康问题，人们对生态环境认识的转变，生态环境保护与人类社会发展的矛盾，并告诉大家人类与自然（生态环境）应如何和谐相处。

他的讲座让同学们受益匪浅。我也感触颇深，深刻意识到了中国如今的环境污染已经十分严重，对人类产生的危害也已经不计其数。人因为喝了受重金属污染过的河水而中毒；土壤因受污染而被弃置；大气因受气体污染而产生雾霾、酸雨、全球气温变暖等环境问题。诚然，人们在污染的同时获取了 GDP 的短暂上升，但以健康换来的金钱是否真的使百姓快乐？以生命为代价的破坏导致影响子孙后代的污染问题，是否可以看作“赔了夫人又折兵”呢？

作为中学生，更作为普通公民的我们，经常将批判的矛头指向政府、企业或其他个人。但不得不说，破坏环境是我们每个人都有份参与的事情，反之，我们也的确应该为保护生态环境献上自己的一份力。我们不应该总是嫌一己之力太弱小而放弃出力。就连至圣都说过“不以善小而不为”，不是么？所以，改善生态环境看起来是一个庞大而复杂的过程，但只要我们将“小力”聚成“大力”，又何愁不成功呢？

——谢梦霞

谢兆雄

厦门大学化学化工学院教授、博士生导师，固体表面物理化学国家重点实验室主任，国家杰出青年基金获得者，2010年获卢嘉锡科学基金会优秀导师奖，2011年获福建省教学名师的称号。国家“万人计划”首批科技领军人才入选者（2013年）。2001年获教育部中国高等学校自然科学奖二等奖。从事的主要科研工作有：X-射线晶体学、电化学扫描隧道显微镜的研制、“约束刻饰层”纳米加工、富勒烯的形成机理、STM针尖诱导电极表面纳米区域反应、固液界面分子自组装及其原子分辨结构、硅表面的吸附与反应、低维纳米材料的制备等研究。现已在国内外刊物上合作发表论文80余篇，其中SCI论文50余篇。

奇妙的纳米世界①

纳米只是一个长度单位，一纳米大约是头发丝的五万分之一的大小。细菌的大小是大约几千纳米，病毒的大小是大约几百纳米，蛋白质分子是大约

① 2013年12月22日谢兆雄教授应邀到我校高中部开设此专题讲座，本文稿由陈铮根据讲座课件整理。

几十纳米，原子的尺寸大约是 0.2 纳米，纳米尺度是 1 ～ 100 纳米，但是，在纳米尺度，物质的很多性能发生质变，呈现出许多既不同于宏观物体，也不同于单个孤立原子的奇异现象。纳米尺度上，由于量子效应、物质的局域性及巨大的表面及界面效应等，使物质的很多性能发生质变，呈现出许多既不同于宏观物体，也不同于单个孤立原子的奇异现象。主要有四个方面：颜色的变化；熔点的变化；导电性变化；磁性变化。例如，纳米金的独特光学性能，数纳米尺寸的金不再是金黄色，而是呈现出酒红色。含有纳米级氧化锌或二氧化钛的防晒霜，可抵抗有害的紫外线辐射，由于是纳米粒子，可以做到完全透明，避免化妆品泛白现象。

近几十年来，科学家对纳米尺度下物质的进行深入研究，纳米技术也随之迅速发展。

一、古代纳米技术

其实纳米技术在古代就已经出现了，比如隋唐的制瓷技术，公元 6 世纪的隋文帝统一南北朝分裂局面，建立隋皇朝制定新典章，特别是改革官员世袭制，首创以考试选拔人材的科举制，当时外国称赞为君主立宪制，相当于公务员考试。政通人和，百废俱兴。特别是烧瓷技术的进步，从四川三星堆出土 3300 年前青花瓷器残存来看，几乎和 1950 年前东汉赵歧在青花瓷碗上绘《黄帝三上崆峒山问道于广成子图》的瓷质相同。直到隋朝开始改进：（1）瓷土研磨后经过十年陈腐（水磨后在大缸内沉淀一年，上面一层捞出到另一缸再沉淀一年……如此共经十年陈腐，达到纳米级）。（2）釉质配方改进又加水磨陈腐也达到纳米级（经过科学测定），烧成后玻化特强，有气泡。（3）造型薄胎多样化艺术性更强。特别把汉代挖底改为圈底无釉。（4）烧制温度的控制，一门进火改多门进火，提高烧制温度，从而提高瓷器硬度。使唐贞观瓷器品质达到：薄如纸，青如天（瓷土及釉纳米化），声如磬。

再说另一个著名的例子，就是大英博物馆目前陈列的公元前 5 世纪到公元前 4 世纪建造的莱氏杯，光透过时呈宝石红，而光反射时则是绿色，这些都是有金溶胶（金纳米颗粒）的缘故，但是这些纳米科技在当时并没有被意识到。

二、自然界中的纳米材料

自然也有很多奇特的现象，与我们感到陌生但又对其充满好奇的纳米世界密不可分。地球上所有生物都是由理想的无机或有机材料通过组合而形成。从纳米材料化学的观点来看，利用几种高分子材料制造奇特的纳米结构，从而能够发挥奇特的功效，简直不可思议。例如，为什么荷叶不沾水？为什么壁虎可以在墙上行走自如而不会掉下来？一种常见的生活在池塘、河流和溪水表面的昆虫——水黾为何能毫不费力地站在水面上，并能快速地移动和跳跃？其实，荷叶不沾水是由于荷叶上有特殊的微纳米结构；壁虎可以在墙上行走自如是由于它每只脚底部长着数百万根极细的刚毛，而每根刚毛末端又有约400根至1000根更细的分支。这种精细结构使得刚毛与物体表面分子间的距离非常近，从而产生分子引力。虽然每根刚毛产生的力量微不足道，但累积起来就很可观。根据计算，一根刚毛能够提起一只蚂蚁的重量，而100万根刚毛虽然占地不到一个小硬币的面积，但可以提起20牛顿的重量。如果壁虎同时使用全部刚毛，就能够支持125牛顿。科学家说，壁虎实际上只使用一个脚，就能够支持整个身体。

而水黾之所以能毫不费力地站在水面上，通过对其腿部微观结构的观察，我们发现水黾的这种优异的水上特性是利用其腿部特殊的微纳米结构与其表面油脂的协同效应实现的。

孔雀羽毛为何在开屏时会呈现如此美丽的颜色？资剑教授和刘晓晗博士的研究组利用电子显微镜观察、光学测量以及理论模拟，研究了孔雀羽毛的来源。研究表明，小羽枝表皮下面的周期结构是羽毛结构颜色的起因。实施和理论模拟显示二维周期结构沿表皮方向对某一波段的光有很强的反射，造成颜色。孔雀羽毛的颜色策略非常精妙，一种是调控周期长度，另一种是调控周期数目。不同颜色是由于表皮下的周期结构的周期长度不同，蓝色对应的最小，棕色对应的最大。棕色羽毛还利用了Fabry-Perot干涉效应，其周期数目最小，由F-P效应造成额外的蓝颜色，形成混合色而呈棕色。

孔雀羽毛颜色的来源比较特殊。在自然界，产生颜色的主要途径是色素，而孔雀则在进化过程中选择了结构颜色。所谓结构颜色就是指依靠自然光与孔雀羽毛表皮下面特殊的周期结构相互作用而产生的颜色。孔雀小羽枝表皮下面的周期结构是导致孔雀羽毛颜色发生变化的主要原因。这些周期结构对光会产生很强的反射，从而形成颜色。周期结构的长度不同会形成不同的颜色。孔雀身上蓝色、绿色、黄色、棕色的小羽枝对应的周期长度是依次增大的，这样使得孔雀在开屏时就会展示出各种不同的色彩。

三、纳米科技的发展

纳米科技的发展也为生产生活带来了很多便利，如借鉴荷叶不沾水的原理，可以在织物上覆盖一层纳米材料来制备疏水衣物，如纳米“三防”衬衫，就是采用新型高科技绿色环保材料（独家水性配方）纳米技术处理，经处理的纺织物表面能形成犹如荷叶的疏水功能（一杯水倒在面料上面，能形成水银滚动般的效果，水珠落地，面料仍是干的），具有防水、防污、拒油、抗菌、防火阻燃、抗紫外线、不腿色的独特功能。但是并不改变材质原有的性能、结构、颜色、手感，100%透气。又如不同纳米尺寸的硫化镉量子点会展现出不同点颜色，纳米镊子，纳米“温度计”。还有仿壁虎材料的碳纳米管，还可以利用纳米材料对细胞进行染色以协助生物医学科研等。

总之，“纳米”离我们并不遥远，它已经渐渐渗透到我们日常生活中了，我们也正在享受纳米科技带来的便利。

一开场，谢兆雄教授并未直接切入主题，而是结合自己在法国核能研究中心工作的经历跟大家谈了科技研究者角度的科普工作，并亲切地表示自己很乐意为大家带来科普讲座，希望能激发、增进同学们的科研兴趣。

接着，谢教授便引领大家进入了奇妙的纳米世界，首先讲述的是纳米物质在不同尺寸会有不同颜色变化的神奇性质。之后，在谢教授一系列贴近生活的例子中，让我们了解到了古代的纳米技术——神奇的莱氏杯；自然界中的纳米——荷叶出淤泥而不染，以及用于观察纳米的各种显微镜等。谢教授又以壁虎爬墙的发现为例告诉大家，不能忽视生活中处处有科研的小细节。很多看起来尖端的科技其实原理是很简单的。谢教授还特别强调了科学研究的态度，鼓励大家要有创新意识，不能为固有观念所束缚。

一个多小时的讲座很快就过去了。最后的提问环节到来，一开始同学们略显羞涩。但在谢教授的鼓励之下大家陆续大方地提出了自己的看法与疑问，与谢教授进行了进一步的交流。讲座结束后还有些意犹未尽的同学留下来围着教授继续探讨着。

这场讲座为大家带来的，不仅仅是那些令人惊叹的前沿科学成就和知识，更多的是启发大家要关注生活中的科学，为同学们今后的科研道路种下了希望的种子。

——许斯馨

叶　清

南京大学大地构造专业毕业，厦门市地震局高级工程师。在国内学术刊物发表《论东南沿海的发震构造》《论闽西南滑脱断层》《环境地质与特区开发建设》《厦门筼筜港围海开发的环境影响》《筼筜港成因初探》《厦门绮丽山水的由来》《筼筜湖—钟宅湾运河开通的环境地质影响》等学术论文 90 多篇。其中《论东南沿海的发震构造》等 10 篇论文获省、市优秀论文奖。同时，还在报刊杂志发表科普文章、散文等 800 多篇。著有厦门市文史丛书之《厦门绮丽山水》（厦门大学出版社 2008 年出版），参与编撰《厦门市志》《厦门经济特区地理》等书。2006 年被授予“福建省十佳科普志愿者”称号。

厦门绮丽山水的由来

——厦门岛风景地貌的特征 ①

2013 年 1 月 17 日，厦门市第十四届人民代表大会第二次会议上提出，大力推动建设“美丽厦门”战略规划。缔造美丽厦门是我们城市的梦想，也

① 2014 年 12 月 26 日叶清高工应邀到我校初中部开设此专题讲座。

是中国梦在厦门的生动实践。目的是要提升厦门城市的品位，提高厦门人民的生活品质和幸福指数。

厦门的美来源于自然天成的景观。大凡来过厦门的人，都无不为她旖旎的海岛风光所陶醉。厦门的魅力不依靠人工匠心雕琢，而是来自她天生丽质的自然景观底色。得天独厚的亚热带气候，清新纯净的空气，旖旎迷人的海岛风光，浪漫陶然的碧海蓝天。天然的美景、恬适的氛围、丰厚的人文资源，构成厦门魅力特色。厦门的风景地貌绚丽多姿，有惟妙惟肖的海蚀地貌，有危如累卵的石蛋地貌。

一、厦门之美自然天成

厦门市是一个中小城市，六区陆域总面积约 1699（2011）平方公里，只有泉州市的八分之一、漳州市的十分之一。其中厦门岛面积约 132.5 平方公里。截至 2011 年厦门市常住人口 361 万人，其中户籍人口 185.26 万人。但是，厦门（主要是厦门岛及鼓浪屿）2012 年接待的国内外游客达 4016 万人次（福建省 2012 年全年接待游客 16703.8 万人次，厦门约占四分之一）。也就是说，平均每个厦门人一年要接待 20 多个外来游客，厦门岛平均接待约 30 万人 / 平方公里 · 年。譬如鼓浪屿面积才 1.87 平方公里，而 2012 年接待 1136 万人，仅国庆黄金周便接待 72.14 万人（10 月 3 日一天上岛人数竟达 12.38 万人）。厦门就是依靠天成的自然景观、绮丽山水吸引着大量国内外游客的，使她位列全国最有人气的风景名胜区之一。

厦门是我国东南沿海美丽的城市。“阳光、海水、沙滩、绿色、空气”，被人们誉为当今世界最吸引游客的旅游五大要素，而厦门全部占尽。融碧海、蓝天、青山、绿树、怪石、岛礁、沙滩等胜景于一身。尤其各种花岗岩风景地貌更令人赏心悦目。可以说厦门是以山姿海韵为特色的国家级的风景园林城市。如果说失去海，厦门将失去三分之二的美。而千姿百态的花岗岩风景地貌则是厦门岛的灵魂。

依山傍海，山色与海景交融。山助海势，海显山威，厦门自然景观的这一特色在全国是少有的。清澈湛蓝的海水，细柔洁白的沙滩；气势磅礴的日光岩，从海面突兀而起；峭岩凌空的五老峰，白云缭绕，缥缥缈渺；巨石嵯峨的虎溪岩，险峻峭拔，奇景天成；巧石玲珑的万石岩，石浪排空，湖光山色；有“洪济观日”胜景的云顶岩，为厦门岛诸峰之冠，立于紫涛苍雾间；还汇集各种类型千姿百态、惟妙惟肖的海蚀地貌，形态各异，妙趣横生，真是令人赏心悦目，美不胜收……

那么，是谁雕塑了厦门绮丽绝伦的山水呢？是千百万年地球内外营力共同作用创造出来的，是“上帝借助大自然之力”雕塑这样美不胜收的风景地貌，留给我们这份宝贵的天然遗产。地貌形成的地球内部产生的力量，如岩浆活动、火山喷发、地壳运动，称为内营力（endogenic force）。另一种是地球外部产生的改变地表形态的力量，如风化、重力崩塌、侵蚀（包括海蚀）、搬运及堆积作用，称为外营力（exogenic force）。

二、厦门岛风景地貌分布特征

了解厦门旧 24 景的人都知道，24 景除“筼筜渔火”，都分布在厦门岛东南部分。

厦门岛以钟宅湾—筼筜港为界，形成了西北和东南地貌景观完全不同的两部分。厦门岛大小山头 103 座，有 13 座标高超过 200 米的低山，其中 12 座在钟宅湾—筼筜港以南，钟宅湾—筼筜港北岸只有仙岳山（212.7 米）。

筼筜港北岸的狐尾山—仙岳山是呈北东向带状分布的火山岩，岩性主要为流纹质晶屑凝灰熔岩、流纹英安质晶屑凝灰熔岩及凝灰岩。也就是说这是一套陆相酸性、中酸性火山岩夹火山沉积建造。因此，厦门岛西北部分地貌景观，由火山岩构成的侵蚀—剥蚀低山丘陵，多呈浑圆状、坡度比较和缓、风化土层较深厚的小山丘，以及红土台地和海蚀阶地，很难见到自然流水的美好景象，很难形成自然风景区。

而厦门岛东南部分地貌景观则完全不一样，由花岗岩构成的构造—侵蚀高丘陵，基岩裸露，山势险峻陡峭。沟谷密度较大，流水侵蚀—剥蚀作用强烈，厦门历史上有过的“七池、八河、十三溪”也基本上在厦门岛东南部分。因此，容易形成峭岩凌空、巨石嵯峨、流水淙淙风光旖旎的自然风景区。厦门岛东南部分也成为国内外游客最多光顾的地方。

三、风情万种的石蛋地貌

厦门岛东南部大面积出露花岗岩基岩，由花岗岩形成一大批山势雄伟的高丘陵，如云顶岩、西牯岭、五老峰、洪脊山、金山寨山。花岗岩是岩浆在地下慢慢冷却凝固而成的岩石，是由于构造运动，地壳上升，才从地下升上来露出地表的。由于地壳运动以及风化剥蚀作用，形成花岗岩地区特殊的风景地貌——石蛋地貌。

石蛋地貌（pebbly landform）是厦门岛最常见的地貌景观。无论是著名的鼓浪屿菽庄花园巧夺天工的枕流石和日光岩九夏生寒的古避暑洞，还是万石岩风景区奇巧的“石笑”“万石朝天”“中岩玉笏” 虎溪岩“棱层”石，以及金山风景区危如累卵的“垒石摩天”、稳如驯猴”、肖形奇绝的“灵鳌探海”，还有“金山石谷”“海誓山盟”“沧海云石”“高山景行”“蟠桃洞”等景点，无不表现出石蛋地貌的气势磅礴、恢宏壮观。无论山巅或谷底，万石累累，横竖倾欹，相倚重叠，奇景天成，绚丽多姿，引人入胜，构成一幅厦门美轮美奂的立体风景画。当你步入石蛋地貌景区，犹如进入一个神奇的石海洋，眼前豁然开朗，崖岩峰峦，千岩竞秀，万石争雄。山水旖旎，风光清丽，到处水声淙淙，泉流如练逶迤，穿行幽谷，好一派世外桃源境界。纷至沓来的游人，穿石谷、钻石洞、入石室、探石穴、越石涧，分别有一番情趣。

虎溪岩是太平山和外清山之间的山谷，是典型的花岗岩构造沟谷。与河流水系的冲沟较开阔、平坦不同，构造沟谷比较陡峭、幽深。虎溪岩与万石岩毗邻，因此石蛋地貌也十分发育，山坡、山谷巨石累累，大若虎踞，小如羊蹲，形态各异。

石蛋地貌是花岗岩地区特殊的风化地貌之一。石蛋者，乃滚石也。花岗岩在岩浆冷凝过程以及后期的构造运动，都会使岩石产生各个方向的构造节理和裂隙，从而把岩体分割成大小不等的块体。由于水、空气及各种微生物长期侵蚀作用，产生由表及里、层层分化剥离，形成无数大小滚石（石蛋）。这种作用称为球状风化（spheroidal weathering）。在重力作用下石蛋从山顶、山坡滚落下来，堆放在山麓或谷底，从而构成石蛋地形。

四、千姿百态的海蚀地貌

向来以绮丽的自然风光闻名遐迩的厦门，令多少中外游客为之倾倒，而千姿百态的海蚀地貌更为这个海上花园锦上添花。这些海蚀地貌有的似仙人，有的似动物，有的似蘑菇，形态各异，惟妙惟肖。

海蚀又称浪蚀，是携带沙砾的海水、海浪对陆缘岩石产生磨蚀、冲蚀，同时海水对岩石也会产生化学溶蚀作用，即海蚀作用。于是便形成各式各样的海蚀崖、海蚀台、海蚀柱、海蚀洞等海蚀地貌。

凡是到南普陀寺的游客，都乐意去钻“钱孔”，据说能给人带来好运气。鼓浪屿美华海滩西边，有块中间有一溶洞的奇特礁石，传说当年因风浪冲击洞穴发出“咚、咚”酷似敲鼓的声响，便称之“鼓浪石”，小岛因而得名鼓浪屿。“钱孔”和“鼓浪石”都是花岗岩经过海蚀作用创造出的作品，地质学称作海蚀洞（sea care）或海蚀穴。

作为海岛，厦门海蚀地貌比比皆是。日光岩的“仙脚桶”“仙脚迹”便是海蚀作用的产物。何厝虎仔山的“象石”犹如巨象伸出硕大的鼻子，这是海蚀柱。曾山上的“观音石”和“鹰石”，观音山“石塔”，高刘山天柱、兔仔山趣味盎然的兔形海蚀柱，以及金榜山的金榜钓矶和玉笏石等。或巍峨挺拔，或肖形多姿，都是大自然神奇造化的海蚀地貌。连厦门岛最高峰的云顶岩同样有海蚀作用创造的奇特景观。

值得一提的是，与日光岩毗邻的鸡母山，一块肖似巨型母鸡的 20 ～ 30 米石崖。高高的头冠，锐利的喙部，凹凸不平的耳鼓清晰可辨。其形其态，威风凛凛，惟妙惟肖，栩栩如生。配以蓝天白云，绿树碧草，景色十分壮观。近年来已经以巨石为主体开辟为鸡山公园。当人们为它秀丽飘逸的丰姿天韵所陶醉时，谁又会想到鸡母山这只巨型“母鸡”竟是花岗岩形成的海蚀崖。

位于环岛路上的“金山松石景区”颇负盛名。巨岩怪石，千姿百态，林木苍翠，松声涛涛。金山可以说是一步一景，目不暇接，令人留连忘返。金山景区最难得的是汇集各种花岗岩风景地貌。当我们跨进景区，一眼就看见天造地设的一只巨靴擎托苍天，真是形象逼真，惟妙惟肖。这就是金山著名的“金靴托天”景点。在这只巨大靴子上我们看到往昔岁月留下的海蚀痕迹。大自然巧制的这一石景，其实是一种叫海蚀柱的地貌景观。除此，还有“圣手春晖”“龙首潮音”“金山猿人” 等海蚀地貌景点。金山海蚀地貌景观不仅景致独特极富观赏价值，令人赏心悦目，拍手叫绝，犹如一批精美绝伦的艺术珍品，同时还蕴含十分丰富的自然科学奥秘。山岩多胜概，金山独称奇。

千姿百态的海蚀地貌，为厦门山水增添几分媚态。大自然为厦门留下这片灵秀绚丽的山水胜景，是我们宝贵的财富。海蚀地貌使鹭岛山水分外妖娆。

或许有人会提出疑问，海蚀地貌既然是海浪造就的，今天的鸡母山海拔 66.1 米，距海边近 1000 米，无论如何海浪打不到，更不用说厦门岛最高峰云顶岩。其实这都是地壳上升的结果，使原来岸边的岩石逐渐离开海面到达今天这个位置。海蚀地貌不仅向我们展示赏心悦目的自然风光，还向我们提供厦门沧桑变化的证据。

厦门不少地貌景观尚处在未开发的状态，如果合理开发利用，是厦门发展观光旅游、科普旅游一笔丰富资源。可以借鉴开发金山风景地貌景观的成功经验，把那些淹没在荒山碎石、泥土中的景观石头清理出来，才有了今天的“金靴托天”“垒石擎天”“蟠桃献瑞”“圣手春晖”等景点。

五、厦门旧二十四景今何在

早在200多年前，人们通过审美观给厦门岛一些风光古迹赋予诗意般的景名，经过长期历史的积淀，逐渐形成著名的“大八景”“小八景”“景外景”等二十四名景。荟萃了岛、山、海、岩、洞、寺、园、木、楼、亭诸神秀。它们就是，大八景：洪济观日、筼筜渔火、五老凌霄、鼓浪洞天、阳台夕照、虎溪夜月、鸿山织雨、万寿松声；小八景：金榜钓矶、白鹿含烟、金鸡晓鸣、龙湫涂桥、天界晓钟、万石朝天、中岩玉笏、太平石笑；景外景：白鹤下田、寿山听蝉、宝山圣泉、紫云得路、高读琴洞、石泉龙液、石笕飞泉、耸蜡灼天。

厦门这二十四景，或以岩石独特著称，或以山海奇观得名，或因名人古刹流传，丰富多彩，引人入胜。洪济山峭拔挺秀，山巅的云顶岩是厦门岛最高处，曙色熹微，登顶眺望，极目东海，紫霞苍雾间，旭日初升，金光潋滟，渲映波涛，瞬息万变，绮丽无比，因此有“洪济观日”之誉。秀峭嶙峋的玉屏山南麓的溪边，古榕盘曲，曲径通幽，幽岩邃壑，十五月光照映，景色幽绝，便有了“虎溪夜月”盛景。掩映林丛的“白鹿洞”，每当拂晓，洞内烟雾缥缈，所以有“白鹿含烟”的美名。思明南路的鸿山，由于特殊的地理环境，每逢降雨，出现雨丝交织的奇观——“鸿山织雨”。万石岩到处遍布大大小小、奇形怪状的花岗岩石蛋地貌，石浪排空，万壑云根，万窍玲珑，就有了“万石朝天”“中岩玉笏”“太平石笑”“天界晓钟”“紫云得路”“阳台夕照”“高读琴洞”等胜景……厦门二十四景的来历和传说，不仅动听，而且很耐人寻味。

随着时间的推移，有些景点地理环境基本保存下来，我们依然可以体会到原汁原味的名景内涵，如“洪济观日”“鼓浪洞天”“五老凌霄”“虎溪夜月”“万石朝天”“中岩玉笏”“太平石笑”。譬如，“虎溪夜月”境界依然如故，在厦门旧二十四景中，与万石岩毗邻的虎溪岩更是蒙着一层神秘的面纱，至今保留较好。“虎溪夜月”奇景不是随时随地可以领略，风高月夜，万石峥嵘，洞穴玲珑，虎影摇曳，空山幽谷，几分神奇，几分诡秘，妙不可言。它的形成不仅与天时有关，同时还与所处地理位置、地貌特征密不可分。

有些景点自然地理环境改变了，景点虽在，但内涵却完全不同，形成新的景观。譬如“金榜钓矶”“鸿山织雨”虽然景点仍在，然而，现今既不能垂钓，也不能“织雨”。而筼筜港已成筼筜湖，往昔打鱼船不见踪影，周边是车水马龙的闹市区，名景就由“筼筜渔火”演变成“筼筜夜色”，内涵也完全不同了。

有些名景早已湮没在高楼大厦之中，不见其踪迹。如“筼蜡灼天”“龙湫涂桥”“金鸡晓唱”“白鹤下田”“寿山听蝉”……

参考文献：

[1] 叶清．厦门绮丽山水 [M]．厦门：厦门大学出版社，2008.
[2] 厦门地理学会．厦门经济特区地理 [M]．厦门：厦门大学出版社，1995.
[3] 厦门市地方志编撰委员会．厦门市志（第一册）[M]．厦门：方志出版社，2004.
[4] 叶清．鼓浪屿风景地貌成因及开发前景 [J]．厦门科技．2002. 1:52-55.

说起厦门的美丽，在座的每一位同学都不由得自豪地挺起胸膛，可叶老接下来提出的观点，则让同学们耳目一新。

厦门的美不依靠人工匠心的雕琢，而是来自她天生丽质的自然景观底色。那么是谁雕琢了厦门绮丽绝伦的山水呢？是千百万年地球内外营力共同作用创造出来的，如果说失去海，厦门将失去三分之二的美丽，而千姿百态的花岗岩风景地貌，则是厦门岛的灵魂。厦门的风景地貌绚丽多姿，主要分为惟妙惟肖的海蚀地貌和危如累卵的石蛋地貌……

这有关厦门风景地貌的科学知识很快地吸引住同学们，纷纷屏息凝神地专注聆听，有的同学还掏出早已准备好的笔记本，认真地记录着。

——张涵柠

石蛋地貌是厦门岛最常见的地貌景观，无论是著名的鼓浪屿菽庄花园的枕流石和日光岩九夏生寒的古避暑洞，还是万石园景区的“石笑”“天界晓钟”等，万石累累，引人入胜，令人叹为观止，构成一幅美轮美奂的厦门立体风景画。

而千姿百态的海蚀地貌更为这海上花园锦上添花。享誉中外的鼓浪屿，为何命名为鼓浪屿，是因为小岛美华海滩西边，有块中间有一溶洞的奇特礁石，传说当年因风浪冲击洞穴发出“咚，咚”酷似敲鼓的声响，由此得名。而凡是到南普陀寺的游客，都乐意去钻钱孔，据说能带来好运。这些同学们耳熟能详的景物，都是海蚀地貌的作用产物。

没想到平日里如此熟悉的景物，竟蕴藏着这样深厚的地质科学，叶老的讲座，不仅扩大了同学们的知识面，也让同学们更深入地了解了我们深爱的美丽厦门，体会到大自然无与伦比的魅力。

——彭益佳

王宙辰

北京大学教授，国际模式识别协会会士、国际电气与电子工程师协会会士，国家杰出青年科学基金获得者，任计算机视觉两大顶级期刊 IEEE TPAMI 和 IJCV 的编委以及多个国际顶级会议的领域主席，同时担任中国图象图形学学会机器视觉专委会主任、中国自动化学会模式识别与机器智能专委会副主任。主要的研究领域是机器学习、计算机视觉和数值优化。

人工智能概览①

人工智能近几年非常地火热，而且上升到了国家战略的高度，可以一点都不夸张地说，是涉及我们民族生死存亡的这么一个东西，虽然大家未必能真切感受到。不是说枪炮抵到家门口的时候，才叫生死存亡，而是说在全世界这种科技的竞争之中，人工智能占据了一个非常核心的地位，落后就要挨打，而且可能完全没有翻身的机会。讲座后面会给大家展示一些这方面内容，让大家体会。

① 2018 年 12 月 01 日王宙辰教授应邀到我校高中部开设此专题讲座，该篇文稿为陈铮根据录音整理。

首先介绍什么是人工智能，可能大家都有所耳闻，但也可能会有一些错误的认识，希望能够稍微纠正一下。其次就是简略地介绍一下人工智能发展的历史。最后，如果将来想从事人工智能行业，需要学什么东西。

什么是人工智能呢？笼统地说，它是研究、开发用于模拟、延伸和扩展人的智能的理论与方法。首先，它要能够模拟人的智能，这个相当于类比学习，比如小孩的模拟行为，你笑一笑他就跟着笑，这个就是一个类比，所以模拟是智能的最基础的一个层次，相对来说是比较低的层次。其次是延伸，指的是原来人能做的东西，它能够做得比你更好。比如说计算，它现在比我们算得快得多了，一百位数乘一百位数，它一秒钟之内就算好了。记忆方面，计算机也可以比我们记得更多、更准。第三是扩展，指的是人做不了的，它能做。比如我们肉眼只能看到可见光，但机器可以看到红外的，也看到紫外的，像红外成像，美国现在已经在军队里使用了，夜视仪就是人的视觉能力的扩展。又如 virtual reality，就是虚拟现实，原来这个世界没有这个信息，给你叠加上去，你一下就能发现无论你朝哪个方向看，你看到的物体上面都给你做了一个标签，那么这种信息融合与展示功能是人所不具备的。再比如，通过做类脑计算，开发了新型的视觉感知系统，原来速度非常快的运动物体，人眼看不清楚，用这个新的系统就可以看得非常清楚。人工智能的目标就是能够替代人，完成一些复杂的工作。这个“复杂”的特别之处是需要人的智能才能完成，而不是说简单的很烦的任务。事实上，这对机器来说是非常容易的一件事情，比如同样一件事情让它重复 1 万次，这个对它来说不是什么问题，但是要让它以智能的方式来完成，比如需求量很大的智能看护，机器人要能够与病人或者老人做一个跟人一样自然交流，这就非常困难，是需要人的智能才能完成的。

人工智能将在历史上占据一个非常关键的地位，就像农业革命和工业革命一样。农业革命是解决人的温饱问题，工业革命能够大量地生产你日常所需要的东西。现在可以说是处于智业革命时期，从智力的角度来掀起一个新的生产力提升的浪潮。所以农业革命解决生存问题，工业革命解决体力问题，解放你的体力劳动，智业革命当然是解放你的脑力劳动。目前的工业革命经历了这几个阶段：一个是机械化，像瓦特发明蒸汽机；后边是电气化，从麦克斯韦建立了电磁场基本定律之后，电器开始普及起来；再往下是自动化，很多流水线现在都是自动的，都是用机器人来自动地生产一些东西；然后是信息化，这就有点比较抽象了，它把所有采集的信息与外界进行共享，能够帮助人们进行分析、检索；最后就是智能化，智能化可以认为是信息化的一个高级阶段，因为信息化怎么进行处理，事实上并不是一个机械的过程能够完成的，需要以非常智能的方式才可能提高到高层次。信息化实际上只是低级地把很多东西给采集下来，分析检索一下，但智能化要涉及决策问题，这层次就比较高了。

人工智能现在已经是国家的一个基本战略。2017 年 7 月，国务院发布了《新一代人工智能发展规划》，以国务院的层次来发布这个文件，规格是非常之高的，说明国家从根本上意识到人工智能将深刻地改变人类的社会生活，甚至会改变世界。在发展规划之中提出了几个目标：到 2020 年我们要与世界先进水平同步，这个其实在很多层面上，我们已经快要接近这个目标了——在一些顶级的会议和刊物上面，我们发表的论文数已经和美国非常的接近，甚至有部分可能是反超，虽然在原创性的原理方面，我们还有一定的差距，但是在应用方面，我们是丝毫不逊色；到 2025 年，我们要达到世界领先的水平，在一些特殊的领域方面，比如说量子计算这方面，我们要达到领先水平；到 2030 年，我们在整体上要达到世界领先水平。

人工智能涉及哪些领域？其实这里只列了非常少的一部分，因为这几个部分是现在大家比较关注的，其实像逻辑推理、符号运算，还有定理证明等都是人工智能的范畴，只是现在暂时没有那么受关注，所以没有列在上面。计算机视觉是解决让计算机能看的问题，能让计算机像人眼一样能够分析所拍摄到的图片和视频。语音处理与识别就是让计算机能听，听到什么东西，能够识别出来这是讲什么。自然语言处理是收到文本之后，让计算机去理解文本，也要让计算机能够写东西。比如写一个新闻稿，写一部小说之类，这个就是自然语言处理所要做的一部分事。现在 80% 的新闻稿，质量低一点的新闻稿，其实都是计算机生成的。大家看上去好像很“水”的那些新闻稿，其实就是计算机自动写的，所以大家也不要太苛求。北大的万小军教授就在开发这种能够自动写稿的机器人。当然这个机器人不是说非得要有机械臂才叫机器人，这个机器人是一个宽泛的概念。像微软的小冰，还有百度的小度，它只是一个程序，它也是机器人，它能够跟你对话，这也叫机器人。还有就是机器学习，它让计算机能够从数据里面提取模型和规律。这个学科就是对数据进行建模。建模是为了预测。像行星三定律一提出来，就可以算太阳月亮某月某日能够跑到哪个点上。但是如果没有模型，就不能做预测。

刚才说过机器人，它不一定是有形的，也可以是无形的程序。大家可能更感兴趣，怎么去控制这个有形的机器人。现在直立行走其实还挺难的，这也涉及很多控制的部分。还有类脑计算，就下一代的计算机。现在的计算机是冯·诺依曼模式的，它不太适合于做智能有关的运算，它能耗比较高，而且本质上是串行的。人脑的运行，能耗很低，又是并行的，所以要依据人脑的这种特性，通过神经元来做计算，通过用忆阻器来模拟每个神经元，把这些神经元给集成起来，然后做类脑计算。这方面目前的进展是非常之快的。

大家可能已经在社会上听到很多这样的词，什么人工智能、机器学习、深度学习，有人说人工智能就是深度学习，其实人工智能非常广，其中一小部分是称为机器学习，它只是为了数据来建模，很多东西也不一定是数据，它有很多基于规则的，这就不是机器学习所研究的范畴。深度学习里也有非常多的方法，近几年来比较火的就是深度神经网络，是深度学习的一小部分。这几个热词之间的关系，搞清楚一点可能会更好。

人工智能通常分成三个层次，第一是弱人工智能，指的是每个算法、每个系统都基本只能做设计好的事情。目前我们所做的都是弱人工智能，并不是说我们只想做弱人工的，是因为我们现在还暂时做不到强人工智能。我们的目的当然还是要建造出像人一样就能够处理所有的常用事情的。比如作为一个领导，分配给下属一个任务，可能只要告诉他想完成什么任务就行了，具体怎么做他去发挥主观能动性。但是弱人工智能现在做不到，你还得教它每步怎么做。而且它只能做一件事，你费了半天劲儿教它，它也还只能做一件事儿，比如说打字教完了以后，然后让它打乒乓球还得再教。它没有一个通用学习能力。前面这么多学科，每个学科都只教计算机搞一件事情，比如第一个教计算机看，第二个教计算机听，第三个教计算机说，第四个教计算机学的，第五个教计算机动。这都是非常特定的任务。2016 年阿法狗战胜世界围棋冠军李世石时大家非常恐慌，其实它也只是个弱人工智能的一个成就而已，因为它只能下围棋，如果下象棋的话，它暂时也不行，如果让它打乒乓球那更不行了。所以它跟人的智能还是有很大的区别的。

第二是强人工智能，它会完成通用的任务，能够把人的能力给复制出来。而且这种情况下，往往需要这个机器有自我意识和情感认知能力，这样它才有道德有伦理，能够限制它的一些行为，人肯定不想制造出一个东西，是无法控制的。

第三就是超人工智能，比较悬了，这个东西我觉得还很远，它的能力可以自我提升。因为第二个强人工智能它本来是有自我学习能力，当它能力自我迭代到一定程度的时候，它的智能可能就在某一个时刻，有一个突飞猛进的发展。借鉴地球上的生物智能，它的一个发展程度就是人的智能化。其实各个生物都有它自己不同层次的智能。但是人的智能是特别高的。将来会不会有超人工智能，这是一个可以探讨的问题，我们至少相信强人工智能，将来是有可能产生的。强人工智能就是通用的，因为人的大脑就是强人工智能现实存在的一个证明，人的脑子就能够做很多事情，它也能够进行学习。只是说它的运转机制，我们现在还不了解。佩德罗·多明戈，在他这本书里面，就设想了会有一个终极的算法能够达到我们通用人工智能的目的。

人工智能的历史非常短，2016 年人工智能界刚刚庆祝了人工智能诞生 60 周年。但是人类对于人工智能的探索，并不是从 60 年前才开始。在早期文学里边，就已有很多文学家做了很多各种设想，但是那些只是想象，跟能否把人工智能实现其实没太大关系。但是从 17 世纪以来一直到 1946 年计算机产生以后，人工智能才有一个物质基础。之前一系列的天才，还有先驱在理论方面做了探索，在 1946 年第二次世界大战的推动下，终于把基于电子管的第一台计算机给制造出来。

从 1943 年开始，人工智能就进入一个快速发展的阶段。一个标志性的事件就是沃伦·麦卡洛克和沃尔特·皮茨发表了一篇论文，提出了人工神经元模型，下面 M-P 神经元模型图是一个生物的神经元，他们把它抽象一下，变成一个数学模型。中间那个圆是神经元，要做点运算，把别的神经元传输给它的信号，它以适当强度做个加权，然后跟一个阈值作比较，如果大于一个阈值就输出 1，小于那个阈值就输出 -1 或者 0。这个可以认为是近代人工智能一个早期的发端。

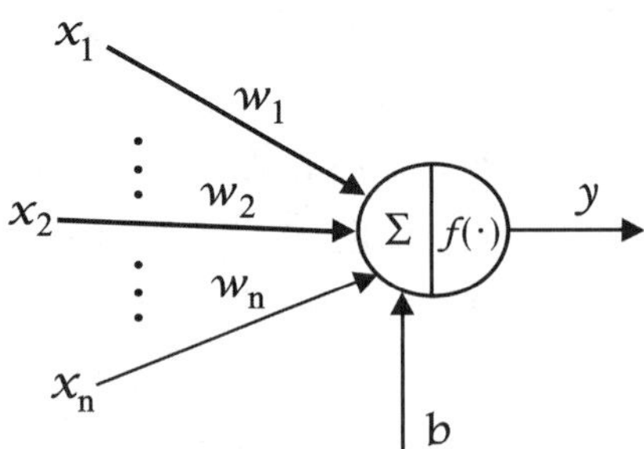

生理学家唐纳德·赫布提出了神经元到底怎么进行学习的一个规则，它通过外界刺激来进行反馈，然后神经元的连接会得到加强或者减弱。香农是

超级的天才，被认为跟爱因斯坦同等量级，但大家可能不太了解，他的知名度可能比较低一点，但是业界跟平常的大众的感觉是不一样的。爱因斯坦在物理学引起了一个革命，而香农则是在信息领域引起了革命。

真正的人工智能的鼻祖，大家公认的是阿兰·图灵，英国的一个数学家。图灵只活了大概 42 岁，自杀死了，因为他是一个同性恋者，在那个时候不受社会的宽容，所以他最后咬了一个带着氰化物的苹果自杀了。后来苹果公司就以被咬了一口的苹果作为原型设计了一个图标。图灵同时也是计算机公认的始祖，在 1936 年他提出图灵机的概念。他提出了一个模型，就是这个机器能够从纸带里面读一个字符，然后执行相应的动作，之后把它的输出写到纸带上面，它就干这三件事儿。当然后边就可以分析很多事情，他就证明了这么一个简单的图灵机的计算能力是非常之强的。1950 年，他提出图灵测试的概念，因为我们很难定义智能这个东西，图灵测试就是说 C 这个人，他是一个人类的判别者，A 是一个计算机，B 也是一个人，C 通过递纸条问问题，同样的一个问题，他送给 A 也送给 B，然后 A 把答案写下来，中间可以有个人帮它翻译，B 也把他的答案写下来，最后发送给 C，由 C 来看，经过若干轮以后，C 来判定 A 和 B 哪个是机器人？如果有 30% 的人判断错，那么就说明 A 这个程序通过了图灵测试。

所以到目前为止，对于智能并没有一个统一的定义，虽然大家隐隐约都能感觉到智能是个什么东西，但是这个概念事实上是动态变化的。比如 100 年前，如果有机器能够计算得非常快，一百位乘一百位不在话下，你肯定觉得它有智能，但现在大家不认为它有智能了。又比如说现在车牌识别可以做得非常好，这在 50 年前可能觉得非常智能，现在就觉得不那么智能了，所以智能是没有什么明确的定义的，虽然很多人都在探讨这事。人工智能真正诞生的标志性事件是 1956 年，有 7 个科学家，包括刚才说的香农，在达特茅斯学院这地方开了两个月的会。这两个月的会，提出了一个基本概念叫人工智能，并对人工智能将来要实现的目标做了一个规划。所以达特茅斯会议被认为是现代人工智能诞生的一个起点。在 50 年之后，7 个人里有 2 个去世了，所以只有 5 个人再重逢了。这张照片里除了马文·明斯基很好认，还有麦卡锡，这两个我能认得，其他人我也不认识，因为其他几个人在人工智能领域就不那么有名了。

在此之后，人工智能经历了很多次起起落落，大致来说是三起两落。1956 年开始诞生的时候，到 1974 年达到了一个高峰，在这之间符号学派占据了一个主流。符号学派，后面会介绍，它主要是通过符号，还有逻辑推理的方式来构造一个智能的机器。在 1974 年达到高峰后因为它的能力非常有限，大家对它很失望，所以这方面的热潮就退了。从 1980 年开始，专家系统，作为符号学派的一个特例，还有神经网络，作为连接学派的一个特例，又开始卷土重来，引起高度重视，所以又掀起了高潮。1987 年之后，因为个人计算机的诞生，美国国国防部对于 AI 方面的投入缩减，人工智能慢慢地又进入了一个低潮。1993 年之后，关于神经网络，还有支持向量机这方面，又开始复兴，成为人工智能的爆发期，1980 到 1987 年是一个黄金期，1956 到 1974 年是一个启蒙期，1993 年之后是一个爆发期，尤其是 2015 年之后，更是炙手可热。

在人工智能 60 年历程中，诞生了很多伟大的人物，这里只列举得过图灵奖的人。图灵奖是计算机学界里面最高的奖项，如果诺贝尔奖里设有一个计算机的奖项，那么图灵奖就相当于是那个奖项。就像数学，诺贝尔奖也没有数学奖，数学有菲尔兹奖，你如果得了菲尔兹奖就相当于得了诺贝尔奖里的数学奖。

马文·明斯基，他是两年前刚刚去世的，他在 1969 年获得图灵奖，麦卡锡 1971 年获得。然后纽厄尔和赫伯特·西蒙，他们两个老在一块，因此同时获得图灵奖。司马贺，这个名字是他自己起的，因为他精通七国语言，包括汉语，所以他给自己起名司马贺。再往后的话，前几个都已经过世了，这几个都还健在，尤其拉吉·瑞迪，莱斯利·维连特，还有朱迪亚·珀尔，更是对我们机器学习界有很大的影响。拉吉·瑞迪是我微软的导师沈向洋在 CMU 的导师。

总之，人工智能还在一个高速发展的过程中，你可以根据你的兴趣、你的强项提出你的观点，也可以说是一个盲人摸象的过程。盲人摸象，就是说我摸到啥我就认为是啥，我就宣称一下“象”是啥。所以你不好说哪个学派就好，哪个就不好，而是说大家都从多个角度对同样一个对象做一个描述，做一个探究，没有说哪个好哪个不好，只是说在历史发展过程中，各个学派各领风骚十几年，比如符号学派一开始是就非常火的，现在就不行了，但不好说，科学研究总是螺旋式上升的，也许过几年它又会兴盛起来。

符号学派实际上是最早的，它的基础是逻辑学和哲学，是用符号规则和逻辑来表征知识，进行逻辑推理。比如说如果有 A 就有 B，这就是逻辑，它会建一个逻辑库，把你所有的规则都写在里面，然后教计算机进行推理。对于简单的问题是可以的，但遇到大量的问题实际上就做不到，因为你得把所有的规则都替它总结了。这个是做不到的，尤其是常识的问题。实际上人工智能最难的问题之一就是常识问题，常识，人不用告诉他就知道，但机器不行。什么是常识呢？你一问人他又说不出来，所以你没有办法输入到系统里。

联结学派起源于神经生理学，它主要借鉴人脑，用神经网络的方式来构建一个可学习的机器，这三个人物，杨立昆、杰弗里·辛顿与约书亚·本吉奥，被认为是深度学习“三驾马车”。这里最牛的是辛顿，因为杨立昆和本吉奥都在他那做过博士后，而且这次深度学习的兴起，主要是由辛顿来推动的。

还有进化学派，是借鉴于生物学上的遗传学，它的解决方式就是做很多尝试。既然不知道预先的算法应当是怎么样，我需要从 A 走到 B，那我干脆把所有的情况都试一遍，然后从中选择最优，这个是比较懒的方法。虽然它有一定的通用性，但是效率肯定是比较低的。所以现在暂时也不占据主流的地位。

贝叶斯学派基于统计学，它主要进行概率推理，估计某件事的概率，还有因素之间的相关关系，然后可以通过适当的规则，也就是适当的机制，来进行概率性的推理，最终的结果都是概率性的。这个学派目前迈克尔·乔丹是最牛的，虽然他没得图灵奖，但是他在机器学习界的影响力现在越来越大。现在他也经常往中国跑。

最后一个是类推学派，起源是心理学，要用到数学的优化方法，它主要就是通过类比，对最近邻的东西进行类比，知道它的相似度在什么地方，才能够找出一个最近邻的，然后通过数学模型来进行求解。乌拉基米尔·瓦普尼克提出了支持向量机，他是苏联垮台后转移到美国的数学家，也是非常牛的一个人。侯世达，他写了《哥德尔、埃舍尔、巴赫——集异壁之大成》那本书，得了普利策奖。虽然没写过几本，但是他的思想深度是非常之高的，他也是精通中文的，侯世达也是他自己给自己起的名字。

下边来聊聊同学们可能比较关心的一个问题——怎么学习人工智能？我如果要选课的话，需要选哪些？首先，数学作为它的一个理论基础，人工智能需要用数学来建模所要研究的对象，所以数学工具是必不可少，尤其是其中的这几个部分，当然学得越多，可能灵活性就越高，但是基础的话，基本上都是要求掌握的。其次，我们必须在计算机上面实现我们的人工智能系统，所以计算机相当于是它的一个载体。当然你要学怎么设计程序，然后设计算法，怎么让算法更加的简洁，复杂度更低，将来还要部署到分布式系统上面，所以跟分布式计算有一定的关系。至于像计算机传统的科目像操作系统之类的，可能暂时不那么重要。

心理学涉及神经生理学，还有认知心理学，因为你要了解人对机器的反应是什么样的，尤其是认知心理学在设计人机交互系统时至关重要，不了解人是什么样子，设计出来的系统人没法用。为什么大家说苹果手机好，因为它人机交互界面考虑到人的习惯、心理预期之类的，所以你觉得很好用。而且涉及配色的东西，人一眼看到就是各种颜色特别协调。这些都是认知心理学方面所需要的。神经心理学主要是为了设计机器学习算法，可能需要用到。基础课的话主要有这些。模式识别、机器学习是教计算机进行学习、判断的；视觉、语音，还有自然语言处理，主要是用机器学习方法来解决特定的视听说写之类的问题。人机交互就是要让人跟计算机能够自然的交互，鼠标键盘本来也是人机交互的一个部分，是一个里程碑。但是未来我们肯定不想什么东西都是鼠标键盘，现在智能手机的兴起，是因为我们用触摸来做人机交互。未来我们希望能够用自然语言跟机器做自然交互。

最后希望通过我们的努力，让世界充满 AI！

感谢大家的倾听，希望大家听了我的报告有一定的收获，如果有疑问，可以随时跟我进行交流。谢谢大家！我特别希望你们问问题。

【互动环节】

Q：老师好，我想了解一下，就是说人工智能技术，现在中国在实际的生产中有哪些领域的应用。

A：事实上，我之所以说让世界充满 AI，当然你也可以说充满爱，其实并不是我的一个呼吁，而是说 AI 将来会渗透到人类生活的方方面面，就像电力、水、空气一样，是不可或缺的，因为 AI 的应用，有一个历史的推动力在里边。现在数据采集是特别多的，比如说你的平常在淘宝上买东西的行为，银行卡的交易行为，还有你买水、买电，甚至你平常的考试、考试成绩之类的，将来都会存在一个信息系统里面。所以为什么前面说有个信息化的过程，工业革命里面第四步是个信息化，就是说世界上所有你感兴趣的信息，都会存储到一个很大的系统里边。无论这是私有的还是公有的，都是存在一个系统里。那么你怎么去处理这么大量的信息，这就是个问题，AI 是你绕不过去的一个技术，你必须使用 AI 技术才能够有效地处理这些信息。所以目前，可能主要在无人车、金融反诈骗、互联网金融等方面有各种各样应用，但是将来它的应用会更多。前面说 AI 几起几落，但我相信它再来一个冬天的可能性是不大了。它可能会进入到一个秋天，但绝对不会再回到冬天了，因为它是现实推动的应用需求。我相信它的热度可能会稍微下来点，但不会像前面一样下来那么多。

Q：老师好，我想问一下，之前看过一句话叫作数据不等于信息，信息不等于知识，知识不等于智慧，所以我比较好奇人工智能从大数据的搜集到产生智慧的过程大概需要经历哪些程序，它最后真的能够像人一样拥有所谓的智慧的结晶吗？还有第二个问题就是说未来很多的职业可能会被人工智能取代，我之前想要往传媒方面发展，因为觉得可能像娱乐新闻应该就不会被人工智能取代了，结果刚刚听你说现在很多新闻稿都是人工智能写的，然后我就开始有一点困惑，想知道我们这些可能对理科不感兴趣、也不太可能从事人工智能行业的人该怎么应对人工智能的侵略？谢谢老师。

A：第一个问题“人工智能从数据采集到最后产生智慧的有哪些步骤”，其实我现在觉得它暂时还没有达到能产生智慧的过程，但产生知识的话这一步现在已经做到了，信息的处理首先会有一个数据清洗的过程，大量数据化采集的时候，它是无结构的或者信息不完全的，不利于我们进行数据处理，这要进行数据清洗，把它整理成一个很有结构的东西，然后进行存储，方便我们进行检索，这个是最基础的数据库所做的事情。再往上的话，你在里面提取一些信息，比如在网上挖掘数据，找出因素之间的一个相关性，最著名的例子就是啤酒和尿布，是吧？在超市里有人发现啤酒和尿布放在一块销量就会互相提高，但中间到底什么关系，谁也说不清楚。但是你从数据里面是能够挖掘出这么一个关联性的，所以数据挖掘是一个非常初级的数据处理。再往上的话，你可能要探寻一些因果关系之类的东西，这比较难一点。你还可以对你感兴趣的问题做个建模，这是机器学习的范畴，比如说我要对用户行为做个建模，我要预测用户对某个商品是否会感兴趣，然后主动地给他推荐广告。再往上的话，很多东西就跟你的应用的关系特别大，比如说你要做语音，你就得考虑语音的因素，你做图像，你的技术要跟图像相关，做文本就要跟文本相关，有些问题在语音里面不是问题的，在文本里面就是问题，比如说你要把数据分段，在文本里面每个字符自然就是断开的，而语音就不是。所以再往上的话就好不好统一回答。知识方面，我想这个只是说它以非常有结构的方式来进行生成，像 CMU 开发了一个终身学习系统，每天时时刻刻都在网络上扒取，以它的规则来从网页上来提取一些信息，然后把它存下来，相当于提取比较初级的知识，这个是可以做到的。但智慧的话我觉得现在还做不到，我觉得只有将来达到强人工智能的时候才会有可能实现。因为智慧这东西我感觉好像也没有特别明确的定义，怎么这个人就显得特别智慧？这个不是太清楚。

第二个问题是有哪个专业的有可能会被人工智能替代，其实我觉得你应该看看李开复写的有哪些比较危险的专业，它们有些特点，比如重复性的、复杂性比较低，这些专业很容易被人工智能所替代，因为计算机天生擅长做这种重复性的东西，循环一万次跟做一次相比，其实它的消耗并没有特别的增加，但人就不一样，做一次跟做两次差别可太大了。所以你只要是做一些有创意的东西，即使新闻稿，说 80% 是机器写的，但它的质量就目前来看还不是太好，但是如果要写出非常有文采的、有深度的新闻稿其实还是需要人来做的。我不相信像普利策奖这种奖励很高深、很高级新闻稿的这么一个奖项，会颁给一个机器生成的新闻稿。你想想高级程度的，肯定不是很繁重的东西，得是一些有创意的东西，像搞数学。另外就是你要能够产生新的知识，我觉得这才是最根本的，因为现在人工智能还远远做不到，它只能从现有的知识里面提炼一下，但它本身还产生不了新的知识。但也不好说过 100 年后它会发展成怎样，我预测不了 100 年后会怎样。所以我觉得你只要做有创意的东西，人工智能就很难替代你的，至少在 50 年之内你还是很安全的。

Q：谢谢老师。所以我觉得现在发展人工智能可能更需要理科型的人才，但是以后它想要更像人的话，可能会往感性一点的方面去发展，然后我就只要把自己能做好的事情做好就可以了，对吧？

A：是的，你就是要把人擅长做的事情做到极致。事实上，这有很多综合因素在里面，现在计算机还做不到自动集成非常多的信息。

Q：老师，关于您刚才提到弱人工智能和强人工智能这一块我想了解一下，因为我以前听过一个说法，从弱人工智能到强人工智能，我们可能花十年的时间，但是如果给强人工智能足够的信息来源，鉴于他自己已经有学习的能力，它是否可能在很短的时间内就自己通过进化发展到一个超人工智能，人类不能控制它的一个地步，会不会有这样的事情发生？

A：我觉得理论上都是有可能的，但是我们是不是因为担心这个事情，就不去发展人工智能了，我觉得还是没有什么必要的。我实际上没谈一件事，就是人工智能伦理，事实上业界也在探讨，比如北大法学院那边，他们就有人研究人工智能伦理。人工智能伦理跟生物学伦理一样，这两天贺建奎编辑婴儿胚胎搞的动静很大，因为它突破了生物学的伦理，我们人工智能界也有这方面的伦理，但这个我感觉还差得很远。人工智能现在的发展阶段跟生物学那边差距还是蛮大的。生物学已经到了细胞的每个蛋白质对于生物体未来功能的影响都了解得差不多了的程度，所以可以按照人的意志进行编辑。当然我也不是那个领域的专家，这个信息也不是了解得特别地准确，但我感觉这样的阶段比人工智能目前的水平要先进很多，所以生物学已经达到了一个奇点，很多人都能很容易地突破生物学伦理的界限，但是人工智能离这样的奇点还很远。另一方面，我个人认为伦理只管君子，不管小人。有正义感的人他会遵守，但是没有正义感的人他就不会遵守。人工智能现在还差得很远，我觉得现在担心它的奇点还太早，但是有些人愿意花时间去设置一些防范措施，我们也是欢迎的。关于超人工智能，我没有什么明确的答案，因为有些人说超人工智能可能会受限于物理上能量的约束，所以它是不会出现的，这个我不是特别地了解。

周　迪

高级工程师，科技部国家科技专家库专家、国家标准委技术委员、科技部登记“发明创业奖·人物奖”获得者、科技部创新人才推进计划评价专家、商务部机电产品国际招标评审专家、百度百科学术委员会委员。厦门市高层次人才、厦门市青年“双百计划”A类人才。先后获得国际发明展金奖（科技部登记），全国发明展金奖（科技部登记），福建省科学技术进步奖等政府部门认定的科技奖20多项。获得国家发明专利、软件著作权等知识产权20多项。审核了50多项国家标准，作为主要起草人参与起草了国家机器人立项标准计划。主持和参与了国家、省、市级科技项目12项。作为第一完成人主持完成教育部科技成果4项。主编了教育部国家规划教材2部。

科技创新与人工智能①

首先很高兴和学弟学妹们相聚。双十中学是我的母校。这么多年来，我

① 2018年5月20日周迪高工应邀到我校高中部开设此专题讲座。

一直在双十中学校训“勤毅信诚”的影响下。在科技创新领域不断努力，逐渐成为科技部国家科技专家、“发明创业奖·人物奖”获得者。现在回母校演讲，倍感荣幸。时至今日，我还能记得双十中学的校歌：

钦吾侪，学生雍融相聚一堂，
鹭岛上，鹿洞旁，
共研磨，发奋图强。
习琴书，和弦歌，乐未央，
一班班一行行，气象煌。
勤毅信诚，敬业乐群，
同学记着勿相忘，
努力为国争荣光。

其中校歌的最后一句，“同学记着勿相忘，努力为国争荣光”一直作为我的座右铭，激励着我在科技道路上不断奋进。科技没有平坦的大道，只有不畏劳苦，沿着陡峭山路攀登，才有希望达到光辉的前峰。“同学记着勿相忘，努力为国争荣光”就成为不断攀登的动力。

一、人工智能简介

在风雨飘摇的战争年代，“努力为国争荣光”就是金戈铁马，黄沙百战，不斩楼兰终不还；在现代科技浪潮席卷而来的时代，“努力为国争荣光”就是自强不息，攻坚克难，为我们国家在科技战略上创建新功。因此，我们今天就从科技创新开始讲起。

生活给科技提出了目标，科技也照亮了生活的道路。人类生产生活设备的高效高精度是科技发展的一个重要目的。20 世纪初，人类通过科技手段，对生产生活设备的加工精度达到 10 微米；20 世纪 30 年代突破了 1 微米；20 世纪 50 年代达到 0.1 微米；20 世纪 70 至 80 年代达到 0.01 微米；目前在智能技术的帮助下，已经突破了 0.001 微米，即成功实现了纳米级加工。例如能够加工出了比蚂蚁还小许多的微齿轮。日新月异的技术，促使我们不断开拓新的领域和战场。

这其中，人工智能已经成为继机械化、电气化、信息化之后的第四次技术革命，将给人类带来前所未有的改变。当你在网上购物时，对话式线上机器人能准确理解你的需求，迅速解决问题；在医院，人工智能可以帮助医生检测病情；在律师事务所，人工智能已经可以回答律师和客户对它提出的专业法律问题……可以说，人工智能正深刻地改变着人类的认知与生活。目前世界主要发达国家把发展人工智能作为提升国家竞争力、维护国家安全的重大战略。早在 2016 年 10 月，美国政府就发布了《国家人工智能研究和发展战略计划》，表示人工智能战略规划将成为美国新的“阿波罗登月计划”，2018 年 5 月，美国白宫又成立人工智能专门委员会。2018 年 4 月 25 日，欧盟计划在两年内在人工智能领域投资 240 亿美元。英国创新署发布了《人工智能 2020 国家战略》《英国机器人及人工智能发展图景》，先后拨付 50 亿英镑的财政资金，全面启动了人工智能发展的国家战略计划。日本政府将人工智能技术视为带动经济增长的“第四次产业革命”的核心尖端技术，于 2017 年 3 月制定了人工智能发展路线图，分三阶段推进产业化。俄罗斯总统普京表示：“未来谁率先掌握人工智能，谁就能称霸世界”。

2017 年，中国国务院印发了《新一代人工智能发展规划》（国发〔2017〕35 号），明确要求：“把人工智能发展放在国家战略层面系统布局、主动谋划，牢牢把握人工智能发展新阶段国际竞争的战略主动，打造竞争新优势、开拓发展新空间，有效保障国家安全。”

既然世界各国都如此重视人工智能，那么什么是人工智能呢？要了解人工智能，得先从自然智能讲起，自然智能指人类和一些动物所具有的智力和行为能力。人类的自然智能，是人类在认识客观世界中，由思维过程和脑力活动所表现出的综合能力。人脑的结构由 140 亿到 160 亿个神经元，分布并行，具备了记忆、思维、观察、分析等功能。但是人类大脑是如何实现智能的，目前仍然是世界两大难题之一（宇宙起源、人脑奥秘），有待我们去探索发现。

人工智能就是利用人工实现自然智能的一部分功能，是能够模拟、延伸和扩展人类智能的理论、方法、技术及应用系统。可以从能力和学科两个方面讨论：

能力方面，人工智能就是用人工的方法在机器（计算机）上实现的智能，或称机器智能。

学科方面，人工智能是一门研究如何构造智能机器或智能系统，以模拟、延伸和扩展人类智能的学科。

具体到人工智能实现自然智能的功能，可以用看、听、说、行动、思考、学习六个方面来说：

会看：图像识别、文字识别、车牌识别。

会听：语音识别、说话人识别、机器翻译。

会说：语音合成、人机对话。

会行动：机器人、自动驾驶汽车、无人机。

会思考：人机对弈、定理证明、医疗诊断。

会学习：机器学习、知识表示。

我们的祖先从古代就尝试着用机器实现一部分智能功能，如指南车的定向“机关人”，司辰、击鼓、报时的“机关人”，会跳舞的“人形舞姬”等，都体现了古人的智慧。1936 年，英国科学家图灵提出“理论计算机”模型，被称之为“图灵机”（Turing Machine），创立了“自动机理论”。1950 年，图灵发表了著名论文《计算机能思维吗？》，明确地提出了“机器能思维”的观点。1943 年，美国科学家麦卡洛克（W. S. McCulloch）、W. H. 皮茨（W. H. Pitts）研制出世界上第一个人工神经细胞模型，被称之为“MP 模型”，从仿生学观点，以结构模拟方法，探讨人工智能的途径。1948 年，美国科学家维纳等创立了“控制论”（Cybernetics），研究动物与机器中的控制和通讯的共同规律，在生物科学与工程技术之间架起了学术桥梁，开拓了从行为模拟观点研究人工智能的园地……一代代的科学家在这条道路上披荆斩棘，勇攀高峰。

人工智能的概念诞生于一次历史性的聚会。1956 年夏季，美国达特茅斯（Dartmouth）大学，以麦卡锡、明斯基、洛切斯特和香农等为首的一批有远见卓识的年轻科学家在一起聚会，共同研究和探讨用机器模拟智能的一系列有关问题，会议结果，由麦卡锡提议正式采用了“人工智能（Artificial Intelligence）”这一术语。标志着人工智能的正式诞生。这里，请允许让我重温这些伟大的名字吧：

会议发起人：

麦卡锡（J. McCarthy）：达特茅斯（Dartmouth）大学的数学家、计算机专家，后为麻省理工学院教授。

明斯基（M. L. Minsky）：哈佛大学数学家、神经学家，后为麻省理工学院教授。

洛切斯特（N. Lochester）：IBM 公司信息中心负责人。

香农（C. E. Shannon）：贝尔实验室信息部数学研究员。

参加人：

莫尔（T. More）、塞缪尔（A. L. Samuel）：IBM 公司。

塞尔夫里奇（O. Selfridge）、索罗蒙夫（R. Solomonff）：麻省理工学院。

纽厄尔（A. Newell）：兰德（RAND）公司。

西蒙（H. A. Simon）：卡内基（Carnagie）工科大学。

会议结果：

由麦卡锡提议正式采用了“人工智能（Artificial Intelligence）”这一术语。

二、人工智能测试

人工智能之父图灵于1950年提出了著名的图灵测试，以测试机器是否具备了人工智能。测试如下：

图灵采用“问”与“答”模式，即观察者通过控制打字机向两个测试对象通话，其中一个是人，另一个是机器。要求观察者不断提出各种问题，从而辨别回答者是人还是机器。图灵还为这项测试亲自拟定了几个示范性问题：

问：请给我写出有关“第四号桥”主题的十四行诗。

答：不要问我这道题，我从来不会写诗。

问：34957加70764等于多少？

答：（停30秒后）105721。

问：你会下国际象棋吗？

答：是的。

问：我在我的K1处有棋子K；你仅在K6处有棋子K，在R1处有棋子R。轮到你走，你应该下哪步棋？

答：（停15秒钟后）棋子R走到R8处，将军！

图灵指出：“如果机器在某些现实的条件下，能够非常好地模仿人回答问题，以至提问者在相当长时间里误认它不是机器，那么机器就可以被认为是能够思维的。”

从表面上看，要使机器回答按一定范围提出的问题似乎没有什么困难，可以通过编制特殊的程序来实现。然而，如果提问者并不遵循常规标准，编制回答的程序是极其困难的事情。例如，提问与回答呈现出下列状况：

问：你会下国际象棋吗？

答：是的。

问：你会下国际象棋吗？

答：是的。

问：请再次回答，你会下国际象棋吗？

答：是的。

你多半会想到，面前的这位是一部笨机器。如果提问与回答呈现出另一种状态。相反地，如果是：

问：你会下国际象棋吗？

答：是的。

问：你会下国际象棋吗？

答：是的，我不是已经说过了吗？

问：请再次回答，你会下国际象棋吗？

答：你烦不烦，怎么老提同样的问题。

那么，你面前的这位，大概是人而不是机器。上述两种对话的区别在于，第一种可明显地感到回答者是从知识库里提取简单的答案，第二种则具有分析综合的能力，回答者知道观察者在反复提出同样的问题。

让计算机来冒充人。如果不足70%的人判对，也就是超过30%的裁判误以为在和自己说话的是人而非计算机，那就算作成功了。

2014年6月8日，计算机尤金·古斯特曼成功让人类相信它是一个13岁的男孩，成为有史以来首台通过图灵测试的计算机。这被认为是人工智能发展的一个里程碑事件。

2015年11月，*Science*杂志封面刊登了一篇重磅研究：人工智能终于能像人类一样学习，并通过了图灵测试。测试的对象是一种AI系统，研究者分别进行了展示它未见过的书写系统（例如，藏文）中的一个字符例子，并让它写出同样的字符、创造相似字符等任务。结果表明这个系统能够迅速学会写陌生的文字，同时还能识别出非本质特征（也就是那些因书写造成的轻微变异），通过了图灵测试，这也是人工智能领域的一大进步。

三、人工智能的学派

传统的人工智能形成了三大学派：

（一）功能学派：符号主义学派

这是指基于符号运算的人工智能学派，他们认为知识可以用符号来表示，认知可以通过符号运算来实现。例如，专家系统等。国际第一个化学分析专家系统DENDRAL、斯坦福大学研制的医疗专家系统MYCIN（血液感染病的诊断、治疗和咨询）、地质勘探专家系统PROSPECTOR等都是其代表性成果。

（二）结构学派：连接主义学派

这是指神经网络学派，在神经网络方面，继鲁梅尔哈特研制出BP网络之后，美国的圣迭戈（San Diego）国际人工神经网络学术大会又掀起了人工神经网络的第二次高潮。之后，随着模糊逻辑和进化计算的逐步成熟，又形成了“计算智能”这个统一的学科范畴。

（三）行为学派：行为主义学派

这是指进化主义学派，起始于信息论创始人香农研制的“香农老鼠”。在行为模拟方面，麻省理工学院研制的能在未知的动态环境中漫游的有6条腿的机器虫。目前的智能机器人均源于该学派。

随着研究和应用的深入，人们又逐步认识到，三个学派各有所长，各有所短，应相互结合、取长补短，综合集成，形成了“新一代人工智能”。

四、人工智能的应用

我国首批国家新一代人工智能开放创新平台共有四个：百度公司建设自动驾驶国家新一代人工智能开放创新平台，阿里云公司建设城市大脑国家新一代人工智能开放创新平台，腾讯公司建设医疗影像国家新一代人工智能开放创新平台，科大讯飞公司建设智能语音国家新一代人工智能开放创新平台。

这里我重点介绍一下无人驾驶人工智能：2015年，百度开始大规模投入无人车技术研发；2015年12月，百度在北京进行了高速公路和城市道路的全自动驾驶测试；2016年9月，百度无人驾驶汽车获得美国加州自动驾驶路测牌照；2016年11月，百度在乌镇开展普通开放道路的无人车试运营，数百名参加乌镇世界互联网大会的嘉宾和记者试乘了百度无人车。

在乌镇，百度无人车已经展现了新一代人工智能的领先技术。其技术核心是“百度汽车大脑”，百度大脑基于计算机和人工智能，模拟人脑思维的模式，拥有200亿个参数，通过模拟人脑的无数神经元的工作原理进行再造、存储及“思考”。百度汽车大脑包括高精度地图、定位、感知、智能决策与控制四大模块。其中，自主采集和制作的高精度地图记录完整的三维道路信息，能在厘米级精度实现车辆定位。同时，百度无人驾驶车依托国际领先的交通场景物体识别技术和环境感知技术，实现高精度车辆探测识别、跟踪、距离和速度估计、路面分割、车道线检测，为自动驾驶的智能决策提供依据。百度无人驾驶汽车可自动识别交通指示牌和行车信息，具备雷达、相机、全球卫星导航等电子设施，并安装同步传感器。车主只要向导航系统输入目的地，汽车即可自动行驶，前往目的地。在行驶过程中，汽车会通过传感设备上传路况信息，在大量数据基础上进行实时定位分析，从而判断行驶方向和速度。

2018 年，百度开创了自动驾驶产品化的元年，但这仅仅是自动驾驶汽车进化的起点。未来，自动驾驶汽车也将以完全不同于传统汽车的逻辑进化。自动驾驶不仅可以送快递、自动打扫卫生、充当餐厅的服务生、陪伴和护理病患，还可以在路面情况允许的景区和场馆充当导游，承担公共场所的安防工作，辅助进行抢险救灾，甚至完全自动化地跑到农村的田间地头，插秧播种……

此外，还想给同学们介绍一下我们目前正在致力于研发的智能酒店系统，这个项目受到国家、省、市的支持，研发出相应的知识产权。我们相信，智能酒店在不久的将来，将会给酒店行业带来一场变革，开启智能酒店的新时代。

（一）智能酒店服务机器人

智能酒店服务机器人可以提供多人语音对话、音乐点播、旅游资讯、美食推荐、百科讲解、敬语问候、叫醒服务等功能的人机声控智能。靠人的声音就可以命令机器人开启灯光、空调、电视、窗帘、背景音乐，甚至互动聊天。进行上网遨游、浏览酒店信息、查询天气预报、旅游信息、点播电影、听歌、阅读时尚杂志、娱乐游戏。比如用人声询问第二天天气情况，机器人就会自动报出天气预报。以及让机器人打开或关闭灯光，把温度调到多少度等。还可以通过机器人查询账单、餐厅预定、SPA 预定、订餐、预订机票火车票。机器人附带语音识别系统、专家系统、机器学习系统，形成如下功能：

会看：图像识别、指纹识别、人脸识别。

会听：语音识别、机器翻译。

会说：语音合成、人机对话、旅游攻略提供。

会思考：旅游路线分析。

会学习：机器学习、知识表示。

之后还将探索通过机器人实现无人值守酒店功能，即前台设置酒店自助入住机器人，实现从预订、登记、呼叫打扫、退房实现全流程线上操作完成。站在机器前，扫身份证、刷脸，通过微信、支付宝等扫码缴费后，房卡就自动吐出。简化手续、节约时间，同时也提高体验感。

服务机器人的核心技术是机器视觉与检测，依托在机器视觉方面的技术，将机器视觉系统、语音识别系统、激光测量校准系统、数字化自动控制系统和高速高精度机器人相结合，用机器视觉感知客人的行为，激光测量校准系统进行修正，数字化自动控制系统进行核心控制。

（二）全方位智能酒店管理系统（PMS）

由酒店管理系统PMS、酒店客控系统、酒店影视系统、旅游生活服务平台、酒店监控系统、酒店会议系统等组成。一体化设计、数据共享、一站式服务。

酒店管理系统PMS含前台接待、客房管理、餐饮管理、健康娱乐管理、连锁管理、数字化借口、财务管理、物流管理、系统维护、工程维修等模块。其中房态管理真正实时房态，实现拖拽操作，集成前台与房务的大部分操作。界面直观，操作使用简捷、明快，快速开房只需三分钟。

联动系统：推开房门，房间灯光全部亮起，投影电视播放欢迎入住的音乐，中央空调加湿器都齐全，而且都可以通过的APP控制。

智能电话接听系统：电话响起时房间内的广播和电视将自动变成静音，按下按钮就可免提接听。

从宾客进门开始，办理入住、服务查询、免费上网、无线点餐、语音通信，无线需求无处不在。

项目组研发了一系列相关管理系统，均获得软件著作权。

（三）智能硬件设备

将之前自主研发的智能硬件设备进行落地。采用基于通信网络和无线传感网络的物联网支撑平台，引入多种传感信息的智能化信息处理。

（1）中央控制系统：采用中央控制系统控制各种硬件，从门锁、灯光、电视、空调，到窗帘，这些设备的控制开关都已连接到人工智能中央控制系统，并上传到客房系统云端，客人每走近一步，这些设备就会逐步接收到激活的指令，并开始运作。到客人走进房间时，房间温度已经调好，灯光随着光敏传感器对外界照明的感知调节到合适，打开门，背景音乐自动响起。

（2）红外传感系统：在每一个客房里都设置了嵌入式红外传感器，可检测人体热量，工作人员通过门口的指示器了解到房间内是否有人，以及入住的房客是否已提醒“请勿打扰”，客人出现异常情况（如跌倒）迅速反应。进出不需要插卡，客人进入房间，红外传感系统通过热成像感知，自动采电；当客人外出时，红外传感系统自动断电。

（3）空调：借助项目组研发的空气检测技术，实时监控酒店房间的空气质量，一旦二氧化碳、PM2.5 超标时，自动开启送风系统，送入经过滤的含高负离子的新鲜空气，直到房间空气达到标准，停止送风。在前台办理登记手续后，系统已经将客房的空调自动打开，让客人走入房间就享受到凉爽的惬意；当客人离开房间但没有退房时，系统会自动转入节能模式，不仅能够控制房间里的空调，还可以记录不同客人的喜好，对房间的温度、湿度进行调节。

（4）门禁：除了房卡外，还采用人脸识别、指纹识别、手机二维码识别、密码识别、手势识别等多种系统设置门禁。当客人打开房门后，欢迎模式自动启动，灯光根据入住的时间段自动调整到合适亮度，窗帘徐徐打开，背景音乐自动响起，让客人在进入房间后体验到一种前所未有的舒适。

客人在房间内如不需要外界打扰，只需按一下安装在墙面的“请勿打扰”按键，门口的门铃即失效；客人如需清理房间，只需按一下安装在墙面的“请即清理”按键，即可将服务信息传递到客房中心；客人只需简单的一步操作即可实现酒店提供的温馨服务。客人如需退房，按一下安装在墙面的“预约退房”按键，客房中心和前台即可收到该退房信息，走到前台时，账单已经打印完毕只需签字确认即可。缩短客人退房时的等待时间，提高服务效率的同时增加了客人的满意度。

（5）监控系统：采用智能化、网络化视频监控平台技术。360 全方位探测，采用的吸顶探测器具有独特且耐用性高的球形透镜，能够提供 360 全方位探测的绝佳性能。集成了抗 RF 干扰、温度保护和杂讯抑制等抗误报技术，其反干扰技术更能够阻止当多个探测器在同一探测区域相互干扰时引起的误报。

（6）照明系统：照明系统全智能控制，可以语音开关。灯设置成多种情景模式（如：全亮、柔和、休闲、电视、阅读、睡眠、起夜等）。室内照明亮度与光敏传感器对接，光敏传感器是利用光敏元件将光信号转换为电信号的传感器，它的敏感波长在可见光波长附近。能感应光线的明暗变化，输出微弱的电信号，通过简单电子线路放大处理，以此控制LED灯具的自动开关。利用场景变化增加环境艺术效果，产生立体感、层次感，营造出舒适的环境。采用缓开启及淡入淡出调光控制，可避免对灯具的冷态冲击，延长灯具寿命。系统可延长灯泡寿命2～4倍。

（7）智能窗帘：用智能窗帘开关实现对电动窗帘的电机正转，反转进行控制，同时窗帘可以设置与灯光的场景控制功能，比如一键开灯的同时关窗帘，且通过总线连接能够实现终端设备对窗帘状态的控制。且窗帘控制开关能够与室内灯光进行联网控制，设置开灯的时候关联窗帘的各种状态。

（8）卫生间的智能控制：当客人进入卫生间时，安装在墙壁上的智能开关为客人进入卫生间提供了多种模式的选择，如盥洗、如厕、洗浴。不同的模式为您营造不同的灯光气氛，如选择洗浴模式后，安装在玻璃边的卷帘缓缓放下，灯光调整到温馨的环境，喇叭音乐开始播放轻音乐，在轻松、舒缓的气氛中享受洗浴放松。当您离开后，系统在探测不到人时，会自动关闭卫生间的灯光、并升起卷帘，也实现了节能。

五、人工智能的讨论

不可避免地，人工智能的发展，也引发了一系列争议和讨论。回顾往昔，机械化时代，蒸汽机的发明引起了一阵恐慌，人们认为蒸汽机等机械在运动能力方面远远超过人类，将取代人类，实际上没有；电气化时代、人类认为电气技术将替代人类，实际上也没有；就在十年前的信息化时代，电子商务席卷而至，人们认为商业将受到巨大冲击，大量人员即将失业，事实上，随着传统商业的萎缩和电子商业的发展，程序员、电商客服、快递小哥、外卖等行业迅速崛起，不但没有造成失业潮，反而提供了许多新的就业岗位。随着人工智能的发展，我们的许多担忧也将随着时代的发展而找到解决的途径。科技本身没有天使和魔鬼之分，人工智能亦是如此。人工智能未来的发展，取决于人类自身。

在这期间，我最大的担心，不是人工智能会不会取代人，而是人会不会变成机器。时代的发展，使得人类越来越趋向于机器化地生存，模式化的生活方式，精致利己主义的思维，不断计算个人利益得失后的判断……如果有一天，人类的思维完全凭借利己主义的计算，那么，与机器又有什么不同呢？所以，我们担心的不是人工智能取代人，而是人类主动变成机器！人类如果不要变成机器，就应当维护人类的情怀，坚守自己的初心，保持对家国的热爱，对民族的信仰，无私奉献，无畏牺牲，心怀天下，追求美好。那么，人类将永远会有自己的一片碧海蓝天！

六、结语

科技的进步，带给人类无穷无尽的想象。科技开启智慧的钥匙，引领你走向知识的殿堂。科技是汇聚智慧的灯塔，灯塔越高，照亮的范围就越宽广。我们所有的工作就是让这座智慧的灯塔不断攀升，不断照亮我们前进的道路。这个过程永不停息，永无止境。在这里，请允许我用《独立宣言》的一句话："以我们的生命、我们的财产和我们神圣的名誉，彼此宣誓。"

全新的时代带给我们全新的机遇。美好的前景、宽广的舞台、激昂的鼓点，像星辰大海吸引着我们，像希望田野呼唤着我们，像奋进旋律鼓舞着我们。让我们侧耳倾听、响应召唤、奋发有为，明天的智能时代，一定闪烁着同学们的身影和智慧！

同学感想

周迪高工的讲座内容从自然智能与人工智能的辩证关系讲起，将现代科技的高效化、精密化、信息化等等特点娓娓道来。其中以人工智能的发展为主线，将其精髓与生活相联系，应用于生活，贯穿于生活。从最早的人工智能“指南车”，到通过图灵测试的划时代计算机尤金古斯特曼，到今日令人眼花缭乱的自动驾驶、城市大脑、医疗影像……一个个熟悉而又陌生的字眼，经过他温和又耐心地细细倾诉，少了一份佶屈聱牙之艰涩，多了一份触手可及之真实。作为百度百科学术委员会委员，他具体详细地向我们介绍了百度研发的自动驾驶的发展与应用。无论是毫秒之内的急停反应，还是智能教练车，共享汽车等新兴概念，周迪高工带来的不仅是人工智能发展至今的成果，更让我们感到，人工智能带来的出行方式的改变，将影响生产方式，社会管理方式等的改变。这牵一发而动全身之改变趋势，无一不与我们的生活息息相关。正是人工智能与人类、与生活的交互，使科技脱去了冰冷躯壳，如温润春风拂面，我们置身其间，感叹其博大与绚烂。

法朗士有言，“最难得的勇气，是思想的勇气。”以周迪高工所代表的奋斗在当今社会人工智能最前沿的工程师们，他们身上这股勇气足以精骛八极，心游万仞。于我辈学子而言，他们奋斗的身影无疑是最有力的鼓舞，鼓舞我们积根而成大木百寻，汇流而成沧海万仞。鲁迅曾说：“过去现在将来，于现在有意义，才于将来会有意义。”现代科技如丝丝脉络一般接起时代发展的主干，我们应成为其间最坚韧的枝节，让祖国崭新的姿态走向时代的前线。

——王熙荣

曾昭磐

厦门大学航空航天学院自动化系教授。福建省系统工程学会名誉理事长。被聘为中国空间技术研究院兼职研究员，厦门市政协教科文卫委特邀研究员，厦门信息港建设专家咨询委员会成员。被聘为美国《数学评论》杂志评论员。在国内外学术刊物发表论文 80 多篇，主持完成系统工程应用研究课题 20 多项，其中国家级项目的子课题 1 项，部级项目 1 项，省级项目 5 项，市级项目 3 项，涉及科技、能源、电力、信息化、区域规划、人口、海洋等领域。出版著作 4 部。

铁皮屋里飞出金凤凰

——北斗卫星导航定位系统与航天精神[①]

一、引言

（一）定位、导航的基本问题

日常导航的例子有指南针导航、天文导航、观测导航、地图导航、无线电

① 2017 年 1 月 7 日曾昭磐教授应邀到我校高中部开设此专题讲座。

导航……定位、导航的基本问题在于：用户现在在哪里？要去哪里？怎么走？

（二）卫星导航系统的组成

卫星导航系统由空间段、地面段和用户段三部分组成，空间段为导航卫星组成的星座；地面段包括主控站（负责系统运行管理与控制等）、注入站和监测站等地面站；用户段包括系统用户终端（接收机）以及与其兼容的其他卫星导航系统终端。

（三）三球面交会定位原理

卫星导航系统的定位均采用三球面交会定位原理：已知三颗卫星的空间位置，用户测量出到三颗卫星的距离；以三颗卫星为球心，以相应的距离为半径分别画三个球面；这三个球面相交于两个点，根据地理常识可确定其中一点即为用户位置。

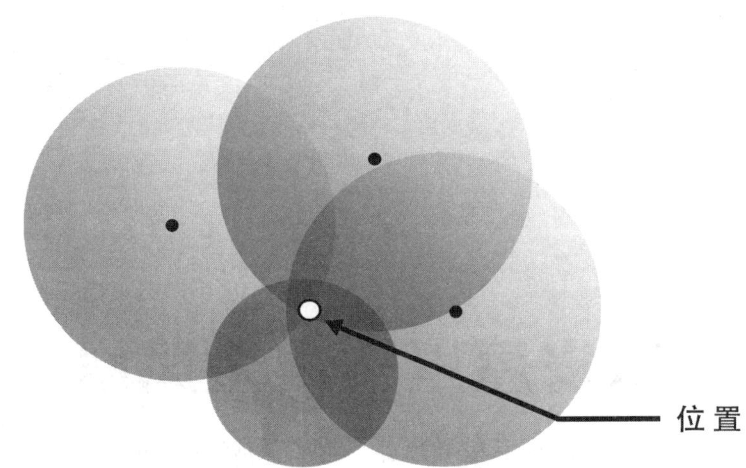

二、北斗卫星导航定位系统（以下简称“北斗”）

“北斗”是我国国防和经济、科技、社会发展的重要基础设施，是我国航天史上迄今为止规模最大、系统性最强、技术最复杂和建设周期最长的航天基础工程，是国家制陆权、制空权、制海权、制天权和网络控制权的坚强卫士，对我国国家安全体系的重要性不可估量。

“北斗”建设路线图——“三步走”：第一步是2000年至2003年建成北斗卫星导航定位试验系统（“北斗”一号）；第二步是2012年建成覆盖

亚太大部分地区的北斗卫星导航定位区域系统（“北斗”二号）；第三步是2020年建成北斗全球卫星导航定位系统（“北斗”三号）。

（一）“北斗”一号

我国科学家最先提出双星定位原理：使用两颗地球同步轨道（Geosynchronous Orbit, GEO）卫星，分别测出用户到两颗星的距离（通过测量卫星钟控无线电信号在导航卫星与用户机间的传输时延，再乘以光速而得）；以两颗星为球心，以这两个距离为半径，画出两个球面，其相交线（圆周）和一个以地心为球心、以用户所在地至地心的距离为半径的球面的交点之一就是用户的空间位置。“北斗”人把理论变成工程实践“北斗”一号，首次实现卫星无线电测定业务（Radio Determination Satellite Service, 简称 RDSS），开创有源定位模式：可完成向用户的位置报告，实现定位与通信的集成，用户可以不借助其他工具直接互发短信。

“北斗”一号1994年立项。当时十几名专家挤在不足20 m^2 的铁皮屋里开创这一战略性工程。铁皮屋里飞出金凤凰——“北斗”。

“北斗”一号的三大功能：

快速定位。提供全天候、全天时的高精度、快速实时定位服务。应用我国自主研发的信号快速捕捉等技术，响应时延小于1秒，定位精度为水平100米，设立基准站后为20米。

短报文通信。用户终端具有双向短报文通信功能，可以一次传送60个汉字（授权用户120个）的短报文信息。

精密授时。具有单向和双向2种授时功能。授时同步精度100 ns（纳秒，即十亿分之一秒）。

这些指标与21世纪初的GPS民用码相当。

“北斗”一号以少量的卫星、较少的投资满足了我国用户定位、导航、授时之急需，实现了独立自主建设卫星导航系统的起步，使我国成为继美国（拥有GPS）、俄罗斯（拥有GLONASS, Global Navigation Satellite System）之后世界上第三个拥有完全自主知识产权卫星导航定位系统的国家。

（二）“北斗”二号（英文名 COMPASS）

“北斗”二号的工作机制基于RNSS（Radio Navigation Satellite Service）与RDSS的集成。

RNSS的工作机制：用户机接收导航卫星广播的无线电导航信号（含卫星

的位置、速度，测距码、星历等信息），根据导航信号由用户机自主完成与卫星距离的测量，以及用户位置、速度及航行参数的计算（用户机不必发送信号，不依靠用户机以外的设施，称为无源定位模式）。测出用户至三颗卫星间的距离就可以确定用户的三维坐标。但由于星载钟与用户机钟的时间不可能完全同步，存在时钟误差（钟差），故通过测量传输时延算出的距离存在误差（称为伪距）。钟差是未知的，加上用户的三维坐标共 4 个未知参数需要确定，就需要建立 4 个方程来求解。因此用户要用 4 颗几何位置合适的导航卫星进行测距，以建立这 4 个方程。RNSS 还测定用户的运动速度。方法：（1）测算伪距的时间变化率。（2）测量用户机接收到的卫星信号的多普勒频移。

RNSS 与 RDSS 的集成是在导航卫星及运行控制和应用系统中集成 RNSS 和 RDSS 两种业务。用户既可自主完成 RNSS 的连续定位、测速任务，又可进行 RDSS 的位置报告及短报文通信，在用户端可实现 RNSS 与 RDSS 的双模集成及与 GPS、GLONASS 等系统的应用集成，可在一台用户机上实现“北斗”与 GPS、GLONASS 系统的自动切换。

1. 抢占系统频率、卫星轨位资源的背水一战

组建卫星导航系统必须获得国际电联规定的频率资源和卫星轨道位置，否则发上去的卫星是不合法的。我国 2000 年 4 月 18 日向国际电联申报了卫星位置和频率，获得批准。按照国际规则，获得批准以后，必须 7 年内发射卫星上去，并把所需的频率信号发下来，才算真正占有了这个“空间国土”。但 2007 年 4 月初，卫星准备发射时出现了异常。“北斗”人 72 小时没合眼找到问题并解决了，在最临近的 4 月 14 日成功地发射第一颗“北斗”二号卫星，在离最后期限只剩 4 个小时的时候，准确地发回了第一组信号。

2. “北斗”人自力更生，卧薪尝胆，与“敌”共舞夺完胜

2003 年，中国投资 2.7 亿美元参加欧洲 GALILEO 卫星定位系统，并于 2004 年 10 月正式签署计划技术合作协议。但 2007 年，中国突然被排除在所有 GALILEO 项目的重大决策之外。出尔反尔背后是有人在操弄。“北斗”人自力更生，卧薪尝胆，推出“北斗”二号与 GALILEO 在亚洲市场展开竞争，已得完胜。

3. 突破核心关键技术 I：星载原子钟

如果卫星和用户机的计时基准之间有 1 ns 的误差，就会产生 30 厘米的测距误差。当前卫星导航系统是分别在卫星和用户机设置原子钟来提供计时基准。星载原子钟精度一般能达到 10 ～ 13 级，大约就是百万年差一秒；运行过程会有数 ns 的累积误差，产生数米的测距误差，而用户机内的石英钟精度更低。因此高精度原子钟就成为导航定位系统的核心。我国原想从欧盟引进星载原子钟。但在最后签协议时，欧洲公司突然翻脸不给了。“北斗”人只能下决心自己干。经过两年多奋斗，终于造出高质量星载原子钟，精度达三百万年差一秒。

4. 创新卫星导航星座

由于美国等的阻挠，我国无法在海外设立卫星地面监控站，仅靠国内站点只能跟踪中圆地球轨道（Medium Earth Orbit, MEO）卫星轨道 40% 的弧段。如果全用 MEO 星，则其余 60% 弧段的卫星轨道数据只能用理论去外推，这将导致卫星轨道测量精度不足而影响定位精度。“北斗”人首创 GEO+IGSO（Inclined Geo Stationary Earth Orbit, 倾斜地球同步轨道）+MEO 星座，大大提高定位精度。得益于星座的良好设计，“北斗”星座的位置精度因子值的全球分布明显优于 GPS 系统。

2012 年 12 月 27 日，“北斗”二号建成，正式向亚太地区及一带一路沿线国家提供定位导航服务。

（三）“北斗”三号：2018 年建成基本系统

2018 年底将建成“北斗”三号的基本系统，2020 年建成世界一流的全球卫星导航定位系统。系统服务范围将扩展到全球，导航定位精度将进一步提高，全球范围优于水平 5 米，高程 8 米。主要特色：定位及位置报告功能不变，其工作机制是 RNSS 与 RDSS 进一步集成，“北斗”的 RNSS 具备同 GPS、GLONASS、GALILEO 广泛互操作性能，可在全球范围内全天候、全天时为各类用户提供高精度、高可靠的定位、导航、授时服务。

1. “北斗”三号的星座

由 35 颗卫星组成：5 颗 GEO 卫星；3 颗 IGSO 卫星；及 27 颗 MEO 卫星。在地球上任意位置、任意时间都要能同时看见 4 颗以上卫星，并保证可靠性、完好性。MEO 卫星分布在相隔 120° 、倾角为 55° 、高度为 21500 km 的 3 个轨道平面上，每个轨道面均匀分布 8 颗，另有 3 颗备份，主要承担无源定位功能。增加 GEO 和 IGSO 结合，使我国大陆的监控站从只能监测星座卫星轨道弧度 40%，提升到 80%，从而增强了亚太地区的定位服务能力。

卫星采用了自主研制的高性能铷原子钟和氢原子钟。铷原子钟天稳定度为 E-14 量级，氢原子钟天稳定度为 E-15 量级。通过采用新技术，空间定位精度将提升 1 ～ 2 倍，达到米级水平。

2. 突破核心关键技术Ⅱ：星间链路

星间链路是指卫星之间通信的链路。通过星间链路，可实现多颗卫星之间的通信、相互测距和校时，从而实现“北斗”卫星全球系统自主导航，提高轨道测定和授时精度，并减少对地面布站的依赖，有效降低系统的运行管理成本。2015 年 8 月 9 日，第 18、19 颗“北斗”导航卫星首次实现星间链路，标志着我国成功验证了全球导航卫星星座自主运行核心技术，为建立全球卫星导航系统迈进一大步。

3. 突破核心关键技术Ⅲ：增强系统

这系统是“北斗”卫星导航系统的重要组成部分，它包括地基增强系统与星基增强系统。按照“统一规划、统一标准、共建共享”的原则，整合国内地基增强资源，建立以“北斗”为主、兼容其他卫星导航系统的高精度卫星导航服务体系。利用“北斗”/GNSS 高精度接收机，通过地面基准站网，利用卫星、移动通信、数字广播等播发手段，在服务区域内提供 1 ～ 2 米、分米级和厘米级实时高精度导航定位服务。

“北斗”星基增强系统通过 GEO 卫星搭载卫星导航增强信号转发器，可以向用户播发星历误差、卫星钟差、电离层延迟等多种修正信息，实现对于原有卫星导航系统定位精度的改进。这一系统被国际民航组织正式认可为星基增强服务供应商，为后续“北斗”星基增强系统的建设，及向民航领域提供标准导航服务奠定了基础。

实现室内外高精度导航的羲和系统和夔龙（“北斗”全球厘米级定位）系统正加紧建设。

（四）“北斗”产业化提速

我国非常重视“北斗”应用的开发，大力发展“北斗”产业。预计 2020 年我国卫星导航产品及服务市场规模将达到 4000 亿人民币，“北斗”有望占其中 70% ～ 80% 的份额（现 GPS 占 90%）。“北斗”的核心器件、部件已百分之百国产化。截至 2017 年 10 月，“北斗”导航型芯片模块销量已突破

5000 万片，高精度板卡和天线销量已占据国内市场 30% 和 90% 的份额。五年来，我国的几批“北斗”终端陆续推出时，外国人马上接连把他们的芯片价格由一千美元降到几美元。2018 年月 5 月 1 日，“北斗”地图 App 上线，“别了，美国的 GPS”！

（五）“北斗”的国际化发展

“北斗”已走出国门，加速融入世界，全面开展大国合作。我国始终秉持和践行“中国的‘北斗’，世界的‘北斗’”的发展理念，积极参与全球卫星导航系统国际委员会活动，推动“北斗”系统与其他卫星导航系统兼容与互操作，与多个国家和地区开展卫星导航应用合作。

三、航天精神是“北斗”人拼搏奋斗的不竭动力

参加“北斗”研制的 8 万多人，300 多个研制单位，为了建设一个“旨在成为技术体制创新领先、用户体验优异、国际化发展，为中国经济社会发展提供时空基准，带动现代高科技信息产业发展”的世界一流全球卫星导航系统，齐心协力，同心同德，实现了国际卫星导航领域和中国航天领域多个首创，为我国的自主卫星导航，探索出一条符合中国国情、独具特色的发展道路。经过 20 年的努力，走完了美国、俄罗斯四十年的历程，并实现了超越。

因为“北斗”人在孜孜不倦地践行“航天精神”！

“北斗”人是一支“特别能吃苦，特别能战斗，特别能攻关，特别能奉献”的队伍。他们身体力行地践行航天精神：自力更生，艰苦奋斗，大力协同，无私奉献，严谨务实，勇于攀登。又以充满闪光点的研制历程诠释了“北斗”精神：自力更生，团结协作，攻坚克难，追求卓越。

跋　语

20 多年来，无论有多难都坚持自主研发芯片和操作系统、最近被中央宣传部、科技部、中国科协评为“最美科技工作者”的倪光南院士说：“有些事情，如果你觉得不可避免，那么早下决心比晚下决心要好。比如‘北斗’，我们十几年前就下决心要搞，现在‘北斗’很好用。”纵观上述的“北斗”人艰苦奋斗、攻关、奉献历程，联想“中兴”事件，我们更应牢记：核心技术是花钱买不来的！为实现中国梦，我们更应弘扬航天精神、“北斗”精神！

青年学子们，希望寄托在你们身上！

同学感想

曾昭磐教授长期从事数学、控制理论、系统工程的教学和科研工作。主持完成系统工程应用课题20多项，涉及科技、能源、人口、区域规划、信息化等领域，发表论文80多篇，并获多种奖项，还被聘为中国空间技术研究院兼职研究员。已近80高龄，还在为指引莘莘学子向永无止境的太空探索而坚守讲台，发光发热。

一开始，曾教授以幽默风趣的口吻向同学们抛出导航定位最基本的三个问题："用户现在在哪里？要去哪里？怎么去？"纵观古今，为解决这三个看似简单的问题，人类已经历经了上千年的探索。

当同学们的全神贯注于老先生身上时，他用简洁明晰的语言向同学们介绍了北斗卫星导航系统（下简称"北斗"）的组成、发展和现状。曾教授用质朴洗练的语言简洁明了地阐明了北斗卫星导航系统的定位、测距原理，使同学们清楚地了解其运作原理。同时，将"北斗"同我们的生活实际相联系、同国际相接轨。我们了解到，如今"北斗"以及相关产业已经深入到日常出行、工农渔业等方面，技术已经接近或达到了国际先进水准，"北斗"正日夜不停地为人民的便利生活提供源源不断的技术支持。

其中，最吸引同学们的内容便是穿插于讲座全程中的"北斗"研发的坎坷历程。在栉风沐雨地克服种种困难前行的过程中，闪烁在"北斗人"身上的"航天精神"给予在场的所有同学深深震撼。当我们听闻，"北斗人"在简陋的铁皮屋里艰苦奋斗，研制具有里程碑式意义的"北斗"一号，金凤凰在此腾飞，我们终于体悟到凝聚在"铁皮屋里飞出金凤凰"九字当中的是熔铸在所有研究人员身体中的自力更生、团结协作、攻坚克难、追求卓越的"北斗精神"。这种精神，让所有同学都为之动容。

最后，曾教授向所有在场的高二学子提出殷切希望："青年学子们，希望寄托在你们身上！"这句话敲打在我们每一个人的心上。

"北斗精神"的内涵同双十"追求极善，勇为最先"的精神是相与为一，可融会贯通的。作为新一代的双十人，我们肩负薪火相传、继往开来的艰巨责任，北斗金凰，翙翙其羽；悠悠我心，精神永续。我们要让"北斗精神"降落在内心深处，承载所有人的寄托和希冀向着未来不懈拼搏。

走出报告厅，夜幕笼罩大地，淅沥小雨飘洒。但每一位同学的心中亮如白昼，踏着坚定的步伐在风雨中砥砺前行。

——邓纪一

闽 南 文 化

周长楫

厦门大学人文学院中文系教授。厦门市闽南文化研究会顾问。国家级非物质文化遗产闽南童谣福建省级传承人。曾应邀到台湾、新加坡任客座教授，研究员。主编《闽南方言大词典》《闽南方言俗语大词典》。著作有《厦门方言研究》《闽南童谣500首》《闽南方言韵书》《闽南话诵读解说唐诗100首》等书50多本，论文近百篇。

闽南童谣趣谈[①]

闽南童谣是历代闽南地区人民根据儿童的生理、心理特点和理解能力，用丰富多彩、生动活泼、诙谐风趣的闽南方言、俗语，以及富有音乐性的韵律节奏进行创作、并在传诵过程中不断完善而形成的民间口传文学。2008年，闽南童谣被列入第二批国家级非物质文化遗产名录。

闽南童谣有着源远流长的历史。据福建地方典籍记载，当时福建观察使常兖州曾看到民间有人传授《月光光》的歌谣：“月光光，渡南塘。骑白马，过洪塘。洪塘水深不得渡，小妹撑船来前路。问郎长，问郎短，问郎一去何时返。”今流传在闽南地区《月光光》的诸多版本中，就有一首是这样念的：“月光光，

① 2013年12月16日周长楫教授应邀到我校初中部开设此专题讲座。

秀才郎。骑白马，过南塘。南塘水深勿会得过，掠猫仔，来接货。接货接勿会着，揭竹篙，撞觅鸮。觅鸮扑扑飞，揭竹篙，撞茶锅。茶锅锵锵滚，囝仔人，遏竹笋。遏几支？遏两支。一支送童生，一支送秀才，秀才骑马呀呀来。”无论从题材还是结构上看，闽南流传的这首童谣显然跟唐代念的《月光光》之间有着明显地继承与发展的关系。还有如晋江地区流传的《灭元兵》童谣：“八月十五番薯芋，逐家众人恶。烧塔仔，放火号，月饼里，夹信号，杀元兵，有所靠，逐家立志愿，三家杀一元，一暝杀完完。”就是记载元朝闽南地区人民为反抗元代高压统治而用在月饼里夹着传递给各家的信息，相互告知各家在中秋节这一夜天奋起杀尽元兵的历史见证。

闽南童谣不仅流行于福建的闽南地区，也随着闽南地区的移民流传到台湾地区，甚至还远涉重洋流播到东南亚闽南籍华侨华人居住的地区。

由于闽南童谣跟闽南民间口传文学的歌谣、故事等艺术形式一样，在创作流传过程中，有着集体性与变异性的特点，所以一个童谣作品很难说是一个或几个人创作的，而是集体创作的，同样，同一题材的作品，也因为流传的地区性和集体创作的补充与发展，往往有几种大同小异的说法。

比如游戏童谣《一放鸡》，厦门跟台湾说法就不尽相同：

厦门：一放鸡，二放鸭，三分开，四相拍 [pah^7]，五搭胸，六拍手，七絪球，八摸鼻，九搓 [so^1] 耳，十拍骹。十一洗涂骹，十二拢总挲 [sa^1]。

台湾：一放鸡，二放鸭，三分开，四相拍，五搭胸，六拍手，七围墙，八摸鼻，九饱耳，十拾 [kioh] 起。

再如大家都很熟悉的《天乌乌》童谣，就我手头收集的，就有 17 种说法略有不同的版本，最短的一首只有 6 句，最长的一首竟有 56 句：

6 句式的版本：天乌乌，要落雨，张秀才，要娶某。水鸡扛轿目吐吐，田婴揭旗喊辛苦。

56 句式的版本：天乌乌，要落雨，鲫仔鱼，要娶某，水鸡 [sui^{3}gue^1] 扛轿大腹肚，田婴揭旗叫艰苦，龟担灯，鳖拍鼓，鲫仔做媒人，涂杀 [too^{2}sat^7] 做查某，蠓仔口达嘀 [bun^{2}dah^{8}di^1]，乌白鲁，乌白鲁。拄着四婶婆，食一碗白米饭，咧配咸鱼脯 [boo^3]，鱼脯芳，鱼脯芳，俭钱买鸡公，鸡公跋落水，揭竹篙，拍水鬼，水鬼面乌乌，揭铳拍石沽 [zioh^{8}goo^3]。石沽走去觇，龟咬鳖。鳖伸头，龟咬猴。倮 QQ[kiu^6]，老猴口树，口啊口，口一下无拄好，跋 [buah^8] 一倒。跋一倒，痛痛痛，铅投仔 [ian^{2}dao^{2}a^3] 挂目镜，铅投仔爱口口，铅投仔投婶婆，婶婆开窗仔，买粗纸，有买伊，无买我，害我心肝噗噗弹 [duaN^6]，鸡母娶鸡健 [nua^6]，鸡健走去踮 [diam^5]，龟咬剑，剑金金，老婆仔抛车辚，车去倒 [do^3]，车去南塘揪 [kiu^3] 大索，大索揪一下输，老婆仔带瘕痀 [e^{2}gu^1]，瘕痀医一下好，老婆仔无烦恼，身体真正好，老婆仔长生不老 [lo^3]。

闽南童谣可以根据不同的角度来进行分类。从内容看，可以分为时政、民俗、动植物、日常生活和游戏娱乐等五大类；从体裁上可分为叙述式、摇篮曲、问答歌、连锁调、谜谣和绕口令等六种；从表演形式上可分为念谣、唱谣、戏谣、舞谣等四个形式。有些分类会有交叉，就是说，有些童谣既可以放在这一类别，也可放在另一个类别，很难绝对分清楚。绝大多数童谣都可以分别从内容、体裁和表现形式来进行综合分析。

闽南童谣继承了中华传统歌谣赋、比、兴的艺术表现特点。善于运用如比喻、夸张、比拟、排比、对比、顶针、对偶、反问、借代、引用、双关、委婉、摹状等多种修辞手法。充分运用闽南话语音丰富多彩的韵律、节奏和词汇形象、生动、通俗、幽默的特点，创作出大量为大人小孩都喜闻乐见的闽南童谣作品。下面举几个例子。

一暝大一寸

摇啊摇，摇啊摇，睏摇篮，坐椅轿。外公嗳，外妈惜，亲像水珠在芋箬。摇啊摇，睏啊睏，婴仔一暝大一寸。摇啊摇，惜啊惜，婴仔一日大一尺。

【普通话意译】摇啊摇，摇啊摇，睡摇篮，坐椅轿。外公亲吻犹嫌少，外婆怀里揉又抱。你拉我抢不放手，胜似珍贵传家宝。摇啊摇，睡啊睡，一夜好长一寸高。愿我孙儿快长大，我们舒眉开眼笑。

【提示与赏析】这是一首摇篮曲。它体现了长辈对子女深切的爱与热切期望。

狗蚁扛蜈蚣

狗蚁搬家禮出动，挨挨阵阵无闲工。半路拄着大蜈蚣，狗蚁汰讨甘愿放？逐个和齐斗相共，拼死拼活扛蜈蚣。有的捣目珠，有的挽喙须，有的咬腹肚，有的揪脚手咬甲蜈蚣哀哀抽，无死吗着现夭寿。

【普通话意译】蚂蚁搬家出洞口，一排长阵不见头。半路碰上大蜈蚣，天赐良机不可丢。团结一心齐战斗，不获全胜不罢休。有的剜目，有的剥皮拔须根，有的撕嘴把眼抠。有的咬断脚与手，有的掏干肚里肉。蜈蚣落进蚂蚁群，不死也得要折寿。

【提示与赏析】抓住事物特点加以渲染，拟人化。从蚂蚁敢于跟蜈蚣搏斗的故事，体现了团结一心、不怕苦不怕死的集体主义和英雄主义精神。给孩童以生动、形象的教育。

围炉过年

二九暝，规家坐圆圆，放炮围炉来过年。桌顶酒菜满满是，有鸡有鸭甲有鱼。佫有一盘大血蚶，一碗金针甲木耳。围炉不通讲歹话，年兜不通拍破物。公妈爸母照古例，按照旧俗拜新年。祝愿公妈食百二，恭喜爸母有财利。公妈爸母笑嘻嘻，红包赏互囝孙儿。互恁平安琙读册，紧紧大汉琙趁钱。

【普通话意译】除夕一到真热闹，辞旧迎新放鞭炮。阖家同吃年夜饭，满桌尽是好菜肴。鸡鸭鱼肉木耳汤，蛇鳖飞禽鹧鸪鸟。炒煮炖蒸样样全，还有寿面大肉包。谈天说地尽兴唠，不吉言语不能叨。举杯畅饮又喝拳，比试酒量看谁高。过年不许打破物，严守古俗要记牢。按照旧俗拜新年，先由儿孙敬双老。祝愿祖父和祖母，长命百岁永不老。恭贺父亲和母亲，健康长寿财运到。祖辈父母点头笑，称赞儿孙有礼貌。拿出红包送子孙，连带祝福说好话。祝我儿子保平安，发财致富生意好；祝我孙儿读书好，长得结结实身材高。

【提示与赏析】选准了闽南除夕围炉风俗的主要特点，让孩子们涨知识，学会如何敬老爱幼。

拍日本

滚，滚，滚，逐个起来拍日本。伊占咱所在，伊抢咱钱银，伊杀咱百姓，不互咱生存。

滚，滚，滚，逐个起来拍日本。有的拍前锋，有的做后盾。刀揭好，铳比准，逐个和齐拍日本。将伊日本兵，拍甲变灰粉。

【普通话意译】滚，滚，滚，大家起来打日本。他占我国土；他抢我钱银；他杀我同胞；他断绝我生存。滚，滚，滚，大家起来打日本。有的当先锋，有的做后盾。大刀高举起，枪炮瞄得准，齐心打日本，把他打粉身碎骨变灰粉。

【提示与赏析】通过抗战时期广泛流传于厦门地区的这首战斗式闽南童谣，让孩子们感受到当年全民团结一心、同仇敌忾的抗日画面。说明闽南童谣也可以是战斗的武器。

和顺歌

天地和顺万物生，两国和顺无相争。乡里和顺同徛起，厝边和顺无相欺。爸母和顺出孝团，兄弟和顺万事成。姑嫂和顺家无事，同姒和顺㨃相疼。朋友和顺无穷分，翁某和顺食有伸。十和十顺记在心，天下大同是根本。

【普通话意译】天地和顺万物生，两国和顺享太平。乡里和顺相亲爱，邻居和顺得安宁。父母和顺出孝子，兄弟和顺万事成。连襟和顺相接济，姑嫂和顺无“战争”。朋友和顺相帮衬，夫妻和顺家业兴。十和十顺做得好，大同世界现光明。

【提示与赏析】和谐是人类社会的共同心声。这首闽南童谣紧密与时代结合，用具体形象的比喻，告诉人们：人与自然要和谐，各国要和平共处，一个社会，从乡里、邻里到一家的大大小小都要团结和谐，社会在能安定与发展，人类才能生存与进步。

阮阿舅

阮阿舅，真本事，㨃饲猪，㨃饲牛，㨃种菜，㨃种匏。无上三年久，趁甲一大注。年头起大厝，年尾娶新妇。歌颂好人好事。宣传劳动致富。

【普通话意译】我的舅舅本事大，劳动致富人人夸。饲养猪牛和鸡鸭，只只长得肥又大。耕作菜地种匏瓜，全村没人能赢他。勤劳创业不辞劳，不到三年就发家。年初盖起大宅院，年底新媳妇入他家。

【提示与赏析】这首闽南童谣教育我们，提倡强国富民。不是靠投机倒把走歪门邪道来发家致富，而是要用我们诚实的劳动来获得。

毒死鱼虾数万千

一天过了又一天，身躯无洗全全鉎，走去溪仔边洗三遍，毒死鱼虾数万千。

【普通话意译】一天过了又拖一天，懒得洗澡污垢脏满身，有天跑去溪边洗三遍，污垢能毒死鱼虾数万千。

【提示与赏析】童谣运用夸张手法，把不洗澡的害处说得让人心惊肉跳。对小孩子平常，特别是冬天天冷不喜欢洗澡的不良行为做了友善的讽刺批评。幽默而有力，有一定的震慑效果。

手腡歌

一腡一块粿，两腡走脚皮。三腡无米煮，四腡无饭炊。五腡有钱拿，六腡有轿坐。七腡会捣壁，八腡做乞食。九腡九安安，十腡会做官。

【普通话意译】一个指纹吃年糕，两个指纹当差使。三个指纹无米炊，四个指纹穷家底。五个指纹能赚钱，六个指纹如神仙。七个指纹会偷盗，八个指纹命下贱。九个指纹保平安，十个螺纹做大官。

【提示与赏析】这是游戏童谣。孩子们可在玩两人面对面交叉拍手的游戏中，边做游戏边念这首童谣。充满乐趣。

另外再举两个有趣的童谣猜谜：

一个葫芦七个空 $zit^8e^2hoo^2loo^2cit^7e^2kang^1$

一个葫芦七个空，$zit^8e^2hoo^2loo^2cit^7e^2kang^1$,
一空一空乌窿窿。$zit^8kang^1zit^8kang^1oo^1lang^1lang^1$.
两空会滴水，$nng^6kang^1e^6dih^7zui^3$,

两空会流脓，nng^{6}kang^{1}e^{6}lao^{2}lang^{2}
另外一空会吹风，ling^{6}ggua^{6}zit^{8}kang^{1}e^{6}ce^{1}hong^{1},
野有两爿挂两空，ia^{3}u^{6} nng^{6}bing^{2} gua^{5}nng^{6}kang^{1},
伓知到底有偌重。m^{6}zai^{1}dao^{5}di^{3}u^{6}lua^{6}dang^{6}.

【注释】乌窿窿：黑乎乎的。野有：还有。两爿：两边。偌重：多重。

【提示】物谜。猜人体一个重要部位——头。这首谜谣，让孩子们动脑筋，长知识，趣味性强。

一点一横长 zit^{8}diam^{3}zit^{8}huaiN^{2}dng^{2}

一点一横长，zit^{8}diam^{3}zit^{8}huaiN^{2}dng^{2},
口字在中央，kao^{3}li di^{6}diong^{1}nng^{1},
大喙伓封密，dua^{6}zui^{5}m^{6}hong^{1}bbat^{8},
细喙里面园。sue^{5}cui^{5}lai^{6}bbin^{6}kng^{5}

【注释】喙：嘴。细：小。园：藏匿。

【提示】字谜。要猜的这个字，应该按谜谣四句话的顺序组合其部件。谜底：高。

从上面的介绍，我们可以知道，闽南童谣具有使用价值、认识价值、教育价值、艺术价值、娱乐价值和文化遗产保存价值。

闽南童谣是伴随闽南地区孩童们成长的一位好伴侣。它是儿童学习闽南话的好工具，它是帮助儿童开阔视野、涨见识、认识事物、认识社会的好助手，它可以通过童谣所反映的方方面面，让儿童从生动、形象的童谣里受到教育，还可以使儿童得到娱乐的享受和快乐。这些童谣在表现生活的艺术技巧方面对儿童文学艺术的修养和培育也提供了许多帮助。

闽南童谣是我们祖先留给我们的一份十分宝贵的非物质文化遗产，必须十分珍惜，必须加以保护、继承和传扬。

谢谢大家。

同学感想

在我们中间，有许多同学生在厦门，长在厦门，也对厦门的风土人情有一些了解。然而，我们对闽南童谣的了解又有多少呢？今天闽南文化专家周教授给同学们讲和闽南童谣有关的专题讲座，让我们对家乡的传统文化有更深入的了解。

刚开场，周教授介绍了闽南语的历史，同时，问了大家一个问题："同学们，你们了解闽南童谣吗？"大厅里无人应答。周教授接着说："其实，闽南文化在我们的生活中其实很普遍。"接着，屏幕上出现了一首我们耳熟能详的童谣——《天乌乌》：

天乌乌，要下雨，揭锄头，掘水路。
鲫仔鱼，要娶某，龟担灯，鳖拍鼓。
水鸡扛轿大腹肚，田婴揭旗叫艰苦。
妈祖气甲无法度，叫因一人行一路。

周教授接着介绍道，这首闽南童谣有多种版本：上面的这种版本是厦门本地的《天乌乌》，而我们所熟知的台湾版的《天乌乌》则是厦金渔民漂洋过海传到台湾后派生的。另外，闽南各地也都有各种版本，而且各种版本也不尽相同，这就反映了闽南文化的博大精深：每个地域都有各自的文化，但终究都归于闽南。

周教授紧接着又告诉我们，闽南童谣自秦汉开始，传承了数千年，而数千年前的一些童谣至今还回荡在我们的生活中。比如这首《一瞑大一寸》，历史十分悠久，其中一段这样说道：

摇啊摇，睏啊睏，婴仔一瞑大一寸；
摇啊摇，惜啊惜，婴仔一日大一尺。

这首童谣，打小就回荡在我耳边，从前每个晚上外公都要唱着这首童谣来哄我睡觉，而今才知道这首童谣文化底蕴如此深厚，竟然贯穿了几千年的历史，着实让我大家感慨：我们应当将这份文化传承下去，不要让这种文化在我们这一代人手中丢失。

另外，周教授还给我们讲了其他一些妙趣横生的闽南童谣，诸如厦漳泉地区流行的“毒死鱼虾数万千”，以及抗日战争时期厦门传播很广的“拍日本”，再到形象生动的闽南字谜，令同学们忍俊不禁。

一个多小时的讲座，在周教授的带领下，我们了解了闽南童谣深厚的文化底蕴，虽然只是浅层面的认识，但已经给我们巨大的震撼。

回到教室，大家仍在谈论着刚才的讲座。希望我们都做闽南文化的继承人、传播者，让这一精妙深远的文化传承下去，成为我们民族的灿烂财富。

——林荣恩

林宝卿

厦门大学人文学院教授，长期从事汉语音韵学、方言学、闽南方言文化和汉语与中国文化方面的教研工作，曾两次到马来西亚讲学。退休后为厦大闽南语学会教学顾问，厦大嘉庚学院兼职教授。主要专著有《魅力闽南话》《闽南话教程》《闽南方言与古汉语同源词典》《普通话与闽南方言常用词典》等 15 本，在《中国语文》《古汉语研究》《方言》等刊物上发表 100 多篇论文。

魅力闽南话①

同学们、老师们：

大家下午好！今天我要讲的题目是“魅力闽南话”，这也是我的一本著作名，它收集了我三十多年来发表在报纸、杂志上有关闽南方言和文化的文集，它是闽南方言和文化的真实写照。

方言和文化的关系是相辅相成的，文化是底座，方言是载体，闽南文化必须靠闽南方言这个载体来传承。

我们生活在闽南这四季如春的宝地上，天天说着家乡话，喝着家乡水，

① 2017 年 12 月 6 日林宝卿教授应邀到我校初中部开设此专题讲座。

过着习以为常的生活，都没发觉闽南方言和文化的魅力，这正如苏轼在《题西林壁》这首诗所说："不识庐山真面目，只缘身在此山中。"一方水土养一方人，孕育一方文化，其实我们的文化与其他中华民族文化比较起来，有与众不同的魅力，如重乡崇祖、古文化、山海交融、海洋文化、侨乡文化等。

我是位老厦门人，从爷爷奶奶辈直到我的孙子已有五代住在厦门，我深深地热爱乡土和乡音，乡土有母亲的气息，有祖辈们融合的骨血，乡音能使同根同脉的人产生浓浓的乡情，有时它能产生普通话无法替代的亲情，我们要提升闽南文化自信、认同和热爱自己的方言。我可以自豪地告诉大家，地球上的语言和方言数以万计，而闽南方言是地球上 60 种主要语言和方言之一，被录制在美国 1977 年发射的《旅行者号宇宙飞船》的镀金唱片上，到广袤无垠的星河寻觅知音。现在我为大家揭开中原古音的神秘面纱，了解魅力无穷的闽南方言和文化。

一、闽南方言的源流、定义

（一）闽南方言的源流

袁家骥先生主编的《汉语方言概要》一书说，"中原汉人迁徙入闽的过程，大概始自秦汉，盛于晋、唐，而以宋为极"。

早在先秦时，福建设闽中郡，闽越族被纳入统一轨道，后闽越人佐汉灭秦，汉高祖立无诸为闽越王，与华夏融合，但鞭长莫及。三国时东吴五次入闽，但当时来的人很少，并非举族南迁，因此只留下极少吴楚方言。中原汉人入闽及河洛话的南传主要还是源于比较大规模的三次大移民。

第一次大规模入闽，当在"五胡乱华"之际（五胡指我国少数民族：匈奴、羯族、鲜卑族、氐族、羌族）。《闽书》记载："永嘉二年（308 年），中原动荡，衣冠南渡，始入闽者八族，所谓林、黄、陈、郑、詹、邱、何、胡是也。"平民百姓也跟着成群南奔避难，比较集中地定居在建溪、富屯溪流域、闽江下游，最南是晋江流域，他们逐渐成为闽地居民的主体，他们所带来的汉语是公元四世纪古闽语形成的基础。来自东晋中原汉人的语音，是历史最久远的汉语方言，反映了许多隋唐以前的汉语特征，为闽南方言形成打下基础。

第二次大规模入闽是唐高宗总章二年（669 年），据《漳州府志》，因今漳州地区（其实是漳浦县，当时叫绥安），"蛮獠啸乱"，中州颍川人陈政被朝廷任命为岭南行军总督，率领 132 将领及府兵 3600 人南下"征蛮"，镇绥安，后因兵力不足，陈政兄陈敏嗣后又率58姓中州老乡人入闽相助。陈政病逝后，其子陈元光继承父业，上书朝廷，在泉州和潮州之间增设一个州。公元686年，朝廷准奏设立漳州，陈元光被任命为刺史，奉命府兵在漳州一带定居下来屯垦，所以陈元光是开漳始祖。他们带来七世纪的中原古汉语，促成了闽南方言的定型。这是七世纪中原古音（漳州腔）与四世纪中原古音（泉州腔）的区别缘故之一。

第三次大规模入闽是唐末王审知兄弟的率军入闽。当时是黄巢起义时代，形势比较乱，他们俩先是投靠王绪，后因王绪领导无力，滥杀将士，兄弟俩乘乱发动兵变，取而代之为起义军首领。后成功占据福建全省。王潮被朝廷敕封为福建威武军节度使。王潮死后，王审知接任，并于后梁开平三年（909年），被梁太祖朱晃封为闽王，王审知病逝后，926年王审知之子王延翰立闽称帝。故王审知是开闽始祖。这批人带来10世纪的中州话，虽然主要促进闽东方言的形成，但对闽南、闽北、闽中等地的方言形成也有影响。

闽南方言的形成主要由于社会分化，中原汉人三次入闽大迁徙，后经过几个历史时期的变化发展，加上闽南山川阻隔，长期与外地交流少所形成的地域方言。不可否认早期原住闽越人在被汉人同化的过程中，极少数的闽越族底层语也残留在闽南方言中，但汉语无疑是占据主要地位，从而使闽南方言成为汉语方言的一支强势方言。

闽南方言向外传播主要是因为闽南地少人多，要发展农业生产有困难，只好靠山吃山，靠海吃海，以海为田，开拓海洋，谋求生存。从宋代直到元、明、清，带着中原古音的闽南方言随着闽南人的迁徙向外流播，传到省内的福鼎、霞浦、永安等，省外的广东潮汕、海南地区、浙江温州、江苏宜兴和江西上饶等地。此外还流播到台湾全省乃至东南亚诸国。闽南人到台湾，带去了闽南方言和文化，带去了闽南人艰苦奋斗、敢拼爱赢的性格，把台湾建成“第二个闽南”。连横在《台湾语典》自序中开宗明义地指出：“夫台湾之语，来自漳、泉；漳泉之语，传自中原，其源既远，其流又长。”这充分证明闽台地缘近、史缘久、血缘深，两岸本是人同祖、语同源。闽南人迁徙海外特别是东南亚诸国有悠久的历史，闽南文化逐渐融入当地的文化，闽南语被东南亚诸国称为福建话，而且成为侨界的通用语言。

（二）闽南方言的定义

从地理位置上看，闽南话是福建南部的方言；从语言学角度看，闽南话是一个超地区、超省界、超国界的方言；从广义看，闽南话覆盖本土及其所流传的地区，将近 6 千万人；从狭义看，是指闽南、台湾地区和东南亚各国的通用语言，因这些地方用闽南话交流畅通无阻，所以说："学好闽南话，通行闽台东南亚。"

二、闽南方言的魅力

（一）闽南方言是古汉语的活化石

1. 存古音，留古韵，朗诵唐诗有押韵

从闽南方言韵书可以看出闽南方言声母是十五音，用汉字来代表即边（p 用国际音标标音）、颇（p）、门（b）、地（t）、他（t）、柳（i）、曾（ts）、出（ts）、入（dz）、时（s）、求（k）、气（k）、语（g）、喜（h）、英（①代表零声母），总的韵母 85 个，7 个声调，保留古八声调。鼻音韵尾除了和普通话一样有前鼻音韵尾 -n 和后鼻音韵尾 -g 外，还保留一套古韵尾 -m，如音 im、庵 am、掩 iam；普通话入声韵尾都消失了，闽南方言有四套入声韵尾：喉塞收尾 -h，如鸭 ah；双唇收尾 -p，如压 ap；舌尖收尾 -t，如压断（折断）at；舌根收尾～ k，如沃雨、沃水（浇水）ak。

闽南方言在语音方面有一个很突出的特点，有一套文白异读的系统，将近一半的常用字有文读音（读书音）、白读音（说话音）。这种文白异读的又音现象通常指一个字在语音上有相同的来历（即在《切韵》音韵地位完全相同，相同的一个反切），而在闽南方言里，存在两种或两种以上读音。如飞：匪微切，文读音 hui 飞机，白读音 pe 飞来飞去；厦：亥雅切，文读音 ha 厦大，白读音 e 厦门大学；成：时征切，文读音 sig 成功，白读音 tsia 成人（长大成人、tsia 成伊大汉（培育他使长大成人）、sia 几成金。闽南方言文白异读现象反应语音不同历史层次，文读音大多保留隋唐的古音，所以我们朗读唐诗要用文读音，白读音总的来说比文读音古老，但也有的是明清以后产生的，要做具体分析研究。下面四首诗用文读音朗诵有押韵，有的普通话已经不能押韵。如：

赠汪伦　李白

李白乘舟将欲行，忽闻岸上踏歌声。
桃花潭水深千尺，不及汪伦送我情。

（“行、声、情”闽南话押 ig 韵，普通话“声”变 eg 韵。）

山行　杜牧

远上寒山石径斜，白云生处有人家。
停车坐爱枫林晚，霜叶红于二月花。

（“斜、家、花”闽南话 ia、a、ua 有押韵，普通话“斜”已变为 -ie 韵，不能押韵。）

别董大　高适

千里黄云白日曛，北风吹雁雪纷纷。
莫愁前路无知己，天下谁人不识君。

（“曛、纷、君”闽南话押 un 韵，普通话“熏、君”是 ün，“纷”是 en 韵，不能押韵。）

春望　杜甫

国破山河在，城春草木深。
感时花溅泪，恨别鸟惊心。
烽火连三月，家书抵万金。
白头搔更短，浑欲不胜簪。

（“深、心、金、簪”闽南话都读 -im 韵，这是古音的保留，而普通话已变为 -in 韵，也可以押韵。粤语为 -am 韵，保留古音。）

闽南话的文读音和白读音能辨义，哪些字用文读音或白读音要根据具体情况而定，但很多事约定俗成的。如二十四节气的“雨水、大寒、小寒”要用文读，读成 u sui、taihan、siaohan，若用白读，读成 ho tsui（下雨的水）、tua kua（大冷）、sio kua（稍微冷），意思就完全不同了。

2. 存古词，留古义，学习古文好理喻

为了探求闽南方言这一古汉语的活化石，我用五年时间走入古文化殿堂，从说文、韵书、字词典和浩如烟海的古籍中去探索、查验，“功夫不负有心人”，终于为闽南话两千多条的字词考证出它的本源，写出《闽南方言与古汉语同源词典》，1999年由厦门大学出版社出版，这些音准义同的方言本字不但可以有力地论证闽南话和古代汉语的血脉联系，而且为考察古今语言演变规律提供极好的素材。它包括实词、虚词、称谓词等。如囝（儿子）；大家（婆婆）；新妇（媳妇）；箸（ti，筷子）；箠（tse，竹棍）；馃（ke，年糕，也写作“粿”）；箬（hioh，叶子）；目珠（baktsiu，眼睛）；食（tsiah，吃）；行（kia，走）；走（tsau，跑）；倚（kia，站）；拍（pah，打）；铰（ka，剪）；敨（tau，解开）；缚（pak，绑）；园（kn，藏）；踅（she，绕）；枵（iau，饿）；趁（tan，赚）；未（be，助词，“未来”：来了吗）等。下面仅举数例来论证、分析。

囝，kia，儿女，孩子。唐朝顾况《囝》诗：“囝生闽方，闽吏得之……囝别郎罢，心催泪下。”“郎罢”福州话指父亲，整个闽语皆称儿子为“囝”。

箸，ti，筷子。《说文》：“箸，饭攲也。”“攲”是以箸取物。南朝宋刘义庆《世说新语·忿狷》：“王蓝田性急。尝食鸡子，以箸刺之，不得，便大怒，举以掷地。”明朝程良还写了《咏竹箸》歌：“殷勤问竹箸，甘苦乐先尝。滋味他人好，尔空来往忙。”可见，到明朝还用“箸”，后因“箸”与“住”同音，民间忌讳“停住”，特别是江南渔民舟行讳“住”，故呼“快子”，因“筷”多用竹做，才在“块”上加个“竹”头，成为形声字，传世至今。整个闽方言称“筷子”为“箸”。

食，tsiah，吃，《礼记·大学》：“食而不知其味”。《论语·学而》：“君子食不求饱，居无求安”。

芳，pag，香，南朝梁·简文帝《梅花赋》：“折此芳花，举兹轻袖。”宋·范成大《光相寺》：“芳花芳草春日融。”“芳”文读音hog，如芬芳，白读音pag。“香”文读音hiog，如香港，白读音hiu，如点香点烛。

铰，ka，剪，《广韵》：“铰，铰刀。”《尔雅·释名·释兵》：“封刀，铰刀，削刀。”唐·李贺《五粒小松歌》：“绿波浸叶满浓光，细束龙髯铰刀剪。”

大家，take，婆婆。唐·赵璘《因话录》：“大家昨夜不安适，使人往候。”若用文读音taika，是指专家，如文学大家，若读tai ke，是人称代词“大家”，但闽南话常说“逐个”tak e。

丈夫，ta po，指男人或男孩儿。《说文》：“男，丈夫也。”《孟子》：“丈夫之冠也，父命之；女子之嫁也，母命之。”《国语·越语》：“生丈夫，二壶酒，一犬；生女子，二壶酒，一豚。”“丈夫”用文读音tiog hu，是指女人的丈夫。

新妇，sin pu，媳妇。《玉台新咏 · 古诗为焦仲卿妻作》：“却与小姑别，泪落连珠子。新妇初来时，小姑始绕床。”南朝宋 · 刘义庆《世说新语 · 贤媛》：“妇曰：‘新妇所乏唯容尔。”

趁钱，tan tsi，赚钱。《水浒传》第三十一回：“为的是他有一座酒肉店，在城东快活林内甚至趁钱。”

3. 存方言特有词语，反映古文化知识和闽南人的特有人格、气质

（1）从闽南方言和普通话意义相同的同意异序词，看古汉语词序的保留。这类的例子很多，这种词序在《诗经》、唐诗里可以找到不少。如（加括号是普通话）：

人客（客人）。杜甫《感怀》诗：“问知人客姓，诵得老夫诗。”白居易《酬固从事》：“腰痛拜迎人客久。”

闹热（热闹）。白居易诗：“红尘闹热白云冷”。

鸡母（母鸡）。北魏 · 张丘建《算经 · 百鸡题》：“鸡翁一，值钱五；鸡母一，值钱三。”北宋 · 李觏《惜鸡》诗：“吾家有鸡母，乘春数子生。”

还有头前（前头）、面线（线面）、菜花（花菜）、千秋（秋千）、历日（日历）、鞋拖（拖鞋）、狗公（公狗）、狗母（母狗）等，不一一列举。

（2）从“爱拼才会赢”看闽南人在海洋文化熏陶下的人格、气质。“三分天注定、七分靠怕拼”“行船走马三分命”“拍拆嘴齿连血吞”“输人毋输阵，输阵番薯面”等谚语，说明闽南人在艰苦的环境中敢于拼搏，笑对人生，笑对生活，不觉得死亡来临有多么可怕。

（3）从“古意人”（老实厚道的热情人）、好所行（古道热肠）、血汉（hiat han，刚直不阿、敢作敢当，讲义气的男人气概）、照纪纲（闽南人的口头禅，照规矩办事）等，说明闽南人待人善良、热情好客、朴实厚道的品质。

（二）存古俗，留古风，传承古文化传统

文化包括物质文化、制度文化、民族心理文化（包括精神文化、民俗文化），闽南传承中原古文化，以闽南方言为载体。丰富多彩的古风俗习惯和民俗文化都可以从经典的熟语中反映出来。

下面仅举数例。

“爸天母地，孝顺成例。食着果子（水果）忆天地。”“要知爸母恩，手咧（在）抱囝孙（子孙）。”“长兄为父，大嫂为母（在封建社会里，若父母去世，兄嫂把弟妹抚养成人，成为义不容辞的责任，所以弟妹对兄嫂，兄嫂

对弟妹已超出一般手足之情，而带上下辈的意味）。”以上谚语传承《孝经》卷七提出的“教以孝，所以敬天下之为人父者也；教以悌，所以敬天下之为兄者也。”中国传统思想倾向于把人的社会性放在家庭行为中考察，然后又把行孝的行为扩展到社会中，坐到“近而事父母，远而事社稷”，提倡“父慈子孝”“兄爱弟敬”“尊老爱幼”，从家庭、社会到国家都强调“长幼有序”，像孟子所说：“老吾老以及人之老，幼吾幼以及人之幼。”

“天顶天公，地下母舅王。”“初九供（祭拜）天公，十五上元暝。”“二月二，土地公做忌。”等谚语，看出闽南人敬畏大自然，这种民俗文化是传承古文化传统，又有地方特色。古人觉得自然界的永恒远胜过人寿的短促，自然界的势力远非人的能力所能比拟，自然界给人的祸福无法解释，便产生对自然界的畏惧和崇拜。按闽南风俗，外甥结婚，要让舅父做主持，要安排在主桌坐大位（主位），表示亲戚中舅舅的身份最尊贵，被称为“母舅王”。以往如果母亲去世，闽南俗语说：“死爸抗去坮（tai 埋），死母等人来。”母亲死后要等舅舅来看，确认后才能入殓，这说明舅舅身份的重要。这种民俗与原始母系氏族社会有关。《吕氏春秋·恃君览》：“其民娶生群处，知母不知父。”这是母系氏族社会留下的痕迹，此民俗正在消失中。关于对土地公的崇拜，据说源于明朝，祭祀土地神的礼日定为农历二月初二，人们认为蛰伏冬眠的动物被惊蛰的雷声惊醒，到“春分”时，五谷丰登。“土”字，《说文解字》：“地之土生万物者也。”“二”两横，像地之上和地之中，“丨”一竖，物出形也，象形字。大地、土壤是人们祖祖辈辈繁衍生息的土地，我们“头顶一片蓝天，脚踩一抔热土”，有了这一抔热土，我们才有立足之地，生有之地。在今天来说，也有现实意义，人们除了敬畏天公（玉皇大帝）、祭拜土地公（福德正神），求得六畜兴旺、五谷丰登，还要热爱土地，保护自然环境。

在座的大家都是新老厦门人，厦门话是闽南话的代表，我们要热爱家乡话，要像海外侨胞那样“离乡不离腔，离亲不离祖”。只有学好闽南话，我们才能更好地融入闽南文化这和谐的精神家园。

最后我们用一首诗来结束今天的报告。

魅力方言多精彩，闽台文化博如海。
汉唐古音今犹在，两岸共酌话情怀。

谢谢大家！

同学感想

闽南话有七个声调，它们像一群小精灵，有着各自不同的性格，一只率真无邪，一只俏皮可爱，一只沉熟稳重……它们各自带领了一个队伍藏在林宝卿老师的《魅力闽南话》里。

当我还沉浸在几个“小精灵”的魅力中时，林宝卿老师朗诵起李白的《赠汪伦》，把我拖回了现实，老师抑扬顿挫的声音让我第一次发现原来这首早已熟悉的小诗竟然像一首美妙的音乐，朗读完毕，老师的声音久久萦绕在我的耳畔，如雷贯耳的掌声亦经久不息……

——林珊

林宝卿老师说，我们平时不经意间唱起的童谣也和闽南话息息相关。比如：天乌乌，卜落雨，海龙王，卜娶某。龟吹箫，鳖打鼓……

闽南童谣韵味十足，童谣也曾伴我成长，给我的儿童时代带来童真童趣，耳边的一字一句都充满了童年温馨的回忆。童谣古时候被称为童子歌、孺子歌，是儿童的精神食粮。

闽南歇后语又叫五色话，生动活泼，幽默风趣，亦庄亦谐，有辛辣，有温良，富有哲理，耐人寻味。每个闽南人都会几句俗语，在话语中偶尔串用一下，显得既形象又简练。随着社会的进一步发展，普通话的普及，大家几乎都淡忘了多姿多彩、富有情趣的闽南话，但是闽南方言是我们的家乡话，我们应该更好地去学习它、了解它，因为我们身为闽南人，我们的家乡在闽南，它可以让我们更好地与家人交流。

——赵奎璋

在现代社会，我们大家每时每刻都离不开语言的交流，既要通过语言表达自己的思想，也要通过语言了解别人的思想，而闽南话在各种语言中占有重要的一席之地。

中国语言文字博大精深，也在不断变化发展。闽南话不仅充实了我们的生活，加深了我们对现代汉语基础理论的理解，提高运用语言的水平，还丰富了我们祖国的语言文化。因此我们应该学好闽南话。

——张文雁

从唐诗韵律看闽南方言古音犹存[①]

袁家骅先生主编的《汉语方言概要》一书说："中原汉人迁移入闽的过程，大概始自秦汉，而盛于晋唐，以宋为极。"秦汉时，中原汉人迁移入闽人数不多，不是成批的。而晋唐时期，中原汉人大批迁移入闽和本地土著融合而形成的一个以汉语为主体的方言。由于北方社会变革较大加上其他各方面因素，今天北方方言的语音变化很大，和当时的语音比较起来面貌大不相同。而闽南比较闭塞，加上山川阻隔、交通不便，因此保留了中原古汉语系统，被称为古汉语的活化石。闽南方言和公元601年陆法言写的《切韵》系统非常吻合，特别是文白读音系统数量大而类型复杂，一般说来，文读音（读书音）是唐音的保留，跟古音比较接近，是中古音层次的保留。博导黄典诚教授生前曾经说过："若李白、杜甫还健在的话，我们可以用闽南话的文读音跟他们对话。"至于白读音（说话音）既有上古音的层次，也有中古音、近代音甚至是现代音层次，因此可以说闽南话"诗叶中原十五音，轻唇舌上未来临。汉唐古音今犹在，诵读唐诗更精彩"。

一、何谓诗词韵律

我国素以"诗国"见称，唐诗更是中华民族优秀传统文化的精华，吟诵起来让人感受到中华文化的博大精深与奥妙无穷。特别是律诗、律绝讲究韵律，更显出语言的声音美。王力先生指出："律诗律绝的声音美表现在它的整齐美、抑扬美、回环美。"

韵是诗词格律的基本要素之一。诗人在诗词中用韵叫作押韵，在北方的戏曲中，韵又叫辙，押韵叫合辙，闽南话通常说为"斗句（daogu）"。

所谓押韵，就是同韵的两个或更多的字放在同一位置上。一般总把韵放

① 2017年12月24日林宝卿教授应邀到我校高中部开设此专题讲座。

在句尾，所以又叫韵脚。古人押韵要求韵腹、韵尾相同，不同韵头的字也算是同韵字，如“麻、家、瓜”，虽韵头不同，算是同韵字。押韵的目的是为了声韵和谐，同类的乐音在同一位置上的重复，这就构成声音的回环美。

所谓的韵律，就是格律、声律。平仄应用于诗词，便形成不同的平仄格式。所谓古诗词的平仄，就是对古声调进行再归纳分类，古音分为平、上、去、入，清《康熙字典》记下古人用文字对声调调值的描写：“平声平道莫低昂，上声高呼猛烈强，去声分明哀远道，入声短促急收藏。”古人把平声叫“平”，把上、去、入归为“仄”，“仄”就是不平。平仄应用于诗词，并形成不同的平仄格式，平仄在句子里交替搭配，并产生音调抑扬顿挫的音乐美。这些格式一经固定下来，便形成诗律、词律，诗律只有固定的几种，而词律数以千计。

诗韵是什么呢？隋唐以前，人们作诗用的是古诗韵，但那时没有韵书，所以押的是大致相近的韵。后来韵书出现了，作诗用韵才有所遵循，要求按一定的韵部用字。最早的韵书是公元601年陆法言的《切韵》，《切韵》是在前各家韵书影响下集大成的著作，反映中古语音的基本面貌，是汉语语音承前启后的一个转轴，可根据它上推上古，下推近代，所以也是划时代的产物。《切韵》分206韵是为“剖析毫厘、分别黍累”，是“若赏之音”之需，若要“欲广文路”，自不必以此苛求，所以作者在韵目下也标注“独用”、“同用”等字，以调整、合并韵部，供作诗用韵。到了南宋，经平水人刘渊的整理，编纂了《平水韵》一书，成为比较通行的诗韵，有106韵和107韵两个版本，而律诗、律绝押平声韵，分为上平声15，下平声15。刘书不传，韵目见于熊忠的《古今举会举要》和《佩文韵府》。

今天我们用普通话朗诵唐诗，常觉得有些韵并不十分和谐，这是因为古今音演变的缘故。语言发展了，语音起变化了，拿现代语音去读它们，自然不合辙、不和谐。正如明朝音韵学家、福建连江人陈第在《毛诗古音考序》中说的：“时有古今，地有南北，字有更革，音有转移，亦势所必至。”

二、闽南方言古韵犹存，押韵合辙

由于闽南方言古韵犹存，押韵合辙，所以用闽南方言的文读音来朗诵唐代律诗律绝显得十分和谐。下面以律诗、律绝为例来论证。

（一）保留鼻音韵尾 -m，押《平水韵》下平声十二侵

古音鼻音韵有三套，收 -m、-n、-ng。普通话只保留前鼻音韵收 -n 尾和

后鼻音韵收 -ng 尾，古音收 -m 尾的鼻音韵已消失，归入前鼻音韵。唐诗 300 首中，押 -m 尾计 9 首，闽南方言全都押“侵”韵。如王维的五律《酬张少府》：

晚年唯好静，万事不关心（-im）。
自顾无长策，空知返旧林（-im）。
松风吹解带，山月照弹琴（-im）。
君问穷通理，渔歌入浦深（-im）。

这首是作者自述志趣诗，意在“好静”，韵脚“心、林、琴、深”属《平水韵》下平声十二侵，而普通话把“心、林、琴、深”都读 -n 尾，也押韵。又如刘禹锡的七绝《浪淘沙》：

莫道谗言如浪深（-im），莫言迁客似沙沉（-im）。
千淘万漉虽辛苦，吹尽狂沙始到金（-im）。

这首以淘沙见金比喻被谗言所害遭到被逐被贬的人终于洗清罪名，得到赦免，看出作者乐观主义精神，韵脚“深、沉、金”，押“侵”韵。普通话“深、沉”（-en），“金”（-in）韵。又如李商隐的七绝《嫦娥》：

云母屏风烛影深（-im），长河渐落晓星沈（-im）。
嫦娥应悔偷灵药，碧海青天夜夜心（-im）。

这首责备意中人的偷奔而仍不能忘情，就是上青天下碧海，我的心无时无刻地相思你啊！韵脚字“深、沈（古“沈”通“沉”，后分化为“沈”和“沉”两字，此处读沉，方言读 tim）、心”押“侵”韵。大家所熟悉的杜甫的五律诗《春望》，它的韵脚字是“深、心、金、簪”（“簪”古有两读，一读 zan 属中古覃韵，一读 zen 属侵韵，此处属侵韵，方言读 zim），也是押十二侵。令人感到惊奇的是到了明朝也有押“侵”韵的律诗，那么普通话的 -m 尾是什么时候才消失的呢？请看明朝于谦写的七律《咏煤炭》：

凿开混沌得乌金，藏蓄阳和意最深。
爝火燃回春浩浩，洪炉照破夜沉沉。

鼎彝元赖生成力，铁石犹存死后心。
但愿苍生俱饱暖，不辞辛苦出山林。

此韵诗的韵字“金、深、沉、心、林”闽南方言都读 -m 韵。

（二）中古止摄开口三等支、脂、之三韵

方言同读 i 韵，押上平声四支，而普通话在中古不同的声组下分化成不同的音。如杜甫的《和江陵宋大少府暮春雨后同诸公及舍弟宴书斋》：

渥洼汗血种，天上麒麟儿（er）。
才士得神秀，书斋闻尔为（uei 此字是合口字）。
棣华晴雨好，彩服暮春宜（-i）。
朋酒日欢会，老夫今始知（-i，国际音标 ）。

《切韵》支脂之三部，李荣在《切韵音系》里分别拟为 ie、iue、i、ui 等，杜甫这首诗押的这三个韵，唐初诗人把三韵通用。《平水韵》三部合为上平声四支，而普通话在中古止摄开口精组声母下（即普通话的平舌音）读为舌尖前元音 -i【-ɿ】，在中古知庄章等组声母（即普通话的卷舌音）下读为舌尖后元音 -i【-ʅ】，在日母下读 er，见晓组下开口读 i，合口读 uei，所以此诗的韵脚字“儿”读 er，“为”读 uei，“宜”读 i，“知”读 -i【-ʅ】，这样读起来就不押韵。而闽南方言“儿”读 li，“为”读 ui，“宜”读 gi，“知”读 ti，韵母都是 i、ui，十分押韵。又如张九龄的五律《望月怀远》：

海上生明月，天涯共此时（-ʅ）。
情人怨遥夜，竟夕起相思（-ɿ）。
灭烛怜光满，披衣觉露滋（-ɿ）。
不堪盈手赠，还寝梦佳期（-i）。

此首写景抒情诗，是想念远人（恋人或好友）的幽情。普通话的韵脚字“时、思、滋、期”分别读为 -ʅ、-ɿ、-i，而闽南方言都读 i 韵（“思”两读 si、su），所以保持了原诗的韵律之美。唐诗 300 首中押“四支”的计十二首。

（三）中古假摄

闽南方言读 a、ia、ua，押下平声六麻，非常合辙。而普通话在假摄开口三等精组、影组声母下读 ie，章组日母下读 e【-ɣ】，所以律诗律绝用到假摄开口三等的韵字，普通话念起来不太合辙。如刘禹锡的七绝《乌衣巷》：

朱雀桥边野草花（-ua），乌衣巷口夕阳斜（-ie）。
旧时王谢堂前燕，飞入寻常百姓家（-ia）。

诗中“斜”是麻韵开三精组邪母字，读为 ie，读起来格格不入，为了押韵，普通话就得破读（也叫读破），改其读音为 ia，以求押韵。脍炙人口的杜牧著名七绝《山行》和韩翃的《寒食》也是如此。

远上寒山石径斜（-ie），白云生处有人家（-ia）。
停车坐爱枫林晚，霜叶红于二月花（-ua）。

春城无处不飞花（-ua），寒食东风御柳斜（-ie）。
日暮汉宫传蜡烛，轻烟散入五侯家（-ia）。

“寒食节”相传是春秋时代晋国国君重耳为纪念大臣介子推不出山受赏而抱树被活活烧死而设的。重耳下令每年此日不得生火做饭，表示对自己放火烧山迫介子推出山受赏的谴责。寒食节与清明节相近，后来逐渐把寒食的风俗视为清明习俗之一。后人诵之“子推言避世，山火遂焚身。四海同寒食，千秋为一人。”韩翃的另一首五律《酬程延秋夜即事见赠》也用平声麻韵。

长簟迎风早，空城澹月华（-ua）。
星河秋一雁，砧杵夜千家（-ia）。
节候看应晚，心期卧亦赊（-e）。
向来吟秀句，不觉已鸣鸦（-ia）。

此酬赠之诗，一唱一酬，意在抒写近况或随感之事。韵脚“赊”是麻韵开口三等字，在中古章组声母下普通话已读为 she【ʂɣ】，与主要元音 a 不叶韵。而方言读为 sia，ia 韵，正好与华（-ua）、家（-a）、鸦（-a）叶韵。唐诗 300 首中押麻韵计 9 首，也是诗人较常用的诗韵。

三、中古韵部开合洪细，方言变化不大

中古音开合洪细四等的体系到了普通话已演变了。开口洪音变为开口呼，开口细音变为齐齿呼，合口洪音变为合口呼，合口细音变为撮口呼，而闽南方言没有撮口呼。另一方面，有些知二照二的字，普通话只能跟洪音拼合，合口三等非组下读洪音，这就致使押韵不和谐。如高适的七绝《别董大》：

千里黄云白日曛（-ün），北风吹雁雪纷纷（-en）。
莫愁前路无知己，天下谁人不识君（-ün）。

这是一首仄起平收首句入韵的律绝，它的韵字“熏、纷、君”都是臻摄合口三等字，在非组下，普通话读为 -en，在见系下读为 -ün，押韵就不和谐。而闽南话无论在哪个声组下都读为 un，押《平水韵》上平声 12 文。下面一首是杜甫的五律《月夜忆舍弟》，押下八庚，耕清同用。

戍鼓断人行（-ing），秋边一雁声（-eng）。
露从今夜白，月是故乡明（-ing）。
有弟皆分散，无家问死生（-eng）。
家书长不达，况乃未休兵（-ing）。

这是一首仄起平收，首句入韵的五律。作者在安史之乱时期，流离颠沛，上念国难，下念家忧。此诗忆二弟之作。韵脚字“行、声 -eng、明、生 -eng、兵”等，其中“声”是梗摄开口三等章组（普通话卷舌声母）下读 eng，“生”是梗摄开口二等庄组也读洪音 eng，所以不合辙。而闽南话都读 ing 韵，没有变化，所以非常合辙。唐诗 300 首中押下八庚就有 14 首。王维的七绝《九月九日忆山东兄弟》也有类似的情况。

独在异乡为异客，每逢佳节倍思亲。
遥知兄弟登高处，遍插茱萸少一人。

此诗仄起仄收，是平起或仄起，以首句第二字是平声或仄声为准，首句不入韵，作者为怀乡思亲而写的。韵字普通话“亲”与“人”不叶韵，臻摄开口三等字日母下“人”读 en，而闽南话都读 in，押上平声 11 真。

四、闽南方言入声犹存，格律清晰

古汉语有平上去入四声，古人对四声再重新归纳为“平仄”，“平”指平声，“上去入”为仄声，平仄就是利用语音的高低升降构成声调的曲折，使它在诗里交错变换，便产生音调抑扬顿挫的音乐美，构成声音的回环，造成声音的整齐美、迴环美、节奏美。律诗、律绝十分注重平仄在本句（出句）中的交替，在对句中的对立，并把它定为四种固定的平仄类型，这种格律和声律要求是分不开的，若不讲究平仄就不是律诗、律绝。律诗、律绝之所以传诵不衰，除了内容反映人民的思想感情之外，声律之美不能说不是一个重要的原因。可是中古音的入声到了普通话已经消失了，全浊声母入声归入阳平，如习、读、别、夺、薄、择、达等；次浊声母入声归入去声，如灭、蜡、立、热、业、日等；清音声母入声分别归入阴平的，如接、八、吸、切、削、忽、约等，归入阳平的如节、洁、觉、国、吉、急等，归入上声的如法、雪、渴、铁、乙、骨、索、笔等，归入去声的如彻、设、屑、刻、阔、握等。而中古音的入声闽南方言完全保留，并分阴阳，清音声母入声归入阴入，浊音声母（包括次浊音声母）入声一般归入阳入，在闽南方言的文读音中和《切韵》音系一样完整的保留收【-p】、【-t】、【-k】三套入声韵尾，毫不影响诗人词人写诗填词对平仄格律的严格要求，因此用闽南话诵读古诗词特别有韵味。如李白的七绝《赠汪伦》：

李白乘舟将欲行，忽闻岸上踏歌声。
桃花潭水深千尺，不及汪伦送我情。

这是一首李白感谢汪伦盛情送别的诗，仄起平收，首句入韵，押下八庚，韵字闽南方言都读【-ing】，而普通话“声”读【-eng】，它的平仄格式是：

仄仄平平仄仄平，平平仄仄仄平平。

平平仄仄平平仄，仄仄平平仄仄平。

首句李白的“白”是仄声，第四句“不及”的“及”是仄声（入声），可普通话的“白、及”已读为阳平。闽南方言“白、及”和中古音一样，保留短促的入声，平长仄短，节奏分明。又如白居易的五律《赋得古原草送别》：

离离原上草，一岁一枯荣。
野火烧不尽，春风吹又生。
远芳侵古道，晴翠接荒城。
又送王孙去，萋萋满别情。

此诗以人事代谢现象与自然界光景常新作对照，最后点出送别的萋萋情。这是一首词性相对的典范，名词对名词，动词对动词，副词对副词，是一首脍炙人口的诗。平起仄收，首句不入韵，押下八庚。本来五律平起仄收的格式是：

平平平仄仄，仄仄仄平平。仄仄平平仄，平平仄仄平。

平平平仄仄，仄仄仄平平。仄仄平平仄，平平仄仄平。

此诗上半阙第二句第一、三字是仄声字“一”，普通话已读为阴平，下半阙第二句第三字“接”和第四句第四字“别”是仄声字，而普通话“接”今读阴平，“别”读为阳平，都变为平声字。“一、接、别”闽南话和中古音一样都读入声。

闽南方言古音的保留，为诵读魅力无穷的律诗、律绝提供了宝贵的工具。2007 年，文化部批准厦漳泉三市设立了我国（指汉族）第一个文化生态保护区——闽南文化生态保护实验区，这说明闽南方言、文化的保护和传承应闽南先行，厦门这个移民城市更应该先走一步。今天我们为弘扬民族精神，发挥诗歌的美育功能，就更应该不遗余力地教给下一代如何用闽南方言的文读音来诵读唐诗，这不仅能保护和传承闽南方言和文化，而且能陶冶情操，愉悦身心，提高吟诵欣赏律诗、律绝音乐美的能力，更好地促进文化艺术的繁荣。

参考文献：

[1] 辞海．语言文字分册 [M]．上海：上海辞书出版社，1978.
[2] 王力．汉语语音史 [M]．北京：中国社科出版社，1985.
[3] 王力．汉语音韵学 [M]．北京：中华书局，1981.
[4] 陈第．毛诗古音考 [M]．北京：中华书局，1988.
[5] 林宝卿．普通话闽南方言常用词典 [M]．厦门：厦门大学出版社，2007.
[6] 喻守真．唐诗三百首译析 [M]．北京：中华书局，1988.
[7] 中国社会科学院．唐诗选 [M]．北京：人民文学出版社，1978.

热情而亲切的林教授为我们介绍唐诗韵律与闽南话文读音的联系。闽南方言分为文读音与白读音，其中文读音是唐音的保留，最具有古韵古风。林教授引用古今中外的名著加以论述举例，让同学们用闽南语跟读古诗，使得同学们真正领悟到“诗叶中原十五音，轻唇舌上未来临”的魅力。不同的平仄格式，产生了音调抑扬顿挫的音乐美。

林教授还表示闽南语不仅能用于交流，还能增强民族凝聚力。为了保护和传承闽南方言文化，林教授更是希望我们新一代能够怀着对闽南文化的热爱，去了解它、传承它。这次讲座使许多同学受益颇丰，更是激发了许多同学对学习闽南方言的兴趣，让同学们了解许多文化知识。

——赵芷仪

许晓春

两岸饮食文化研究者、民盟成员、厦门市作家协会成员、媒体专栏作家、厦门市闽南文化研究会会员、厦门市餐饮行业协会兼职副秘书长、台湾地区标准化（厦门）研究中心专家组成员。

长期致力于闽南饮食文化、民俗文化的研究和撰写，闽台古早味的“唤醒”工作。作为厦门市有关部门及海沧、鼓浪屿等各区的特约作者，参与（主笔）了一系列闽台、“海丝”、美食文化主题作品及专著的写作。著有《厦门饮食文化》一书。作品相继被集美大学、厦门双十中学等教育机构选为馆藏书目。

历史在左，时尚在右

——沙坡尾的前世今生[①]

不知从什么时候起，沙坡尾，这个地方，忽然成为许多厦门人的“目的地”。

① 2016 年 5 月 24 日许晓春老师应邀到我校高中部开设此专题讲座。本讲座提到的部分内容、人物，在这几年间也发生了一定的变化。截至目前，沙坡尾改造中关于“渔船回港”、老渔民代表讲述老故事、渔民老屋的修旧如旧以及工业遗存的保护更新，有做到了一些，但效果并未完全显现，也并不尽人意。而讲座中提到的部分“新沙坡尾人”，有的因为种种原因离开了沙坡尾，但也依然还有人继续坚守和前进。

有些地方似乎已经太挤了，比如鼓浪屿、曾厝垵。而有人说，这里，对，就是这里，更是老厦门的心灵港湾。

说它是“港湾”，也许它现在已经变得很小很小。但是，从将近一百年前起，这里，每一天，当装满渔获的大船小船开进港湾时，那股浓浓的带着鱼虾满仓的腥味，让整个厦门岛都躁动起来了。而当船儿扯起风帆、鼓起马达，向大海寻找希望的新一天也从这里开始，它又带走了多少厦门娘子和稚儿的牵挂和期待。

这里，曾有一个动人的名字，叫作“玉沙坡”。它的得名更早，据史学家考证，可以追溯到明代以前，当时的厦门港，是一片自然而弧形的海湾，金色的沙滩连成一体，像一弯美丽的月牙儿，所以得了这么一个温婉如玉的名字。作为这一大段沙滩的最末端，各处的沙子都会流到这里来，便形成了沙坡尾。

所以，“沙坡”自然有头，也有尾。只不过，沧海桑田，如今的“沙坡头”，或许已经掩埋在历史和时代共同营造的记忆里；“沙坡尾”，不但神奇地留存下来，而且，正在悄悄地、迅速地、激动人心地，成为厦门时尚的新地标。

假如你不经意地路过沙坡尾——也许你甚至还不知道它叫“沙坡尾”，可能是大学路、民族路、蜂巢山路，或者是，哟，你还发现了一个避风坞！那么，恭喜你，你不仅走入了老厦门的深深记忆，也踏入了厦门更小资、更有灵气也更风情万种的时尚秘境。

很多老厦门人，特别是生活在沙坡尾一带的人们，当然也包括同学们，最关心的是，它接下来会变成什么样？

一、那些时光：厦港的历史溯源

厦港（老厦门俗称“厦门港”）目前是思明区一个街道的名称，位于厦门岛东南部，鹭江与大海会合的口岸地带，范围从蜂巢山、碧山岩、鸿山至虎头山之间。老厦门总是习惯把思明南路从演武路到大生里铁路之间靠近海域的地方叫作“厦门港”。虽然面积和常住人口在思明区排行不算高，厦港片区却因为有 3000 多年的文明史和 600 多年的老城区历史而为大家熟知。

沙坡尾、沙坡头和厦大一起都属于厦门港古海湾，讲述沙坡尾的前世今生，就必须放在厦港这样一个大范围的历史聚落，才能完整地再现她作为厦门港发祥地和厦门城市起源的意义。

很早以来，一条镇南关把厦门城区分为厦门（方言称“厦门顶”）和厦门港，这也是区分中心城区和港口渔区的标志。“厦港”名称最早的文字记载来自明末清初厦门人阮旻锡所著的《海上见闻录》，此后清代的几部志书《鹭江志》（乾隆年间）和道光的《厦门志》里都出现过厦门港或者厦港名称的有关记录。清代的重要地图上还专门标明了厦港地名。

厦门港之所以叫“港”，很大程度上源于靠海地带那一片洁白如玉的沙滩，古时候称玉沙坡或者海沙坡。乾隆年间《鹭江志》曾记载“环抱如带，沙长数百丈，上容百家，税馆在焉。风水淘汰，毫无所损……宇宙中异事也”。1926年的秋天，鲁迅来到厦门大学任教后在这里散步，就曾经写了如下的文字：“海上的月色是这样皎洁，波面映出一大片银鳞，闪烁摇动，此外是碧玉一般的海水，看去仿佛很温柔 ......”

玉沙坡有头也有尾，以从碧山岩流下的溪流——南溪仔墘（旧时称“河仔池”）为界分为沙坡头和沙坡尾，早年在南溪仔墘和永安街之间有座长石板铺设的太平桥连接着沙坡头和沙坡尾，如今溪流不见了，也看不到太平桥了，只有附近居住的老人们还会常常提到早年船只靠岸后，过了太平桥就是接官亭，再拐个弯就是南大埕，周边就是金新街、市仔街、旧鱼行口等行业街巷。

虽然曾经风光 300 多年的沙坡头渔港已经消失了，但是关于它的故事却很长很长。历史上有头有尾的玉沙坡曾见证了三四百年军港、商港和渔港的历史轮替，涵盖了这一带史前人类文明发祥地（厦门港 3000 年前史前人类就有和渔业相关的活动：从木石击鱼，捕而食之到“刳木为舟，剡木为楫”）、清乾隆年间岛上第一个完整意义上的渔港、自 19 世纪 80 年代起始于造船业的 100 多年来近代工业文明历史；同时也是清朝百年间（1685—1784 年）海峡两岸唯一渡口、当年很多华人漂洋过海到南洋的出发点，具有重要的不可替代的海洋文化价值。

沙坡尾避风坞原来是澳仔大池（演武池）通往海口的水道，传说明末清初郑成功操练水师时，小型战船正是从这里进出，在沙坡头渔港兴盛时代，这里是一个补充备用的避风坞。20 世纪 30 年代，沙坡头（渔港连同关刀河避风坞）在市政建设中被填平，渔港迁移到沙坡尾一带，沙坡尾的避风坞开始扮演比较重要的角色。可以说，沙坡尾见证了厦门港渔业的大起大落，从渔港到基地再到完整的渔业行业的递进式演变。

20 世纪 80 年代是沙坡尾渔港的鼎盛时期，原来的渔捞公社变成“海洋实业公司”，渔港周围遍布和渔业有关的配套工厂——鱼肝油厂、渔具厂、冷冻厂、船舶修理厂、水产品加工厂等，渔业生产单位走商渔、工、商贸、旅游、服务业全面经营、综合发展之路，当时流行的一句俗语“起暴头啦（风暴潮），渔船返港，厦门就动了大半起来了”，生动描述了当年厦门沙坡尾渔港鱼货丰收的盛况。

随着水产系统和海洋渔业的主要管理部门转移到蜂巢山路后，这一带 11 层楼的海味大厦、鹭台大饭店、渔民影剧院（如今的锦江之星一带）、全市最红火的海鲜大排档夜市、道路两旁的职工宿舍和渔民大楼等连成很壮观的一大片，大家称之为“海洋水产一条街”。其中的海味馆（海味大厦前身）还是厦门最早打出“生猛海鲜”口号的店家之一。

2003 年，随着演武大桥的建成，沙坡尾渔港和避风坞的历史使命结束。沙坡尾老渔港以及它所辐射出去的周边整个厦港老片区的未来开始被大家关注。

2012 年初，“沙坡尾文化创意港”项目启动；2015 年 6 月 10 日，避风坞所有渔船和渔民上岸；2015 年 11 月起，围栏拆栏、演武大桥观景台建设、骑楼改造、避风坞清淤、石板路翻新等——沙坡尾，正在变身的老渔港，成为越来越多厦门人关注的焦点、新地标。

二、那些人们：从古至今的“沙坡尾人”

先说说“老沙坡尾人”。

据厦门疍民民俗专家陈复授先生考证，厦门疍民的主要集结地在厦港，厦港这片热土和活水养育了疍民，而广大疍民也用他们几百年来的创造和贡献推动了厦港的兴起和发展，他们多年水处舟居独特的生活方式形成的疍民习俗是闽南文化的重要组成部分，也是非常重要的非物质文化遗产。

一只小船挂破网，
长年累月逐风浪；
斤两鱼虾换糠菜，
祖孙三代睡一舱。

这是一首旧时的疍家歌谣，描述了他们常年以船为家、以海为田的生活场景。

关于疍民的“疍”字还流传一些说法：最早传说“疍”通“蛋”，寓意疍民的生活圈就像水面漂浮不定的一粒蛋，所以有“浮蛋”“劈蛋”“换蛋”之说；另一说是明代朱元璋征战时候坐过连家船，感觉渔船犹如晃动的“浮蛋”，便赐予水上人家“蛋民”称号，后来又觉得下面的虫子不雅，由此造出一个“疍”字。

对于疍民，民间更多称他们为“讨海人”“讨海仔”，也有人称他们为“水上吉普赛人”，终生漂泊于海上，和陆上居住的“山顶人”区别开来。“疍民”这一称号是清初统治者对这些讨海捕鱼平民的一种蔑称，把他们和乞丐、无业游民、流浪艺人等同列为“疍族”，这对他们是很不公平的。

疍民多分布于我国东南沿海的浙江、福建、两广、海南沿海沿江地带。从明末清初开始，漳州九龙江流域的大批疍民陆续迁移到厦门港一带，传说郑成功据守期间，达到迁移的高潮。厦门疍民的阮、张、黄、钟等“大字姓”据说多来自九龙江，“阮、张、欧”后来成为渔区三大姓。后来逐渐有泉州、广东、金门、翔安周边地方的渔家疍户也聚集到厦门港来。

疍民这个群体有哪些为我们所不知道的故事呢？他们作为一个独特的族群，有它独特的服饰、姓氏命名、婚丧俗、独特的习俗、宗教神明信仰。众所周知，疍民常年舟居海上，所处的自然环境险恶而且复杂，有很多突发的状况，所以他们敬畏神明和大自然，信仰龙王和妈祖，闽南一带很多渔区的妇女服饰和妈祖当年近似，“帆船头、大海衫、裤子上红下黑”寓意保平安。

疍民的习俗中最具标志性的物品就是头饰，成年的女孩出嫁前会梳一种“烟筒箍”，其实就是盘在头上的辫子，用红碰纱续编延长，环盘在头顶，出嫁后则不再梳辫子，改将头发在脑后梳个螺形的“大髻发”，式样有别于陆上的妇女，俗称“讨海体”。疍家男子在明代以前都留长发，清朝开始编辫发，为了出海方便，他们经常把辫子盘在头上，后来辫子越留越短，大多只盘一圈，后脑勺留一小截辫子，扎着红头绳，俗称“燕仔尾”。

早期厦门的疍民服饰和本地“土著”一样都是简单、朴拙，最初疍民劳作的服饰就是笠帽蓑衣，后来逐渐演变成宽阔、肥大的大袖口、大裤腿的服装，这样便于海上的生产操作。再后来，出现了 “油衫裤”，据说这种服饰在疍民中足足流行了 100 多年，从 1850 年一直到 1958 年左右人造革衫裤出现才结束。其中还有一种将“油衫裤”用薯莨、根皮等富含丹宁的植物染色又擦上桐油制成的“红柴汁衫”，经久耐用又具地方特色。

在厦港疍民的习俗中，孩子的命名富含时代和地方特色。疍家男子命名经常以出生地来命名，比如台湾、金门、澎湖、汕头、浯屿（仔）；疍家常年漂泊在水上，如果孩子恰巧是在大海上出生的，那就直接取名水生、海生、过水，有的时候，厦门港同时就可以有四五个甚至十几个小男婴都唤作“水生”“海生”。另一种起名方式，则体现了旧时疍家重男轻女、传宗接代的思想，比如男孩起名斗阵（到阵、逗阵），寓意男丁成群排阵。另外还有一种起名叫番薯、芋包、阿猪、阿狗、大呆、憨呆、臭铜、臭铁、阿粪，依照旧时民间名字起得越粗俗卑贱，孩子越好养的迷信想法。

早期受男尊女卑思想影响，疍家女子的起名就更简单了，网腰、罔市、罔留（勉强喂养）、招治、抱治（生了女孩，希望以后生男的）这些名字都体现了疍家女子的名字特色，有的干脆不命名，直接俗称“查某”。

疍家的婚俗和丧俗与陆上的“山顶人”有一些不同之处。早年，不准海陆通婚连同不准上岸定居的禁令，很不公平地把渔家疍民禁锢在海上舟船之上，疍户青年男女大多只能在族群之间谈婚论嫁。他们的婚姻也因此形成了几大特色：自相婚嫁，花草做媒，哪家有女未嫁，船顶上一定放时花一盆；反之有青年男生未婚，则是放上青草一丛；有看中意者相互交换花草就算是定亲了。结婚仪式也是在海上举行的，两条疍船相靠，女到男船，增添一艘新的夫妻船。后来婚娶礼仪从海上迁到陆上，但留下了一种约定俗成的习俗，新娘坐黑轿子，而且夜间过门，这种习俗被称为“以黑克红”，据说是对早期疍民待遇不公的一种抗争，但也有夜间出门、寓意“白头偕老”的说法。

另外，除了这些人生礼俗之外，还有一些独特的宗教神明信仰和民俗活动，比如送王船、海普、妈祖节等仍旧保留在沙坡尾周边的疍民民俗。其中，送王船的风俗最是引人入胜。

“送王船”，也称“烧王船”，俗称“做好事”，是两岸沿海渔港、渔村的古老传统民俗。最早起源于古时送瘟的习俗，是福建沿海和台湾西南沿海渔民的重要习俗活动，“纸烛明船照天烧”描述的就是“送王船”的场景。

2015 年 11 月 15 日厦港龙珠殿的送王船活动是自 1995 年恢复这一习俗以来的第八届，那一年，从造王船开始，我就开始追踪记录，从农历八月初八开始到十月初四，历时 44 天，我的文章《王船送走的前夜，你未曾看见的故事》再现了造王船的过程、背后的那些人们和故事、送王船的盛况等，不少读者很是感动，当天微信后台留言几乎爆满。

本次王船的造型，是旧时三桅远洋福船的模样，通常搭配十二生肖、太极、狮头，龙形彩绘，还有王爷、皂班、八大水手、三十六官将等纸扎“卡通形象”，是旧时海洋生活的“微缩版”再现。这次王船全长 10.2 米，是厦门港历届中规模最大的一次，由闽南师傅和社区的老渔民们一起手工制造完成。作为老城区保留的原生态民间信仰习俗，厦港送王船贯穿台湾海峡两岸民情风俗的主线，除了承载着闽南海洋文化信仰之外，还发挥着联系台湾同胞和海外侨胞的桥梁纽带作用。

除了送王船之外，海普也是闽南沿海流传的一种祭祀活动，通过祭祀的方式追思先贤，纪念海上遇难者，祈求河清海晏、国泰民安，在相当长的时间内，为了纪念历史上的海难，厦港的渔家疍户一般在农历七月二十六那天举行例祭，沙坡尾厦港龙珠殿举行的海普仪式和放“地官祈福光明水灯”仪式，经常吸引了众多本地民众和外地游客参加。

再说说“新沙坡尾人”。

在如今的沙坡尾，活跃着许多艺术家、经营和文创人士。他们各有特点，成为“新沙坡尾人”的代表。

比如本地“土著”吴国斌，20 世纪 60 年代末出生，冻味调创意铁板料理的老板。“冻味调”这个名字本身就充满了浓郁的闽南味。从他爷爷奶奶开始，他们一家就在这栋避风坞旁边的 4 层小楼里居住了。吴国斌的老岳丈也是资深渔民，祖辈就住在沙坡头石榴井巷，他很骄傲地说：他和妻子两家的家族史加起来足足等于整个厦门港民国以来的历史。

“闽厦渔 28 号”老板菜头，经营着一家自酿啤酒店兼吉他餐吧闽厦渔 28 号。这里经常会聚集附近的土著、老啤酒厂的员工，还有来沙坡尾感受闽南味的外地游客。渔船在的日子，在店里的二楼和三楼经常可以看到楼下不远处避风坞里的渔船，有时候渔民也会上岸来喝几杯。

还有本地青年阿点和无人自助的“巢”咖啡。“巢”咖啡是沙坡尾很有特色的一家咖啡馆，“你来或不来，主人不一定在。主人在或不在，你都可以来。”这是店门口小黑板写着的字，走进去一直都没看到服务员出来招呼你，有时候店里空无一人，但是咖啡机、手冲器具、茶具一应俱全。因为这里是自助的模式，常客们经常会自带咖啡豆、茶叶过来歇脚，喝完了顺便留一点给后来的人，后面来的人享用了，有时候会在店里的“助巢箱”按心意投点钱，或者下次也记得带点茶叶或者点心过来分享。

当然还有更多“旧时文化”的保存者。“不辍旧物馆”是沙坡尾一家非常有特色的旧物馆，店主陈朝远称自己为“时光的搬运工”。走进不辍旧物馆，可以走进鲜活的老厦门历史，极具穿越感。100 多平方米空间陈列的各种旧物组合起来就是各种不同风格的历史舞台。旧物都是有生命的，很多都是曾经陪伴过厦门人相当长岁月的旧物，搪瓷杯、饭盒，甚至是牙医诊所椅子、老银匠桌子等。

来自台湾的杨慕老师和厦门理工学院的郭肖华老师，则运营着有名的“微风乐集”。2015 年 11 月份，他们举办了“城市原创音乐会——写给厦门的十二首情歌”。他们也曾为沙坡尾写了一首有分量的歌《沙坡尾·声》，并举办了数次“听见沙坡尾”的音乐分享会。

这样的沙坡尾也吸引了不少外国朋友来开店生活。“胖胖啤酒马”的德国兄弟带来外来的文化，又很快融入沙坡尾的本土文化中，老板之一的David说得一口流利的闽南话，他曾对我说，除了沙坡尾和八市，厦门就没有他喜欢的地方了。

大家凭借着对老渔港文化的热爱来到这里，同时也带来了各种时尚元素，这里的闽南传统文化、古老的海洋渔业文化，加上这些外来的元素，形成了多元文化的碰撞，新沙坡尾人用各自的方式在等待着沙坡尾的未来，同时也将对沙坡尾未来的走向产生影响。

三、沙坡尾的“未来之路”

自2015年11月初沙坡尾改造效果图出来后，人们在网上网下各抒己见，讨论十分热烈。如何在改造中做到“历史再现”是不少人的共识。

沙坡尾改造的初衷也是促进历史文化、生活、艺术和商业的有机融合，完善老城区生活环境和功能，但是要改造得好，才是对历史风貌最大的保护，不然就是破坏。所有这些文创、自创品牌、青春时尚文化等新元素的注入，一定要在维持沙坡尾原有地方特色和历史文化元素的前提下进行。

我从很早的时候就开始关注沙坡尾一带的走向，我的公众号“厦门沙坡一尾猫”详细记录了沙坡尾渔船上岸前点点滴滴的珍贵影像和文字，2015年6月由我撰稿的《厦门晚报》“最厦门·时尚沙坡尾”四个版引起了很大的反响。作为喧嚣城市中一片历史文化积淀的净土，沙坡尾的未来是值得我们期许的。

沙坡尾属于厦门，也属于历史，它的未来，绝不只是简单粗暴的为旅游文化和艺术创意区所替代，应该是成为展现厦门文化的一个鲜活舞台，保留有活态的海洋文化聚落。

旧瓶装新酒，老调可以新唱，对于沙坡尾的未来来说，就是真正做到“历史传承和再现”，有效地利用历史街区，保护沙坡尾原有社会肌理上的延续，并且把一些因为沧海桑田而消失的珍贵在地文化，重新用表演、展览等方式再现，装进酒瓶子里去。在不破坏老城区原有文化脉络的前提下，拓展与延伸一些和谐感强的时尚风貌，实现传统风貌与都市风貌的相容。而这些，也将期待包括现在的年轻同学们，从现在起去关注、去留心，未来，或许你们也将成为“新沙坡尾”的参与者、建造者和运营者。

许老师的讲座并不仅仅想让我们欣赏沙坡尾的美景，更多的是想让我们去深入了解它的内心，感受它的历史和文化内涵。许老师为同学们讲述了沙坡尾作为厦门港发祥地的“前世今生”，着重给我们讲述的是仍旧保留在沙坡尾周边的疍民民俗。其中，送王船的风俗最是引人入胜。

今天的沙坡尾正在变身为厦门的文创、时尚新地标，越来越多的不分年龄、不分国籍、不分职业的“潮人”们来落户。他们被老渔港不可复制的气质所吸引，同时也给老渔港带来了多元的、有活力的时尚风向。

讲座的最后许老师跟同学们探讨了一个值得关注和思考的问题：沙坡尾目前已开始进入避风坞清淤路面改造、骑楼外观改造的阶段，关于老渔港的未来，应该有怎样的期许？是否能够完好地保留原有的历史文化肌理“修旧如旧”呢？又如何营建出一个历史与时尚交融的厦门文化新地标？这的确是值得深思的。

——赵贤

带你遨游“舌尖上的海丝”[①]

“江上往来人，但爱鲈鱼美。”“日啖荔枝三百颗，不辞长作岭南人。”……从同学们学习过的古诗词中，我们常常可以发现中国传统饮食文化的“痕迹”与趣味。

“忧来无方，窗外下雨，坐沙发，吃巧克力，读狄更斯，心情又会好起来，和世界妥协。”列夫·托尔斯泰也为我们描述了美食和心情的某种奇妙关系。

这些文学作品为我们打开一扇扇窗，让我们看到，不管是在中国还是外国，美食是一个地方历史人文、风土人情最活色生香的代表，也是一种古往今来生活艺术的传递。

作为“海上丝绸之路”重要支点城市的厦门，饮食文化历史悠久，受闽越文化、中原文化的影响，又融合了华侨、台海饮食文化的精华，另外在中西交融中形成了独特的“海丝风情”，已经成为一张烫金的地方名片和闽南文化名片。一部厦门、闽南饮食文化史，就是海上丝绸之路发展史的一个生动横截面。

一、厦门饮食背后“文化叙事”

厦门菜是中国八大菜系之一“闽菜”的重要代表，以闽南风味为主，台湾、东南亚风味为辅，以鲜活醇厚、汤纳百味和善用甜辣为主要特色。厦门菜以烹制各种海鲜菜肴见长，又兼具了传统小吃名点、素菜、药膳等特色“招牌”，饮誉海内外。

2018年春节期间央视播放的《舌尖上的中国》第三季第五集里，围绕着一场涵盖闽南特色国际宴席的前前后后，厦门本土的炒面线、同安封肉、薄饼、面线糊、姜母鸭、海蛎煎等一些代表性的美食纷纷亮相。其中由厦门2017年

① 2018年5月28日许晓春老师应邀到我校初中部开设此专题讲座。

金砖国宴总厨师长陈智灵主理的“炒面线”和“沙茶焖牛肉”特别引人注目。

“炒面线”是厦门独具特色的传统名点，最早由民国时期“全福楼”“双全酒家”的陈如琢、陈其贤等几位老师傅在烹饪实践中首创，至今已经有百年的历史了。厦门的炒面线，闻名海内外，早年据说还有海外华侨专程用保温瓶乘飞机带回去品尝。面线，又叫线面，闽南和厦门上等的面线基本都是手工制作，厦门手制面线历史悠久，早年经常销往海内外。晚清时期，厦门面线作坊集中的一条巷子被起名为“面线巷”（旧称“面线埕”）。

“沙茶焖牛肉”更是厦门金砖国宴的经典菜肴之一。为了做出地道的传统厦门味，国宴的厨师团队采用同安封肉的传统烧法来烹制上等牛肉，使封肉做法的海鲜味道完全“渗”入到牛肉当中，再用沙茶酱的鲜味包裹牛肉表面，这样牛肉更加鲜美入味而且入口即化，实现传统风味和创新做法的完美结合。

沙茶（沙嗲）源自印度尼西亚，是印尼文“SATE”的译音，因为“嗲”字音与厦门闽南话的“茶”字音相同，所以人们也称之为沙茶。沙茶原意为辣味肉串，传入我国后作为一种调味品流传至今，20 世纪 30 年代“沙茶”的制作方法经由印尼华侨传入闽南侨乡，这种色泽金黄、辛辣香浓的沙茶酱在南洋一般用来调味，传到厦门后为人们所喜欢，并广为使用和发扬光大，成为一种独具特色的常见佐料，也催生了沙茶炒牛肉、沙茶肉串、沙茶火锅等颇具特色的厦门沙茶佳肴名点。

厦门闽南菜肴善用特色调料、佐料，除了沙茶之外，咖喱的引进，“沙茶面”“咖喱肉饭”“咖喱排骨”等名点也充满浓郁的南洋风情。沙茶、咖喱、芥末、胡椒等各式佐料、香料，正是通过海上丝绸之路的繁盛贸易和华侨的频繁往来，以厦门为口岸不断输入中国，这从另一个方面反映了厦门饮食背后蕴含的海洋文化、华侨文化。

二、“海丝”文化与厦门饮食的交融

海洋文化的特点，就是开放与包容。19 世纪末 20 世纪初，当来自世界各地的领事、商贾、传教士纷至沓来，从鼓浪屿乃至整个厦门岛，将西方的饮食文化和烹调技艺带入厦门，与本土饮食文化有机结合。厦门不仅是国内最早拥有数量众多、异国口味丰富的“西餐厅”的城市之一，更善于将世界各地的风味与厦门的韵味，在舌尖味蕾中神奇交融。

厦门中西交融史上的大事，近到上面描述的 2017 年“金砖五国”厦门会晤期间，厦门的传统美食，登上国际级宴会大舞台，受到与会的各国元首、海内外嘉宾、各界人士的喜爱，浓郁的“闽南味道”成为“金砖”来客们对厦门最深切的回味之一；远至光绪三十四年（1908 年），美国大白舰队官兵一万多人访问中国，接待地点在厦门，这是晚清中外交流史上的一件大事，当时招待大白舰队的宴席菜单上就有不少取材于厦门本土海鲜的佳肴（土笋冻、海蛎煎、香芋焖鸭等菜肴赫然在列）。这些都隐藏着厦门饮食中西交融的文化“密码”。

2017 年，鼓浪屿正式入选“世界文化遗产名录”，作为厦门最具知名度的文脉延续的历史文化社区，中西合璧的饮食文化，也是鼓浪屿“申遗”中的一大亮点。

在展现闽南“舌尖上海丝”的美丽画卷之前，我们先来回顾下海上丝绸之路的历史——我国具有漫长的海岸线和辽阔领海，古代海上丝绸之路从中国东南沿海，经过中南半岛和南海诸国，穿过印度洋，进入红海，抵达东非和欧洲，成为中国与外国政治、经济、文化往来的重要海上大通道，在世界历史上有很重要的地位。这条对外贸易通道，对经济发展繁荣起到了重要作用，同时也推动了文化交流，促进了不同民族文化的交汇融合，对人类文明进步产生了深远影响。

海上丝绸之路最早形成于秦汉时期，发展于三国至隋朝时期，繁荣于唐宋时期，转变于明清时期，是已知的最为古老的海上航线。自开通以来，海上丝绸之路一直是沟通东西方经济文化交流的重要桥梁，福建作为古代海上丝绸之路重要的东方起点，从唐宋到明清直至近代，都是海上丝绸之路最重要的参与者与见证者。宋元时期，泉州港被誉为“东方第一大港”；明朝郑和七次下西洋（1405—1433 年），郑和从福州开洋远航西洋，标志着海上丝路发展到了极盛时期，绘制出了当时世界最先进的完整的航海图。明代中后期，漳州月港成为当时中国最大的对外贸易港口；近代中国五口通商中，福州、厦门占了其中之二。

在郑和船队浩浩荡荡下西洋的时候，欧洲人也没闲着，从中国传入造船书的发展、科学技术的提高和地理知识的进步，让远洋成为可能，葡萄牙人、西班牙人、荷兰人、英国人……带着野心勃勃的“海上霸主”梦想，向着茫茫大海开始进发，掀开了“大航海时代”的序幕。

1497 年，葡萄牙贵族瓦斯·科达·伽马受葡萄牙国王派遣，率船队绕过好望角到达印度西南部的卡利卡特；随后 150—1503 年和 1524 年又两次到印度，西欧直通印度的新航路就此开通。葡萄牙人成为引领大航海时代开端的国家，也打开了欧洲与亚洲商业、航运的全新海洋通道。

西班牙人坐不住了，他们同样需要积极寻找另一条通往东方的新航路，水手出身的哥伦布信奉“地圆说”，他认为，从欧洲向西航行，同样可以到达中国和印度，他曾在巴哈马群岛的一个叫作“圣萨尔瓦多”的地方登陆；在后来的三次航行中，到达过大安的列斯群岛、小安的列斯群岛、加勒比海岸的委内瑞拉，以及中美洲，并宣布它们为西班牙帝国的领地。哥伦布的航海带来了第一次欧洲与美洲的持续的接触。

1519 年，另一位西班牙人麦哲伦率领船队花了三年时间完成环航地球，麦哲伦死于环球途中，他死后船上的水手在继续向西航行，回到欧洲，完成了人类首次环球航行，是地理大发现的一个重要篇章，西班牙也一举超越葡萄牙，成为赫赫有名的海上霸主。

大航海时代的历史，是一部内陆文明让位于海洋文明的发展史，也预示着全球化海上贸易成为一种势不可挡的发展趋势。与此同时，福建地处欧亚大陆东南边缘、太平洋西岸，越来越显示出其重要性，虽然当时的明朝廷还是实施严格的“海禁”政策，但是居住在福建的中国东南沿海民众也开始了开拓海洋，参与并推动着全球化的发展。

16 世纪中后期，泉州港逐渐走向衰落，地处偏远的漳州月港悄然兴起，在殖民者、官府、私商的多重博弈中，一跃成为“商贾云集，洋艘停泊”的闽南大都会。月港位于九龙江下游江海会合处，“外通海潮，内接山涧”，因其状似弯月而得名。大月港的概念，作为厦门湾、金门湾的延续，当年的繁荣核心在今龙海市海澄镇，包括海沧、石码、角美等地区，往内延伸至整个闽南地区，又辐射到闽西、粤东——支撑着世界性贸易体量。

隆庆元年（1567 年），明穆宗朱载垕准福建巡抚都御史涂泽民的奏折，在漳州月港开放部分“海禁”“准贩东西洋，易私贩为公贩”，这个大事无疑是海禁大门上开的一扇明亮的窗户。隆庆开海后，以月港为中心的中国海上对外贸易，真正连接了东西方。海商准贩东西洋，从月港出发的海上航线，东达日本，南通菲律宾，西至马六甲，然后与欧洲人开辟的新航路马尼拉—阿卡普尔科港相连接，构成一个完整的环球航线。

隆庆开海后半个多世纪（1567—1632 年），月港作为国际贸易港，在当时是东西方两大文明在中国的唯一时空枢纽和连接点 ，“四方异客，皆集月港”，被称为“天子之南库”。月港全盛时期开辟了 18 条往东西洋的航线，与东南亚、南亚和东北亚等 60 多个国家和地区有直接往来，这条航线是世界大帆船航海史上发挥作用最长的一条国际贸易航线。

三、“海丝”贸易带来的“舌尖改变”

随着海上丝绸之路的不断“演化”，私人海外贸易取代了之前的朝贡贸易，进口的东西以各种日用、手工业品、农副产品等和民生密切相关的物品为主；同时，我国商人也开始主动赴海外贸易，当时每年月港出洋商人约 3.3 万。

作为当时闽南大都会和国际商港的月港，是重要的资源交换平台。东西方贸易的发展和往来带来了食物原料的丰富、饮食文化的交融，对闽南地区农业发展、人口增长带来了深远影响，同时也成了闽南文化向海外传播的重要通道，推动了闽南民众眼界的拓宽和闽南文化区域的扩展。

据月港鼎盛时期的史料记载，月港的“海丝效应”潜藏着很多曾经不为人所知的发现，其中，各种食物和物种的进口和出口尤其让人耳目一新，对我们的生活、饮食也影响深远。

根据明朝万历十七年颁布的《陆饷换抽税则例》和张燮《东西洋考》记载，当时月港贸易的货物种类有 140 种之多，其中引进的食品类有海参、虾米、鲨鱼翅、燕窝等海珍品，农副产品有番薯、玉米、花生、绿豆、蚕豆这些主副食，菠萝、椰子、波罗蜜等水果以及牛排、牛肉干、猪肉干、鹿脯等肉食品，另外还有辣椒、胡椒、丁香、肉桂、咖喱等调料、佐料。

之后的全球航线（美洲—马尼拉—中国）将整个世界联系在一起，沿着这条海上丝绸之路，美洲大陆很多作物传入菲律宾南洋一带（现在的东南亚地区），随后沿海路传入我国。当时有不少就是通过月港传入的，其中影响较大的是甘薯和辣椒。甘薯，又称番薯、红薯，闽南人称之为地瓜，曾经是闽南地区和金门一带的主要粮食。但是很多人对番薯是如何从美洲大陆漂洋过海来到中国并不太知道，《农政全书》《闽小记》《异物志》《金薯传习录》等书都有相关版本的记载，其中最常见的版本就是，16 世纪后期，在菲律宾的闽商陈振龙发现，从美洲传到吕宋的甘薯（引进后称为“番薯”）产量高、种植容易，又清甜可口，可以当粮食饱腹，他立意要引进回家乡。

当时吕宋一带的西班牙殖民者也视甘薯为宝物，不允许带出国境，所以陈振龙此次带它回国可以说是一段冒险的经历。陈振龙先是将甘薯放置在家里的花盆里，细心照料待长出藤蔓时赶紧打道回国，他拜托船上的中国船员，偷偷将剪好的藤蔓和稻草、苎麻一起编成汲水绳，就这样瞒过了船长和其他船员，经过了海上七天七夜的航行，成功地将甘薯苗带到福建。陈振龙后来又指示儿子向当时的福建巡抚金学曾力荐在全省推广种植，帮助百姓度过了饥荒年，人民感念故称番薯为“金薯”，陈振龙也被誉为“嘉植传南亩，垂闽第一功”。这一段故事颇有传奇色彩，但也确实说明了甘薯从美洲到欧洲，然后到了吕宋南洋，最后一路飘洋过海到了中国。

番薯到了中国福建一带并没有消停，而是又从这里去了琉球、朝鲜和台湾，又从琉球辗转到日本，挽救了灾荒时期的江户日本，至今日本人称番薯为“唐薯”。

番薯后来遍栽于大江南北，又因为单产特别高，适应性强，迅速得到传播，成为备荒抗灾的重要食品，也在一定程度上促进了人口的增长。明朝后期到清初人口从1亿左右稳步增加到1850年的4.3亿，可以说番薯立了一大功。

番薯在闽南菜肴中也有不少运用，除了芝麻地瓜（地瓜枣）、烤红薯之外，红薯粉的用途也很广泛，传统美食海蛎煎、地瓜粉粿都离不开番薯。20世纪50年代物质匮乏时期，厦门还曾经出现番薯餐室、番薯宴（用番薯烹制出仿鸡、鸭、鱼口味的菜肴），记录了特殊时期番薯的功劳。

明朝中后期经月港传入福建的除了作物，调料、佐料、香料也是很重要的一部分，需要特别提及的就是辣椒（在明代有名的戏曲作品《牡丹亭》里就曾提到过辣椒）。辣椒原产秘鲁，经海上丝绸之路传入南洋，后来经由月港传入我国，在闽南地区有“番姜”的称号。中国古代的五味体系中有辛（姜、蒜）无辣，有了辣椒后，原有的“甘酸苦辛咸”变成“甜酸苦辣咸”。辣椒和其他调味品相结合，衍生出心多新的复合味，比如辣椒与花椒一起调成麻辣味，和酱一起配成酱辣味，还有酸辣味、鱼香味等等，这些丰富了烹调的类型，其中最典型的就是推动了川菜、湘菜等菜系的形成。

毛泽东曾经说过“辣椒领导过一次蔬菜造反”，说明了辣椒在中国饮食文化中的特殊作用。如今辣椒在湖广、四川等地乃至全国食用都很广泛，有一些地方还曾经有“辣椒当盐”的说法，河南信阳和皖南临泉一带有结婚吃“辣饺子”的习俗和特殊寓意。

这些经由海上丝绸之路的交流，中国原本不出产的许多食品逐渐成为人们生活中的常食，比如番薯、玉米、马铃薯、花生（小粒种）、辣椒、咖喱、沙茶，由于地域上的差别，各地的饮食风味在交流融汇的基础上形成了地方独特风味的菜系特点。闽南菜的特点也是在几百年前的中外交融基础上逐渐形成的，另外，古往今来，中外商贾和海外华侨华人从海外引进的食品和独特饮食习俗、烹饪方式，也丰富了闽南菜肴的饮食结构和包容开放的特色。

既有引入，自然就有输出，明朝中后期经由月港出口的商品同样琳琅满目，其中食品类的有蔗糖、酒、茶、麦粉、橘子酱、腌猪肉等；农产品有柑橘、龙眼、荔枝、桃子、梨子、萵苣、白菜等；漳州和同安地区很早就是我国东南沿海重要的蔗糖主要产区，种蔗历史悠久，漳州的史料有记载“俗种蔗，蔗可糖，各省资之利”，蔗糖成为当时的大宗出口农产品。

明代，闽菜技艺不仅精湛，并已传出国门。明万历三年（1575 年），欧洲传教士马丁·德·拉达修士等人出使福建，从厦门上岸，经同安、泉州、莆田到福州，一路得到款待。马丁·德·拉达回国后写出《出使福建记》和《记大明的中国事情》报告，里面涵盖了闽菜的菜肴、宴会格调款式、烹饪特色，其中还有特别提到在同安吃到的一种包裹有甜杏仁的肉。这些珍贵的报告为门多萨编著《中华大帝国史》所采用，该书在罗马以西班牙文、英文、法文等多国文字再版达 26 次，为 16 世纪欧洲人了解中国起了重要作用，特别是对中国的食物、饮食烹饪和宴会特色的了解，可以说闽菜是西方首先知道的中国菜系之一。

17 世纪初，由于各种原因，月港急剧衰落，直至最后被新兴的厦门港所取代。早在月港兴盛时期，厦门就有设立“中左所”（征收舶税），厦门是月港出海的必经之途——出洋口岸。1684 年，清廷正式在厦门设立海关，厦门取代月港成为海外贸易的重要港口，厦门成为很多内地物产出口到台湾的重要口岸，此后的 100 多年里是两岸对渡的唯一港口，这也造就了闽台之间长久以来一衣带水、同宗同源的食缘关系。

海上丝绸之路繁荣的 1000 多年来，经由海路这个经济贸易通道所带来的食物、物种的交换和丰富，饮食文化和习俗以及烹饪技艺的融汇，在很大程度上丰富和促进了闽南地区饮食文化的发展昌盛。另外，我们的闽南先民们下南洋、过台湾，甚至到欧美等更远的地方，同时也把闽南的美食和手艺带到遥远的海外。

世界改变了舌尖上的中国，中国也改变了世界的舌尖。

早在月港时期，闽南就是华侨华商闯荡世界的出发港。东起日本、朝鲜，中经菲律宾群岛，直到南洋各国，到处都有中国商人的足迹；华商华人遍布东亚、东南亚、南亚，甚至远至欧美各国。后来的厦门港兴盛期，厦门成为唐山下南洋、唐山过台湾的渡口，不少华侨华人从这里离开或者回来。

香飘万里的厦门美食，沉淀和见证了闽南人敢闯敢拼的精神，在如今东南亚的唐人街（如菲律宾的中国城、新加坡的牛车水等地）和欧美的中餐馆，依然可以看到闽南美食的影子，新加坡的名菜“炸肉丸”鼻祖就是闽南民间小吃炸肉圆，菲律宾的春卷、新加坡的肉骨茶等美食也与中国有很深的渊源；东南亚华侨家庭的寿宴、喜宴、弥月宴等，宾主来往应酬宴席菜式结构大都来源于闽南饮食。

如今，我们恰逢新时代“一带一路”倡议的大好形势，回首跌宕起伏又澎湃的历史，展望奋发且勃兴的21世纪丝绸之路经济带共建，我们将有更多的机会去拥抱世界，希望将来同学们能更多地为弘扬和宣传我们闽南传统美食文化而努力！

同学感想

“江上往来人，但爱鲈鱼美。”“日啖荔枝三百颗，不辞长作岭南人。”这两句诗分别出自范仲淹的《江上渔者》和苏轼的《惠州一绝》，其中无不表现了人们对于美食的喜爱。自古以来，写到美食的诗歌不计其数，虽然表达情感各不相同，但是，它们却让我们看到了中华美食文化的传承与发展。

一部分人吃东西，是因为生而为人，作为食物链中的消费者，必须通过进食来获取有机物；一部分人吃东西，是因为造物主赋予了我们品尝美味的丰富味觉感受细胞；更高级的是，透过食物去探寻食物所代表的文化、历史。从生活的物质需求，到味蕾的满足，再到文化的精神追求，可以说，美食从一定程度上推动了人类文明的进步和发展。

美食，是城市历史文化、风土人情最直接的代表，是古往今来生活艺术的传递，更是历史文明的传递。闽南是海上丝绸之路的起点，闽菜，是中国八大菜系之一，因此，生活在闽南的我们，更应该了解美食与海上丝绸之路的关系。

首先，海上丝绸之路将沿途国家的先进文化、优良的食物品种带了进来。

现在看来普普通通的番薯，400多年前却是几经辗转，才传入中国。在那个战火纷飞的年代，在那个闹饥荒的年代，在那个百姓一穷二白的年代，小小的番薯默默无闻地撑起了一片天。

著名闽南小吃——沙茶面的精髓，在于沙茶。然而沙茶并不是闽南人的发明，而是闽南华侨不远万里从印尼带到了中国，并在闽南生根发芽绽放了更美丽的花朵。

中国悠远的饮食文化，与他国的饮食文化，在交流中不断碰撞出灵动的火花。

另外一方面，海上丝绸之路也推动了中国古老的文化、特色传统饮食向海外的传播。

“磨砻流玉乳，蒸煮结清泉。”豆腐，简洁而大方，传承了千百年。它凝结了中国人的心血，集聚了中国人的智慧，是中国的骄傲，更是中华民族“清廉方正”精神的象征。而这一切，随着海上丝绸之路、随着古代商船一同漂洋过海，到了东南亚、到了日本，后来成了全世界人民都喜爱的美食了。

在苏轼“日啖荔枝三百颗”时，闽南的“水果之王”荔枝早已经由“海丝”来到日本、朝鲜和阿拉伯人的餐桌上。龙眼、桃子、大白菜、橘子酱、蔗糖，也都不甘示弱，先后走出了中国，走向了世界。而海蛎煎、春卷、炸肉圆等闽南特色小吃，也跟随着飘洋过海闯荡世界的闽南先民们走过海丝的漫漫长途，香飘万里。此外，博饼这一特色习俗和春节吃粿、端午吃肉粽等节日食俗以及寿宴、喜宴、弥月宴等人生礼仪的宴席在东南亚也有广泛的流传。

人类对美食文化的共同的追求，体现了人们对于生活共同的热爱，对和平的追求。不仅是古代，现在我们依然如此。融合了国际特色的闽南菜，在“金砖五国”厦门会晤期间被摆上国宴。看上去简单的饮食，实则是文明的包容、文化的交融、历史的传承，这着实令我们惊讶不已。

因此，每一位美食的缔造者，都不简单。他们在美食中倾尽心血，十年磨一剑，为美食的文化奉献自己的年华。其工匠精神，让我们深受感动。许老师的讲座里提到的“闽菜泰斗”童辉星大师、厦门金砖国宴总厨师长陈智灵大师等厦门名厨们，他们几十年如一日为闽南菜的传承、弘扬和传播做出贡献。在青春的奋斗年华里，我们也应用这种细致、执着的工匠精神，雕琢我们的人生。

作为新时代的青少年，我们的眼光不应只停留于“吃”和“享”的层面，而应该继续深入，了解美食、文化历史，进而了解民族的历史、人类的历史，为传承、发扬民族文化，更好地建设“一带一路”作出贡献!

感谢许晓春老师今天的讲座，让我们每个人获益颇丰。也正因为有许老师这样的美食文化研究者，我们才得以深入了解美食文化!

——陈可薇

青

春

成

长

巨东红

1972年出生，女，集美大学法学院社会学系副教授，国家二级心理咨询师。福建省民政厅社会工作人才队伍建设专家组成员，厦门市民政局社会工作专家库成员，福建省青年志愿者协会常务理事，福建省妇女理论研究会常务理事。主持省、市和横向课题20余项，参加国家社科基金项目3项、教育部人文社会科学基金项目3项，发表相关专业论文21篇。研究方向：社会工作实务、志愿服务、女性学。

我是女生

——高中女生的心理困境及其应对策略①

高中阶段是人生的转折期，也是女中学生性别意识发展的重要时期。女生在这个阶段中面临着接纳自我、人际关系、学业进步、升学压力等挑战，如何应对挑战成为女生个人、家庭、学校和社会共同关注的焦点问题。本次讲座从社会性别理论和需求层次理论切入，分析高中女生的心理特征，在学业发展、人际关系、自我成长方面遇到的困境，并提出解决问题的建议。希

① 2010年5月5日巨东红老师应邀到我校高中部开设此讲座。

望此次讲座，有助于推进性别意识主流化，帮助女生了解青春期的心理特征，学习应对困难、调适心理的技巧，成为自强、自立、自尊、自爱的阳光女生。

一、社会性别理论与需求理论

（一）社会性别理论

20 世纪 70 年代，美国的人类学家格·如宾（Gayle Rubin）提出“社会性别”这一概念。在《英汉妇女与法律词汇释义》中，社会性别的定义是：“社会文化形成的对男女差异的理解及在社会文化中形成的属于女性或男性的群体特征和行为方式。”① 一般而言，社会性别（Gender）是区别于生理性别（sex）的，指两性在社会文化的建构下形成的性别特征和差异。社会性别理论不是把性别关系看成是偶然的、不变的、简单的态度问题，而是看成与社会制度相关的问题。

社会性别反对两性之间所有差异均是天生的，即反对“生理决定论”。它的提出，为我们提供了一个崭新的研究视角和分析框架，对原有的以男性为核心建立起来的人类知识体系持一种批判的态度。以这个视角观察高中女生成长中的问题，引发对问题的新认识。

（二）需要层次理论

需求层次理论的代表者是美国人本主义心理学派的创始人之一——马斯洛。人本主义心理学强调人性的重要性，主张说明人的本质特性、内在感情以及他们潜在的智能、目的、爱好、兴趣等与人类经验相关的一切方面。基于这种理念，马斯洛提出，人发展的本质在于需求，并具体阐述了不同的需求层次：生理的需要、安全的需要、归属与爱的需要、自尊的需要、自我实现的需要。青少年时期，需求层次最不稳定，高层次需要不断发展，很多成长问题源自各种需要的变化和满足。

二、青春期心理特征及高中女生的心理困境

（一）青春发育期的心理特征

青春期又称青春发育期、风暴压力期、狂飙期，是指从人体开始青春发

---

① 谭兢嫦，信春鹰．英汉妇女与法律词汇释义 [M]. 北京：中国对外翻译出版社公司，1995：145.

育起到人体生理的全面成熟为止的时期，也是个体生理、心理从儿童向成年过渡并快速发展的阶段。这个阶段的心理特征体现在四个方面。一是主体与客体的互动，即在其社会生活环境和自身社会实践活动中完成的心理发展；二是动荡与稳定的结合；三是突变与渐变的统一；四是心理内容的社会性转换。①

在心理发展上，青春期的个体具有矛盾性，内心渴望独立，但又不能放弃对家庭和社会环境的依赖；有时孤独封闭，但又需要同伴的开放与陪伴；希望可以勇敢，但时常又有怯懦相随；表面显现高傲，但时常受到自卑的困扰。斯普兰格曾经说过："没有任何人会像青年那样深深地陷入孤独之中，渴望被人接近和理解，没有任何人像青年那样站在遥远的地方，向人们呼唤着。"

从思维品质中，个体的思维深度加深，但表面性还存在；批判性加强，但片面性还存在；思维中的自我中心再度出现。他们在心理上制造了"假象观众"的氛围，有时沉溺于自我欣赏，尽情地当演员，而没有心思过多地去关心他人。

（二）高中女生的心理困境

1. 自我意识问题明显，自评评价低

自我意识是对自己身心活动的觉察，由自我认知、自我体验和自我控制组成。其中，自我认知包括对自己的生理状况、心理特征以及自己与他人关系的认知和评价。由于身体的发育和心理成长的突变性，一些高中女生在自我意识上存在自我认知偏差、自我评价低和自我控制弱等问题。具体表现为：对外貌和体态不满意引发自卑；由于一次或几次考试失利，导致自信心降低；沉溺在网络小说中，自我控制能力低下。有时被悲伤、忧郁情绪所笼罩，常常责备，并减少人际交往频率。

2. 学习焦虑问题突出，心理压力大

进入高中阶段后，课程内容更加丰富，作业量大增，考试频繁，需要在短时间内构建起新的知识体系，一些学生出现学习焦虑，在女生中较为突出。她们平常认真听讲、完成作业，但考试成绩并不理想，信心在一次次考试中消耗，焦虑感增强。就理论而言，适度的学习焦虑是一种正常的心理体验，

① 陆士桢，王玥. 青少年社会工作 [M]. 北京：中国社会科学出版社，2005：82–85.

它会激发人的潜能、促进学习成效，但是过度的学习焦虑会带来畏难心理和逃避、退缩行为，如害怕老师，害怕考试、甚至逃学、辍学。学习焦虑和心理压力影响到个人的身心健康，由于学习焦虑引起的身体状况有食欲不振、睡眠质量差、易疲劳、坐立不安等；心理行为表现有愤怒情绪、情感脆弱、言语攻击、肢体冲突等。

3. 人际交往问题困扰，把握界限难

高中学生涉及的人际关系主要是同学关系，亲子关系，师生关系三个方面，其中，同学关系对高中女生的影响最大，其次是亲子关系，最后是师生关系。

在同学关系方面，一是与男同学交往问题。与男同学交往的界限把握难，较亲密则有“早恋”之嫌。由于我国当代文化对“早恋”的排斥，高中生在理智与情感中，一般会选择理智，放弃情感，带来压抑感；如果选择情感，一般会受到家长、老师的反对，带来矛盾感、内疚感；二是与女同学交往问题。高中女生交往容易形成“次团体”，次团体中有冲突、竞争和亚文化认同等困境，高中女生感受到人际关系的复杂，甚至在关系中受到伤害，出现退缩、孤独倾向，在亲密与疏离之间徘徊。

在亲子关系方面，一是与父母沟通的形式问题。由于关注点转移到学习、同龄群体交往方面，高中女生与父母的沟通时长、沟通频率均有所下降，一些父母较难接受“乖女儿”的变化，给亲子沟通带来一些困扰；二是与父母沟通的内容问题。高中女生希望得到父母的心理支持和关怀，但父母一般关心孩子学习成绩、温饱问题，与孩子的期待差距较大，父母的“关爱”引起女生的反感、抵触，造成沟通不顺畅，甚至家庭“冷暴力”。

在师生关系方面，主要体现在对教师权威的挑战。信息时代，知识的传播速度加快、广度扩大。高中生更善于通过网络、文献资料学习，一些女生也会挑战教师的知识权威，可能带来心理上或现实中的师生冲突。

三、塑造“阳光”女生的路径

（一）“阳光”女生的要素

“阳光”女生是身心健康，道德健康，社会适应性良好的女生，其心理、行为有以下特征：

(1) 有自知之明。自我意识、自我认同感、恰当的自我期望值。

(2) 善于自控。意志坚定，富有毅力，自觉自律。

(3) 随和。人缘好，有朋友；心地善良，富于同情心；对人宽容。

(4) 社会适应能力强。在生活中，做到随遇而安，适应环境；悦纳自我。

(5) 做事有目标。对各种事物有广泛兴趣，有内在动机，有抱负。

(6) 心胸宽广。在做事上，有原则性，又有灵活性；在为人上，豁达，失败和受挫时不泄气。

(7) 情绪稳定。具有良好的情绪管理能力，乐观向上。

(8) 善于表达。遇事不压抑，有幽默感。善于调整心情，心境好。

(9) 互助合作。乐于帮助他人，接受他人帮助，与同伴相互依存。

(10) 爱的能力。具有爱的能力，懂得爱和被爱，与他人共情。

(二)学会面对压力

1. 压力

从心理学角度，压力是由外部事件引发的一种体验，是压力源及环境条件变化对主体提出的要求和个体对它的反应。承受压力的能力因人而异，即使是同一个人，也可因不同的身体状况和心境状况而承受能力不同。

2. 压力源

压力源即压力的来源，研究发现，压力源包括生物性、精神性和社会环境性三类。生物性压力源是直接阻碍和破坏个体生存与种族延续的事件，如疾病、饥饿、噪声等；精神性压力源是直接阻碍和破坏个体正常精神需求的内在和外在事件，如错误认知、不良经验、道德冲突、自责怨恨、内心冲突等。社会环境性压力源是直接阻碍和破坏个体社会需求的事件，如社会变革、离婚、家庭冲突、社交不良等。高中女生的压力主要来自自我成长、学习和人际关系，属于精神性和社会环境性压力源。压力造成亚健康状态，在心理上表现为抑郁、焦虑情绪和自卑感。

3. 压力调适策略

面对压力，不同的人有不同的方法，依据应对风格和调适方式，可以分为回避型和积极型。

(1) 回避型：努力不去想这个事情或情境，尽可能多地或尽可能长时间地回避焦虑。内在的语言是“担心也没有用”“别想它了，想点别的吧”。

有的同学不参加单元测验或拒绝老师的约谈，是因为预料到考试和会谈的压力，所以不参与、不见面，避免事情的发生，从而暂缓焦虑。还有人运用拒绝人际交往、吃很多食物等方式来缓解紧张，回避可能带来负面情绪的事件。

（2）积极型：尽可能多而快地寻找解决办法，以积极的行动迎接压力。如积极寻求老师、家长、同学和专业人士的帮助。在学习成绩不理想时花大量时间复习，准备迎接即将到来的考试等。在调适中，需要学会积极认知策略和积极行动策略。

一是积极认知策略。在心理上，期待得到权威指导，努力去看事物积极的一面；考虑处理问题的几种选择，并选择最可行、获益最大的方法，在一段时间里整天忙于做事，不让负面情绪把控自己。努力置身这种情境之外，客观地看待它，仔细考虑这种情境并争取理解它。

二是积极行动策略。努力寻找更多的有关信息，跟父母、亲戚、朋友谈论这个问题，找专家（如心理咨询师、医生）谈一谈，寻找解决问题的对策；运用问题中心策略，直接关注于问题，订一个行动计划然后去施行，弄清必须做什么而且设法实现，由此克服焦虑；运用情绪中心策略，设法让自己的情绪超脱出来，减轻伴随问题产生的情绪压力。可以调整认知，换一种眼光来看待问题；从有相似经历的人或群体那里寻求帮助；还可以用体育锻炼、听音乐、绘画等方式缓解紧张。

回避策略在短期内更有效，从长期看，积极策略更有效。虽然有些问题一两天后烟消云散了，一场令人生气的谈话所带来的刺痛或者某个令人尴尬的时刻常常在短时间内就消退了。但用回避策略，仅仅是不去想这种体验，就可能渡过难关，很多时候问题不会自动消失。高中学生可以不理会学习困难问题，可这些问题并不会消失。学习成绩不理想、人际关系不融洽等问题不会自生自灭。所以，为了彻底地消除焦虑，更多时候应该采取积极策略，面对问题、解决问题。

4. 理性情绪疗法

在压力管理上，理性情绪疗法有一定的效果。理性情绪治疗（Rational-Emotive Therapy，简称 RET）是 20 世纪 50 年代由著名心理学家埃利斯（A. Ellis）在美国创立的。其 ABC 理论的主要原理是：人们会认为人的情绪及行为反应是直接由诱发性事件引起的，即是 A 引起，ABC 理论则认为，诱发性事件 A 只是引起情绪及行为反应的间接原因；而 B——人们对诱发性事件所持的信念、看法、解释才是引起C——人的情绪及行为反应的更直接的起因。与不合理信念辩论的问题有：（1）我打算与哪一个不合理的信念辩论并放弃这一信念？（2）这个信念是否正确？（3）有什么证据能使我得出这个信念是错误的（正确的）这样的结论呢？（4）假如我没能做到自己认为必须要做到的事情，可能产生的最坏结果是什么？（5）假如我没能做到自己认为必须要做到的事情，可能产生的最好的结果是什么？与不合理情绪辩论的具体步骤是找出不合理信念——与不合理信念辩论——形成合理信念，行为改变。

（三）做“自尊、自信、自强、自立”的女生

在社会性别理论视角下，除生理特征之外，女性角色是后天建构的结果。女性与男性在智力、能力、需求上没有差别。基于此，“阳光”女生要树立社会性别意识，坚信自我人格的独立，维护自己的尊严，坚信自己的信念和能力，培养自己的整体素质，做“自尊、自信、自强、自立”的女生。

(1) 自尊。女生也具有“尊严”的需求。一方面，要有自尊，正确认识“干得好不如嫁得好”的言论，靠自己的努力实现理想；另一方面，要有他尊，不卑不亢，以实力获得他人与社会的尊重。

(2) 自信。女生心中要有一种信念，即男女平等，排除生理因素，男性能做到的，女性也可以做到。不受 “女生再努力都不如男生”的观念影响，在学习中全力以赴，在活动中积极参与，在成就中加强自信，树立自我效能感。

(3) 自强。自强建立在坚定的信念基础上，即摒弃自卑心理，对未来充满希望，奋发向上，积极进取。把握时代发展脉搏，为个人发展，人民福祉和社会进步而努力学习。

(4) 自立。女生要树立独立意识，体现自己的社会价值，反对依附顺从。女生要明确自己的能力和局限性，根据实际，做好人生发展和职业发展规划，确立独立人格，培养独立能力。

周　鸣

集美大学心理咨询中心副教授，国家二级心理咨询师，厦门市心理咨询师协会常务理事，厦门市心理咨询师职业认定专家组成员。毕业于哈尔滨师范大学心理学专业。从事心理健康教育和心理咨询工作20余年，在心理问题识别处理、心理危机干预等方面有着持久的理论与实践研究，有着丰富的工作经验，在各地高校、企业、部队、机关做过大量的心理学讲座，主持过大量的心理咨询师培训活动，产生了广泛而良好的社会影响。

走在美丽的花季

——青春期性心理漫谈[①]

从两个个案说起：

案例1：小夏的烦恼

小夏："我今年高二，与男友交往三个月，男友提出开房，我不愿意，他委屈。他总是说，他朋友想那个啥了，他们的女朋友都会帮助，而我为什

① 2017年5月1日和7日周鸣老师分别为我校高中部男、女生开设专题讲座。

么不能。因为这事他常常生气。证一辈子都在一起，我没那么幼稚，可他呢，不会考虑我是个女孩家的感受，我该怎么办？”

在这个案例中，小夏为与男友的相处感到为难，本以为恋爱就是两人一起吃吃饭、逛逛街，一块儿学习，也尝过拥抱、亲吻的滋味，但是对男友的性要求，自己真是不知该如何应对。而她男友则认为，两人相爱走到那一步是自然而然的事情。如今的爱情电影、网络小说都是那么描述的，身边的同学也都那么做了，没有什么不可以。小夏和男友两人对异性交往的看法不同，对待性的态度也不同，使两人的关系陷入僵持阶段。

问：如果是你，你会如何处理？
　　高中生就发生性关系好吗？

案例 2：手淫是病吗？长期手淫，对身体会有伤害吗？

高一学生小豪，16 岁。自诉自己脑子里经常想会幻想着和女生拥抱、接吻，甚至做爱，在无法实现的时候，经常以手淫的方式自慰。手淫时有强烈的快感，但手淫后不仅感到疲劳，而且，怀疑自己的行为不正常，有问题。他无法控制自己，又不断指责自己，便认为自己得了一种可怕的怪病，整日忧心忡忡。

中华康网上，一名高中生发帖询问：我是一名高中生，对性很好奇，经常自慰满足自己，已经习惯了，长期这样危害大吗？

对于这个问题，如果是你，你如何回答？

问：性幻想下流吗？
　　手淫是病吗？
　　长期手淫，对身体会有伤害吗？

这些问题是我们每个同学都有可能遇到、感到困惑，却又不好意思与他人交流的话题。进入中学后，随着生理上的性成熟，同学们的心理也产生微妙的变化，开始有了对异性的神秘感和对性的好奇心，开始关注异性，渴望接触、了解异性，甚至可能萌发对异性的好感或爱慕之情。有的同学对自己身体、生理上的突变心理准备不足，产生羞怯、紧张、焦虑等。这些都是正常的反应，是正常、自然而又美丽的事。正如春天来了，花儿会开，人的生理成熟了，自然就会产生对性的渴望和对爱的向往。然而，在我国由于传统伦理观念的影响，性问题一直被蒙上了神秘的面纱，许多同学对性知识缺乏系统的认识，使得他们的性心理发展处于矛盾之中。因此，了解性心理方面的知识，形成正确的性观念，是中学生身心健康发展的需要。

一、揭开性的神秘面纱——认识和了解性

性的自由联想：请你思考3分钟，将你所想到的与性相关的10个词写下来。

请思考：你怎么看待这样的行为？
它正常么？
对于此行为，动物和人类有什么异同呢？

通过前面的练习，你已经了解到自己对性的态度。再看看其他同学的答案，也许你会发现其实性是那么的丰富和多样。

（一）性的多面性

把同学们写的关于性联想到词汇进行整理，我们会发现，无论从个人感受上，还是社会评价上，性都是多面的。大致，我们可以分成三个方面：

（1）正面的：幸福、快乐、温存、缠绵、美妙……

（2）中性的：性生活、性需求、性交、性器官、交配、怀孕、生产……

（3）负面的：猥琐、下流、肮脏、贱、色狼、淫荡、强奸、性骚扰、嫖娼、玷污……

从上面这些词汇，大家可以感受到性到多面性。性既可以给人带来快乐幸福，另一方面又可能给人带来痛苦和伤害。而跟性有关的许多方面都是中性的。

（二）性的三种属性

（1）生物属性：从生物学角度来看，性是人类最基本的生物学特征之一，性的需要，就同人需要呼吸、饮食一样，都是人的一种自然本能。

（2）心理属性：性对人类来说，不仅具有生物学意义，还具有心理学意义。它不仅包括性交、性爱抚等直接的性活动，还包括人们对于性的情感、态度、价值观，以及性方面的喜好等心理表现和心理体验。

（3）社会属性：从社会角度说，性是人类得以繁衍、进化之本，性活动则是人类社会生活等基本内容之一。无论何时何地，人类的性观念和性行为

都受制于一定的社会意识形态和道德规范，而不仅仅是“两个人的私事”。因此，人类的性是指以生物繁衍的机能为基础，受特定的社会关系影响的、由人的心理因素支配的两性行为。

思考：性是“两个人的私事”吗？只要两情相悦，就可以发生性行为吗？

从上面练习我们看到，人类的性是多面的、立体的，带给人的感受和影响也是多面而复杂的。也因此，性也容易引起人的心理困惑和心理冲突，造成许多的矛盾、焦虑和痛苦。同学们在面对和处理性的问题时，不免会产生很多的困惑和烦恼。那么，中学阶段，我们可能会遇到哪些性心理困惑？面对这些困惑，我们该如何应对？

二、中学生常见的性心理困扰

（一）性冲动

1. 性认识偏差

有些同学因为对性的不正确认识，认为谈性不好、视它为下流、肮脏、见不得人、难以启齿的事情，一些性生理现象（如月经、遗精、勃起等）也让人很难为情，甚至有人认为洗浴时在别人面前清洗生殖器是不可思议的事情，以至于对自己的性意识、性冲动感到羞愧、自责、苦恼和困惑，并产生厌恶和恐惧心理等。也有些人因为内心的矛盾和困惑，而陷入性封闭和性压抑状态。其实性意识、性冲动是生理的正常反应，是在性激素作用和外界有关刺激下产生的，并不是不纯洁、不道德或可耻的行为。

2. 性自慰困惑

青春期的性自慰行为，是指在没有异性参与时所进行的满足性欲的活动。青少年中常见的性自慰有以下三种形式：性幻想、性梦、手淫。

（1）性幻想：性幻想是把自己同一个心目中的偶像结合于一个想象的故事情节之中，从而产生性满足的现象。它是一种正常的情欲释放途径。但是过分的性幻想会成为病态症状。

（2）性梦：性梦是与异性交合的梦境。它是青春期比较常见的一种性意识困扰。在中学生中有相当高的发生概率（70% 以上）。

（3）手淫：手淫是指性欲冲动时，用手或其他物品摩擦、玩弄生殖器以引起快感、获得性满足的行为。

案例 3：小陈的烦恼

小陈是一名高二男生，初三毕业那个暑假，他到同学家里玩，无意间看到一张DVD，里面有很赤裸的性爱画面。从那时开始手淫。一次他在一本书中，看到一个观点，说男人的精子是非常珍贵的，是“精气神”的象征。他第一次手淫后，感觉自己很疲劳，觉得有些愧疚。但两天后，他又忍不住手淫了一次，后来频率越来越高，有时隔一天就手淫一次。但每次手淫后都非常自责，觉得自己的“精气神”快没了，觉得自己越来越瘦了，但还是控制不住自己手淫。他觉得自己被魔鬼控制了，无法摆脱，甚至觉得活着没什么意义。

手淫在青春期男女中为普遍现象。但有些学生，对手淫持有不正确的认识，认为手淫有伤身体、会导致性功能障碍；有的学生认为手淫难为情、下流，甚至有罪恶感。一方面受手淫有害观念的影响，另一方面又在强烈性欲驱使下忍不住去尝试，使手淫成了困扰中学生的主要性心理问题之一。

事实上，手淫是一种性冲动的发泄方式，一种性的补偿行为。适度手淫并不带来害处。美国著名医学权威马斯特斯和约翰逊博士根据实验，证实了手淫与标准的性交对身体的影响完全一致。在青少年不能用性交行为释放其身体内积聚起来的性冲动能量的情况下，手淫是他们唯一可以采取的主要行为。

美国的艾迪早在 1930 年所著的《性与青年》一书中指出：“如果手淫之事，一旦发生恶果，那必然是恐吓与畏惧的结果，因为手淫本身不至于发生不好的影响。”一般来说，适度手淫不影响性功能，也不影响未来的生育功能。手淫的危害不在于手淫本身，而在于对手淫的错误认识给手淫者带来了巨大的心理压力，使他们每次手淫前后总是伴随着高度的精神紧张、恐惧、焦虑、羞愧和耻辱感，甚至罪恶感。

需要强调的是，虽说手淫无害无罪，但并非必须，更不是可以无度而为之。长期频繁的手淫对身体会造成一些不良影响，如对生殖器的过度刺激可能会习惯性地形成局部的感觉麻痹，使少数人性唤起难度增大；会引起大脑高级神经功能和性神经反射活动的紊乱等。此外，有的学生手淫时不注意卫生、方法，还容易导致性器官感染或受损，给未来正常性生活埋下隐患。

（二）性焦虑

性心理矛盾和冲突以及各种性适应不良，都会引发性焦虑的感受，尤其表现为对自己的体貌特征、性角色和性功能方面的焦虑。

（1）体貌特征焦虑：第二性征的变化不仅将发育成熟和未成熟区分开来，而且将成熟男子和成熟女子区分开来，它不仅是区分不同性别角色的标志，也是显示生殖系统开始运转的信号，同时也是两性相互吸引的一个重要来源。几乎所有的男生都希望自己身材高大，体魄健壮，音调浑厚，以吸引女生的注意；而女生也几乎都希望自己容貌美丽，身材苗条，乳房丰满，音调柔美，来显示女性魅力，以吸引男性的关注。然而，绝大部分同学都会对以第二性征为重点的体型感到不如意，因而出现了烦恼和焦虑。如果男生觉得自己矮小、瘦弱，就会感到自卑，而女生若觉得自己过胖，长相平平，就会感到苦恼；男生对生殖器的发育状况，女生对乳房的大小也十分敏感，并常为此感到心事重重。

（2）性角色焦虑：除了对形体的不安外，高中生还为自己的心理行为是否与性角色相吻合而忧虑，不少男生常感觉自己缺乏男子汉气质，一些女生则觉得自己缺少女性魅力。为此，一些人产生了“过度补偿”，比如有些男生为了使自己像个男子汉，故作深沉，或表现出大胆、粗鲁的行为，甚至打架、爆粗口等。这些人追求的往往是外在的表现，而忽略了本质等内容。

（3）性功能方面的焦虑：性焦虑还表现为一些人担忧自己的性功能是否正常，尤其当看到某些书刊或电视广告上谈到性功能障碍时，便会对自己的性功能疑神疑鬼，又不敢跟家长或医生请教解惑，只是自己暗自紧张焦虑。

（三）性心理冲突

性在带给人们不同感受的同时，也引发出各种心理冲突。

1. 本能与规范的冲突

案例 4：我是一个“下流”的人吗？（男生版）

男生晓彬去求助心理咨询，他的困扰是他认为他这个人很不好，自己都看不起自己。他解释的原因是他在异性面前有色情的表现。他为此特别地焦虑不安。当咨询老师进一步询问他指的色情表现是怎样时，他说他见到异性就忍不住想“那方面”的事情，又害怕别人知道，因此会脸红、心跳，紧张得不得了。

案例5：我是一个“随便”的人吗？（女生版）

有一天，晓琪正在电脑上做作业。突然右下角的QQ图标在闪烁，她打开后，发现是一个陌生号码要求加好友。她看了一下那个人的基本信息，发现也是一名高中生。她想着，不同学校的，加下好友，相互交流一下也挺好的。于是就通过了对方的好友验证。可是，加了好友后，对方跟她没聊几句，就开始跟她讨论一些性话题，还问她“约不约”。并对她说：“现在都什么年代了，女孩子有权享受性快乐，不要那么保守嘛！”晓琪从小就被教育说，女孩子要洁身自爱，要学会保护自己，不可以随便跟陌生男人搭讪、交往，于是晓琪拒绝了对方。可是，接下来的几天，晓琪每次打开电脑，都忍不住去看向右下角，内心隐隐地期待着对方再出现。有时头脑中也会幻想着去跟那个人约会、开房，甚至发生性关系。晓琪被自己的这个想法吓到了，她也很困惑，不知自己是不是太“随便”了，还是太过保守。

如此说来这个男生见到异性的表现怎么也到不了色情的状况，而且是青春期的年轻人很正常的一种反应。显然这个男生把这一正常反应做了负面的夸大了。那他为什么会这样呢？似乎简单的事情为什么让他那么困扰呢？我们从弗洛伊德的人格理论看可以如何解释。

著名的心理学家弗洛伊德认为，人的人格结构包括三个部分：本我、自我和超我。本我，指在人的最原始的、与生俱来的潜意识的结构部分，它像一口本能和欲望沸腾的大锅，具有强大的非理性的心理能量，按照快乐原则行事，一味地追求满足。自我，指人格结构中的意识结构，代表理性与常识，处于本我和超我之间，遵循现实原则，充当裁判，监督本我，适当满足，自我同时还是外部世界、超我世界和本我的仆人。超我，指人格中最文明最道德的部分，它是社会道德的内涵，表现为至善原则，指导自我，限制本我，达到自我典范。

弗洛伊德认为，三者平衡时，就会实现人格的正常发展，如果三者关系失调乃至破坏，就会导致人的心理冲突，产生焦虑，甚至心理障碍。

人的本我的原始欲望，特别是性的欲望非常强，希望得到满足，但是自我会根据实际的现实情况来决定是否满足，两者之间会有冲突。当自我满足本我时，可能过强的超我却不允许自我去满足本我。于是本我的原始欲望与超我的道德规范、自我要求之间产生矛盾冲突，自我无法平衡两者之间的矛盾，于是就产生了心理焦虑。

2. 性无知导致的心理冲突

由于我国性教育的开展比较有限，高中生虽然是受教育的高知群体，但是对性知识仍缺乏科学、系统的了解。对性知识的了解或者来自初中的生理卫生课有限的讲解，或者是同伴间的信息互换，或者来自电影、小说的场景描绘等。更有些人对性知识的了解处于空白阶段。随着年龄的增长，性生理发育的日渐成熟与性心理需要的不断增强，一些学生面对性问题变得有些不知所措。如有的学生担心接吻或非生殖器的接触会导致怀孕；有的学生觉得自己的性器官发育不够理想，可能会出现功能障碍而感到焦虑、自卑；有的学生根本没有避孕概念，也不知道如何采取避孕措施，当发现怀孕时，男女双方都紧张不安，担忧恐惧……由于对性知识缺乏必要的了解，一些学生面对与性相关的问题时，不能进行客观、合理的处理，从而引发种种的消极情绪和心理冲突。

3. 社会文化导致的心理冲突

人是具有社会属性的个体，人的种种态度、行为都会受到社会文化（如家庭教育状况、社会性观念、家庭传统、性道德、性法律等）的影响，在性问题上主要表现在对性行为满足方式的作用。在人类文明社会中，性交等性行为主要通过婚姻关系得以实现，这样更容易使人获得满足，建立的两性关系也比较持久，所引发的心理冲突较小。当然，婚姻关系不仅使人们获得合法的机会来满足性需要，而且是建立了一个对人类生活和人格发展至为重要的机构——家庭。但当某些性行为的发生不符合某些社会文化规范时，人们对这些行为就会另眼相看，并相应地给予评价，如称之为“不道德”“淫乱”“变态”等，这样的态度、观点必然会对当事人的心理造成影响，引起心理上的矛盾和冲突。

三、携手走过成长的烦恼（青春期性困惑的心理应对与行为调适）

（一）掌握科学的性知识。

性是一门综合性的科学。它包括性生理学、性心理学、性社会学、性伦理学、性美学等。高中生应当努力学习和掌握性科学知识，避免性无知。

调查显示，高中男生存在着各种性生理健康问题的比例高达 27% 以上，接近一半的人不知道也不会翻开包皮进行阴茎的清洁，因而多数存在不同程度的发炎症状。性生理问题中最多见的是生理发育欠佳、包茎、阴茎弯曲、精索静脉曲张、包皮较大面积粘连、包皮垢结石、包皮龟头炎等。其中部分人已经到了非治疗不可的程度，如有人因从未清洗过阴茎包皮内部而导致龟头溃烂；有人因包茎导致包皮长期发炎处于包皮口白化变硬状态，已有恶变危险。

女生心理咨询反馈，也较普遍存在月经不规律、痛经和少数有妇科炎症等问题。

（1）男性性生理卫生及保健

遗精是一种生理现象，是男性生殖腺成熟的标志。当代医学认为，遗精在某种程度上可以解除人体内积聚的性压力，使生理达到平衡。不过，遗精后要注意卫生。要尽可能地清洗阴部，并更换内裤，以免形成包皮污垢。同时，衬裤要选用透气性好的棉织品，并要宽松些。总之，要保持外生殖器的清洁，做到勤洗外阴，勤换内裤；衣着要略宽松。

男性性生理卫生应注意什么？

√ 营养摄入量要足够。

√ 外伤造成睾丸损伤时要及时补救。

√ 睾丸不要频繁受到X射线照射。

√ 内裤不要过紧。

√ 不要频繁洗桑拿浴。

√ 吸烟喝酒等不良嗜好要节制。

（2）女性性生理卫生及保健

①女性乳房的保护：女性的乳房主要由乳腺管、乳腺泡和脂肪组成，只含有少量分散的平滑肌纤维，没有大束的肌肉，因而乳房本身是没有支托作用，如果不注意保护，乳房很容易从耸起变为下垂。乳房下垂后很难恢复，即影响健美，又可引起乳房乳患。

青春期女性乳房保健应做到端正姿势，不要束胸，合理营养，避免外伤，加强锻炼。

②月经卫生及保健：月经是子宫内膜在卵巢激素的作用下发生的周期性子宫出血。简单地说，就是女性体内按月排出的卵子没有受精，以致增厚和充血的子宫内膜不需要准备孕育胎儿之用。故在排卵后大约2周，子宫内膜便在卵巢分泌的性激素的影响下自行剥落，经阴道排出而造成“月经”的现象。

经期后，子宫内膜修复，跟着又开始下一个月经周期的循环。月经的第一天至下次月经的第一天，称月经周期，平均为28天，经期3～7天，出血量50～100ml，头两天量多，以后逐渐减少。

月经期保健应做到五要五不要。

五要：一要保持心情舒畅，情绪稳定，乐观；二要防寒保暖，避免受凉；三要用温水洗澡，保持外阴干净；四要劳逸结合，保证睡眠；五要合理营养，多喝开水。

五不要：一不要急躁和烦恼，防月经紊乱；二不要蹚水与淋雨，防闭经；三不要冷水浴、坐浴，防感染；四不要剧烈运动、过度劳累，防经血过多；五不要食生冷、辛辣、刺激性食物，防经期延长。

③了解处女膜：处女膜是一层在阴道口的薄膜。处女膜的形状、大小和薄厚因人而异，一般有半月形或环形，通常都是在性交时破裂。但在不知不觉中破裂的也挺多，如跨越、骑车、骑马等，都可引起处女膜破裂，而且自己不一定感觉到。因此，不能以处女膜的完好与否来判断女孩儿的“贞操”。真正的“洁身自爱”，男女都应该做到。

（二）坦然面对自身性的冲动与欲望

揭开性的神秘面纱，我们看到了它原本的面貌：性乃是人的自然属性之一，是人性的一种表现。面对性不再慌乱不安，不必刻意压制，也不再将其看作是下流、肮脏、见不得人的事情，性在我们的生活中，是生活的一部分。坦然面对性是性心理健康发展的前提。

性焦虑的调适，首先，要克服性特征过滤。积极接受自己的现有条件，改善可以塑造的部分。比如，要想体型健美，男生可以举哑铃、练杠子，女生可以练瑜伽、跳舞。要想增加吸引力，可以从完善内在入手，宽容、大度、智慧、幽默等。对不可塑造部分，如个子高矮受先天遗传影响很大，很难改变，要接纳现实，乐观悦纳。

其次，要正确认识遗精和手淫，养成良好习惯。

再次，要减少与消除有害刺激的影响。网络上的色情书刊、影视、图画等，对青少年性欲冲动上一种极为强烈的不良刺激，不仅影响正常的学习和生活，而且容易诱使青少年走上性犯罪的歧途。高中生已经具有分辨健康与不健康性知识的能力，所以一定要严格要求自己，抵制各种具有不良影响书刊的诱惑，确保自己有健康的精神生活。

（三）学会自我保护

性是一把双刃剑，既能带给人美好、幸福的感觉，又能让人感到痛苦悲伤。学会性的自我保护，对于心理发展还未完全成熟的高中生来说，十分重要。青春期性冲动处于高峰期，虽然性需要是人的正常生理反应，但是无节制、不适当的性行为都可能对身体造成伤害。

认识到身体的亲密并不一定代表心理的亲密；思考在两性关系中，自己所承担的责任；学会自我保护的方式（如安全避孕，性交时使用安全套，事前服用避孕药，事后紧急处理）；当发生因为性造成的心理冲突时，能主动解决或寻求专业的帮助。

（四）对性行为负有社会责任感

如果性行为只停留只手淫、性梦等方式等自我宣泄上，不影响他人。但是如果性行为涉及另外一个，那么便涉及许多社会责任。性行为可以给另一方造成心理和肉体上等伤害，也可以产生第三个生命。这将意味着影响另一个人的生活，也将影响你自己的生活。每个人都应当了解个人性行为给他人、自我和社会带来的后果。尊重他人，尊重自我，对自我对行为负起责任。

（五）倡导安全性行为

安全性行为是指使用避孕或抗性病措施，以减低性病感染风险的性行为，从 20 世纪 80 年代末开始因为艾滋病而受到关注。安全性行为提供了较安全地满足生理需求的可能性，因此有重要意义。

1. 了解避孕知识

（1）避孕原理及方法：

①抑制排卵：口服避孕药、注射避孕药、皮下埋植避孕等；

②阻止受精卵着床：放置宫内节育器；

③阻隔精、卵相遇：阴茎套、外用避孕药、男女性绝育等。

（2）紧急避孕的两种方法：

①房事后 72 小时以内服用紧急避孕药；

②房事后 5 天以内放置宫内节育器。

（3）不可靠的避孕方法：

①体外排精；②事后冲洗；③安全期避孕。

2. 不安全性行为的危害

（1）过早性行为增大性传播疾病风险

性传播疾病：1975 年，世界卫生组织通过了性传播疾病（STD）这一概念，把凡通过性行为而传播的疾病，统称为性传播疾病。

性病已是人类最常见的传染病之一，是当今世界严重的社会问题和公共卫生问题。性病是传染性很强的疾病，可危害个人健康，造成疼痛、性功能障碍、不育等，因而性病的离婚案不断增加。

艾滋病是一种由艾滋病毒引起的病死率极高的严重传染病。病毒侵入人体后破坏人体的免疫功能，使人体产生多种难以治愈的感染和肿瘤，目前还没有治愈的药物和方法，但可以预防。艾滋病的感染途径主要是性接触、血液和母婴传播。

（2）性生活过早，对男生的危害

和谐的性行为需要安全、私密、舒适的环境，而青少年的性行为多在隐蔽的环境下进行，环境欠佳，如学校闲置的教室、车库、学生宿舍、临时租住的房屋或家中，他们害怕被他人发现，所以，青少年性行为大都是“速战速决”，常常伴随着内心的恐惧、紧张、害怕、担心怀孕及不洁感、羞愧感和罪恶感。受到惊扰，可能还会生硬结束性行为，容易引起性反应抑制和性焦虑的产生，长此以往，往往会形成阳痿、早泄等心因性性功能障碍。同时也会造成生殖系统的抵抗力降低，易患生殖系统疾病。生殖器官长期充血，会引起性功能下降，易引起前列腺炎、前列腺肥大、阳痿、早泄；还会影响将来做父亲、长高。

（3）性生活过早给女生带来的伤害

性生活过早与某些妇科疾病有很大的关联，如子宫颈癌。资料显示，20 岁以前结婚（发生性行为）的妇女，子宫颈癌的发病率约为 1.58%；21 岁以后结婚（发生性行为）降到 0.37%。

怀孕后易引发贫血、难产、感染、大出血等并发症，少女人工流产易引起感染、不育等并发症。

过早发生性行为，给双方带来巨大的心理压力，如恐惧、焦虑、自卑、心理冲突加剧等。有了性行为后，两人容易争吵，但当事人并不知道性行为是其中的重要原因。由于两性心理的差异，性行为使女性由心理上的优势转为劣势，而对于男性而言，婚前性行为会提高他们的心理优势，使他对容易到手的情感产生厌倦，而不承担由此带来的后果，对女性造成更大的心理伤害。

性的欲望是人的自然属性，实现欲望不仅是人正常的需求，而且可以形成美好的生命体验。但是，自然欲望又不能任意放纵，应该予以理性的把控，特别是在中学阶段，我们在充分认识性的本质、生理特点、心理特点之后，更应该予以理性把控，避免对自己和他人的伤害。

5 月 7 日晚，高一年段全体男生相聚于学校五百人会议厅听一场有点特别的讲座。学校特别邀请集美大学心理学副教授兼心理咨询中心咨询师周鸣老师，开设男生专场青春期讲座，旨在引导青少年树立正确的爱情观与培养青春期的责任感。

讲座中，周老师先通过人格结构对“性”带来的不同感受进行解释。对于错综复杂的情感关系网，我们之所以会产生心理冲突，产生紧张、焦虑的情绪，是因为自身本我、自我、超我的失衡。接着，周老师就青少年对性各方面导致的心理冲突。辅以在执教中遇到的学生实例加以阐述。

一个人，从襁褓之中，到长大成人；从懵懵懂懂到成熟稳重，必然经历人生最美好而最危机四伏的青春年华。用一个字形容青春，那就是挑战。如何面对青春、享受青春，对于每一个同龄人来说都是巨大的挑战。我的青春，我负责！但对于阅历不足的中学生，许多青春课题，尤其是性方面，我们平常的课程少有涉及，可现实中，许多性方面的生理、心理问题往往扑面而来，难以独自对待，针对这些，周老师与我们聊关于如何携手走过成长的烦恼的问题。

性是一种能量，性能量释放方式的选择，很大程度上影响着我们。了解与掌握合理的释放性能力的方法也就变得必不可少。周老师给出不少建议：多参加集体活动；学会和异性正常交往，正确认识并欣赏异性；通过体育锻炼等方式宣泄自己的性压抑。

如果说，成功的人生是一座宝塔，那么责任一定是它那坚固的基石。周鸣老师还就责任对爱情进行了剖析，让我们明白，没有责任的爱情是残缺的。

最后的讲座互动环节中，同学们早已按捺不住心中的兴奋与好奇，通过字条踊跃提问。周鸣老师也以通俗易懂的语言耐心细致地回答。场面别开生面。最后以周鸣老师提供的一个等式作结：真爱 = 爱情+婚姻+性。如果爱，请等待。爱，因等待而美丽。让我们随着心灵的成熟一起等待！

——孙可为、陈子翔

“稚嫩懵懂与成长成熟”“遵从感性或坚守理性”，对于热情洋溢而饱富活力的高中学生而言，最为重要却容易困惑的抉择无疑是心理情感的博弈。为了解答同学们纠结的心理问题，也为了更好地培养学生们自信阳光的良好发展，双十德育处与曾琦图书馆专门邀请了集美大学心理学副教授、国家二级心理咨询师、厦门市心理咨询师职业资格认证专家组成员、集美大学心理咨询中心专职咨询师周鸣老师就爱、情、性三个角度，指导同学们建立正确心理观念。

“说到爱，你会想到什么？”在本次讲座的第一个环节，周鸣老师首先向女生们提出了互动性的问题。“亲情，爱情，友情，你如何为错综复杂的感情提供衡量的原则与标准？”听取了同学们积极踊跃的各式回答后，周鸣老师并没有直接回答问题，而是以两三个简短却生动的小故事引出了青春期少女们对于爱的独特联想。她更以平时心理教师了解的不同经历，辅以自己对生活中人、事的观察，为我们点明了几个要点——第一，爱应该与责任相联合；第二，情泛指各种复杂的情绪体验；第三，爱与性的交错或具有荷尔蒙把戏使然的因素。

周老师说到，正值青春期的孩子对情感的态度易出现游戏性、短暂性两大特点。基于这点认识，青少年们应建立健康的情感，能理解并尊重与异性建立自然的友好关系，这亦是我们日后发育成熟，顺利进入恋爱与婚姻关系稳定而良好的基础。

此外，考虑到青少年的身心健康，周老师对婚前性行为也进行了相关教育。其中包括对婚前性行为危害的心理与生理教育，对婚前性行为的预防和抵抗措施，对意外的处理和自我保护措施等，也点明了一些易有的误区，给出了更多正确的引导。

最后，周老师更热情呼吁女生们以互动的方式提出她们的困惑，针对女生们在“与父母之间的冲突与误解”，“对交友的认识与理解”相关问题，给出了实际建议与有效措施。她贴心的言语中点明了父母与孩子们之间加强沟通协商的重要性，场面火热，掌声雷动。

行走在烂漫的花季，沉醉于青春期的少年男女们更应加强对爱、情、性的认识，自信阳光地穿越繁花，走过成长之路，快乐健康地做最完美的自己。讲座在温暖的气氛和周老师亲切的话语中画上了完美的句点，但我们都深切地知道，这是花季的青少年们更为阳光自信、健康成长的又一开始。

——陈翔

后 记

专题讲座，作为学生课堂之外的延伸和补充的形式之一，可以开拓学生的视野，扩大学生的知识面，启迪学生思考，一直广受学生的欢迎。学校图书馆坚持为学生举办人文和科普系列的专题讲坛已有十余载，陈文强校长也一直很支持这项工作。今年即将迎来厦门双十中学的百年校庆，校长提议将这十余年的讲座内容汇编成册，既是对过往十余年来活动的回顾和总结，也是对今后继续开展此项活动并提高活动水平的鞭策和激励。从向嘉宾约稿到整理成稿，前后历时一年左右。在组稿和编辑的过程，再次得到了讲座嘉宾的大力支持，也让我再次回顾了这些年来讲座举办的历程。

其实学校图书馆为学生举办讲座的历史由来已久，犹记得20年前，也就是1999年就曾邀请彭一万老师为高中学生做“世界高等学府巡礼”专题讲座，邀请热带植物研究所的研究员为初中孩子“趣谈热带植物”等，而真正开始将讲座分系列纳入计划并实施是从2007年开始，并得到了时任教研室主任许序修老师和德育处主任姚晓丹老师的支持。在选题方面，我们主要从两个方面进行：一是来自学生的需求，通过学校社团，如读者协会、推理社、红学社、文学社和天文社等，将他们感兴趣的专题汇总上来，这些主要是人文方面；另一个是结合当下科技发展热点，主要是科普方面。在邀请嘉宾时，也得到他们的大力支持，有很多时候正为某个专题请哪个专家合适而苦恼时，已邀请过的嘉宾又热情帮我们推荐了那方面的专家， 在此我想真诚感谢所有受邀嘉宾，正是你们的大力支持，你们的精彩讲座，使我们的学生获益良多!

这里要特别感怀的是三位不幸患病去世的嘉宾，一位是厦门大学物理系余扬政老教授，他是第一位应邀到枋湖校区高中部的嘉宾，讲座是为2007年获诺贝尔奖物理学奖而开的《多彩的夸克世界——从诺贝尔物理学奖谈起》，讲座结束后好多男生围着教授讨论，场面之热烈记忆犹新。此后余教授还给孩子们带来了《神七飞天，太空漫步》和《爱因斯坦·相对论·黑洞——纪念广义相对论发表100周年》。一位是有“厦门活地图”之称的地方史专家洪卜仁老先生，他曾到校为孩子们讲《厦门地名的故事》，让孩子们直观生动地了解厦门地方知识，更加热爱家乡。还有一位是热心从事动物保护、爱护生命教育的萧冰老师，他从尊重生命的高度给学生讲《动物权利考验我们的伦理道德》《爱与尊重——爱护动物尊重生命》，就如何尊重生命、爱护生命的问题给学生提出了很好的思考空间。而今斯人已逝，令人感怀。

这里还要特别感谢的是我们的校友，著名评论家、杂文家黄绍坚博士，他应邀来枋湖校区高中部开设了四个文学鉴赏方面的讲座，而且通过他的热心推荐，知名作家高和、夏炜和南宋老师，还有儿童文学作家李秋沅老师、推理小说评论家黄哲真老师，都先后应邀来校开讲。还要感谢夏炜老师推荐了书评人张云良、诗人子梵梅、闽南文化传播者许晓春……

这里还要特别感谢厦门华文海疆学术书店的老陈，一位有情怀的书店老板，长期热心组织大学教授在书店开设学术讲座沙龙，正是通过他的协助，我们有幸邀请到好几位教授来校开讲，比如著名的“厦门荣誉市民”潘威廉教授，诗评家陈仲义教授，厦门大学哲学系陈嘉明教授、物理系余扬政教授、生物系洪满贤教授、计算机系张平教授、中文系张惟捷博士等。

十余年来我们为学生开设的讲座近百场，这里收录的有三十余篇，其他讲座由于种种原因未能整理成文稿，实在遗憾。不过每一场精彩讲座都给同学们留下了深刻的印象，每一场讲座结束都有同学留下围着嘉宾各种讨论，久久不肯离开，有的同学之后还和嘉宾保持联系，有的同学报考的志愿就是因为听某一场讲座而萌发的。

《管子·权修 第三》：“一年之计，莫如树谷；十年之计，莫如树木；终身之计，莫如树人。一树一获者，木也；一树百获者，人也。”一场讲座犹如一颗种子，悄悄种下，慢慢发芽，犹如育人，润物细无声，由此，我们将此汇编题为“十年树木”。是以为后记。

陈 铮

2019年7月